Case Book
Kyoto
Model

ケースブック
京都モデル

そのダイナミズムと
イノベーション・マネジメント

北　寿郎・西口泰夫【編著】

東京 **白桃書房** 神田

はじめに：京都の歴史と風土が生むダイナミズム

北　寿郎

　千年の都、京都。

　794（延暦13）年に平安京が築かれて以来1000年余り、京都は日本の「都」であり続けた。その間にさまざまな文化、産業、政治、経済などが生まれ、あるものは滅び、あるものは花を咲かせ、現在も「伝統」として生き続けている。

　京都は古くから商工業の町として栄えてきた。それを支えてきたのが、京都にあった宮廷や神社・仏閣である。織物、武具刀剣、食品、工芸品など、宮廷や神社・仏閣に納めるための手工業（いわゆる御用達）からスタートし、それが京都の風土と職人らの努力によって発展し、伝統産業として継承されていった。西陣織、京友禅、清水焼、京仏具、京扇子・団扇、伏見酒、宇治茶などがその代表である。今ではこれらを総称して「京都ブランド」と呼んでいる。

　京都ブランドを扱う企業には、100年以上の歴史を持つ「老舗」が多い。1968（昭和34）年、京都府が府開庁100周年記念の一環として京都に残る老舗企業を表彰したが、その数は実に703社にも及んだ。

　なぜ、これほどまでに老舗が多く存在するのか。そのひとつの要因として、身の回りに「生きた事例」が豊富にあったことが挙げられる。前述のように京都は、昔から商工業の盛んな町であった。他の地域に比べて商売を興す者は多く、それだけに失敗して廃業する者も多かったはずだ。京都の商人たちは、日々、そうした失敗事例を目の当たりにし、それを反面教師として、次世代へと「失敗と成功の要因」を継承していったのではないか。

　経済評論家の国頭義正は、著書『京都商法』の中で、京都の老舗に見られる特徴を「京都商法の7つの要件」と題して次のように記している。

①技術と品質を売る

②手堅さとしぶとさ
③きめ細かい売り方
④総合力と相互扶助
⑤個性的なハンドワークの多品種少量生産
⑥ピン（最高）を集めてピンを売る
⑦付加価値の高い商品を売る

　これらの要件を読み解いていくと、「物の本質を良く見究めて、じっくり対応する。そして、最後の勝利者はわれわれだと確信をもっている」（同書）という京都人の気質と、老舗が「伝統」だけにしがみついてきたわけではないことがはっきりと分かる。

　老舗は「変わらない」から老舗なのではなく、時の流れや顧客ニーズを的確に読み取り、それに合わせて「変わり続けてきた」からこそ、老舗として今も存在しているのである。

　伝統を守りつつも、常に新しい物事に興味や関心を向け、それらを積極的に取り込んでいく。その様子は巨大なブラックホールにも喩えられよう。たとえこれまでの「伝統」を真っ向から否定する「革新」が現れたとしても、短期的にはこれみよがしに同調・同化を強いたりはせず、"適度に"ほったらかし、長期的には同化を促す、場合によっては（ブラックホールがすべてを飲み込んでしまうがごとく）骨抜きにしてしまう。そのような風土が京都には存在する。京都という町は、こうしたプロセスを次々と繰り返すことで、新しいものを取り込み、それらを文化や伝統に定着させ、生き続けて来た。

　「ほったらかし」の伝統は、いわゆる「いけず」（標準語の「いじわる」とは似て非なる上方言葉）の伝統ともつながっているのではないか、との指摘もあった。「いけず」というのは、京都の伝統を理解しようとしないアウトサイダーには排他主義以外の何物でもない。しかし、京都の伝統を積極的に理解・尊重し、それに同化しようとするニューカマーには短期的には苦痛であっても、長期的には有意義な学習機会となるからだ。

さて、本書でわれわれがテーマとするのは、こうした「京都が持つ風土や老舗の伝統が、現在の京都企業にどのような影響、特に"競争力"を与えているか」という点にある。京都には、さまざまな業種において多数の優良企業が存在するが、本章では「ものづくり」の分野に特化して論を展開していく。

　ご存知の通り、京都には長い歴史を持った「伝統産業」と、戦後以降、急速に発展・成長を遂げてきた「先端産業」が共存している。特に近年、電子部品、電子機器、精密機械、バイオテクノロジー、IT等の分野において、京都に本拠を置く企業が、その独自の技術と高い品質を武器に躍進を続けている。

　またその一方で、多くの伝統産業が衰退あるいは停滞を余儀なくされている。伝統産業の衰退および停滞の理由についてはここでは触れないが、日本人のライフスタイルの変化（＝需要の低下）が大きく影響していることは言うまでもない。

　伝統産業と先端産業、両者は一見相反する性質を有するかのように思えるが、根っこの部分ではつながりを持っている。京都の先端産業は、伝統産業が培ってきた「京都商法」の教えをしっかりと踏襲し、企業活動に反映してきている。つまり老舗企業の「伝統」をDNAとして受け継いでいるのだ。

　いずれの企業の経営者も「企業永続」に強い意志を持っており、その意思の伝承とシステム化を推進してきた。またすべてを自社だけで賄う「自前主義」から決別し、西陣織などに代表される「京都式分業思想」を導入するも、業者間での「もたれあい」や「ぬるま湯化」を防ぐために管理会計を導入することで、モティベーションをも向上させている。

　堅実経営、管理会計、組織のフラット化（分権、分散、分社）をベースに、古い伝統の中にありながら、時代に即応して、常に新しさを求め続ける。

　京都は、こうした循環のダイナミズムが活性化するに足る要素に富んだエリアであり、本書で取り上げる「京都モデル」とはすなわち、その循環のダ

イナミズムを創出する装置・システムであるといえる。京都地域全体、産業界全体での絶えざる PDCA サイクルの展開とでもいおうか。

　とはいえ、京都モデルは、十把一からげに片づけられるほど単純なものではない。一言で語ることなど、到底できる代物ではないのである。京都に所在する企業・産業は 1000 年の歴史の上に成り立っているだけに、たいへん「したたか」である。京都は、時代の変化に機敏に対応して絶え間なく新しいものを取り込み、同化し続けてきた。京都だからこそ、それが活発にダイナミックに展開されるのである。

　本書は、京都に本拠を置く企業 8 社を取り上げ、その歴史や経営やマネジメントのあり方、さらにはさまざまな機会や危機をこれらの企業がどのように克服してきたかといった内容をケースブックとしてまとめるとともに、その中から「京都におけるダイナミズムがどう繰り拡げられているのか」、また「京都という場所が、そのダイナミズムにどのような影響を与えているのか」を抽出することにより、京都企業、京都モデルの特質を明らかにしようとするものである。

　本書でケースとして取り上げた企業は以下の 8 社である。

1. 一保堂茶舗
2. 月桂冠
3. 宝ホールディングス（TaKaRa）
4. 島津製作所
5. 任天堂
6. 村田製作所
7. トーセ
8. はてな

　第 1 部では、京都の産業史を俯瞰する中から、京都という土地柄がこれら

8社を含めたさまざまな京都企業（老舗や伝統産業も含む）に及ぼした影響を分析している。京都という土地、そしてそこに住む京都人の閉鎖性と開明性、そして近隣にはいわゆる近江商人と呼ばれる非常にアグレッシブなビジネスマンとの関係など、これらが京都で生まれ成長してきた企業にどのような影響を与えたのかが、議論の大きな柱になっている。第1部における議論のもうひとつのポイントは、京都型企業と呼ばれる企業群を、表1のようにその創業時期で整理しようという試みである。伝統産業の中から新たな方向性を見出し成長の途を歩んできた京都企業群（本書では第0群と称する）、明治時代創業という100年以上の歴史の中で変革を模索してきた第2世代の京都企業群（第Ⅰ群）、第二次世界大戦後の激動の中で創業し高度成長期にビジネスチャンスを掴みバブル崩壊後も業界のトップランナーであり続けている第3世代の京都企業群（第Ⅱ群）、そして京都という土地柄とは一見無縁にも見える第4世代、第5世代の新しい京都型企業（第Ⅲ群、第Ⅳ群）。この5つのタイプの京都型企業を設定することにより、京都というビジネス環境の特徴をより明確にすることを試みている。

　第2部は、ケース編である。前述の8つの企業のケースが掲載されている。

表1　京都型企業の分類

第0群＝西陣を代表とする老舗企業群

第Ⅰ群＝明治維新期の行政主導による殖産興業策と連動して科学技術を積極的に導入したことが事業拡大のドライブフォースとなったモデル

第Ⅱ群＝戦後の好景気に下支えされ、起業家精神や自己革新に旺盛な創業者等により輩出されたモデル

第Ⅲ群＝1970年代のオイルショック以降に設立され、Ⅱ群に属する企業に少なからぬ影響を受けつつ、次代に向けて新たなる地平を築こうとしているモデル

第Ⅳ群＝新たなる息吹。京都を離れて事業を展開するモデル

最初のケースは、第0群企業を代表する老舗企業、一保堂茶舗である。300年、ただひたすらにお茶という商品を守り抜いてきた一保堂を通じて、企業における持続的成長とは何か、そしてそれを実現し老舗を守り抜くためにはいかなる経営上のイノベーションが必要かを考察している。

次に続く3つのケースは、第Ⅰ群企業である。2つ目として月桂冠という、同じく300年を越す歴史を有する酒造企業が開発した、四季醸造という画期的な発明の技術背景とそれを支えた組織と人のマネジメントについて議論するケースである。

3つ目も引き続き酒造業界に属する宝ホールディングス（TaKaRa）のケースである。本ケースでは、老舗企業における新規事業のマネジメントにあり方について議論できるケースとなっている。

4つ目のケースは第Ⅰ群企業の代表ともいえる島津製作所を取り上げている。日本の企業で唯一ノーベル賞受賞者を輩出した企業が、明治初期の創業以来、京都という日本を代表する学都で科学技術的知見をどのように蓄え、それを事業に活用してきたのかを分析している。

第5番目と第6番目は、第Ⅱ群企業のケースである。今やWiiの成功によってわが世の春を謳歌してる任天堂のケースでは、ここにいたるまでのソニーのプレイステーションとの競合の中で、直面してきたさまざまな困難に任天堂が、どのように対応してきたのかを描いている。

6つ目のケースでは、村田製作所の経営マネジメントを取り扱っている。いわゆる、マトリックス経営というマネジメントの仕組みが確立されていく過程を紐解くことにより、京都型企業といわれる企業のひとつの経営の形を示している。

7つ目は、ゲームソフトの業界で特異なポジションを確立している第Ⅲ群企業のトーセのケースである。競争の激しいゲームソフト業界の中で、有力なゲームソフト開発メーカのほとんどと友好的な協力関係を築き上げてきた秘密の一端が京都という地そのものにあることを示した点で、このケースは極めてユニークである。

最後は、インターネット企業の旗手として注目されている「はてな」を取り上げた。「はてな」は2004年、本社を東京に移した。さらに2006年にはシリコンバレーに開発拠点を移すという決断をした企業である。その意味では第Ⅳ群企業に分類される企業である。しかし、この「はてな」が2008年の3月に本社と研究開発機能を京都に戻すという決断をした。なぜ「はてな」は京都から出て行き、また京都に戻るという経営判断をしたのか。本ケースでは、社長の近藤氏へのインタビューを交えながら、その本質に迫ろうとしている。

　なお、すべてのケースには、これらをビジネススクール等の講義で使用する際の参考となるように、さまざまな視点から設問が付記されている。

目次

はじめに：京都の歴史と風土が生むダイナミズム（北　寿郎）

第1部：京都モデルの明と暗

第1章　京都モデル成立の背景（北　寿郎・西口泰夫・金子篤志）… **2**

第2章　京都モデルの類型仮説（　　　　〃　　　　　）… **12**

第2部：ケース編

第3章　一保堂茶舗　「破壊と創造」が伝統を守る（北　寿郎）… **46**

第4章　月桂冠　挑戦をつづける老舗（河口充勇・藤本昌代）… **62**

第5章　TaKaRa　"伝統と革新"の事業戦略（北　寿郎）…… **86**

第6章　島津製作所　科学に基づく市場の創造の事業戦略
（芳賀博英）…… **106**

第7章　任天堂　その成功と失敗（蔵　琢也）……………… **126**

第8章　村田製作所　マトリックス経営の進化
（浅田拓史・中川　優）……… **166**

第9章　トーセ　縁の下の力持ちに徹し、コーディネーターへ
（中道一心）…… **190**

第10章　はてなの挑戦　京都から世界へ（河口充勇）………… **212**

まとめ：京都企業と京都モデルの課題（西口泰夫・北　寿郎）…… **237**

索引

第1部 京都モデルの明と暗

第1章 京都モデル成立の背景

北　寿郎・西口泰夫・金子篤志

　京都モデルが成立した背景には、京都人の持つ気質や老舗の存在、そして老舗企業が培ってきた「京都商法」が大きく影響していると考えられる。

1　京都人気質

　京都人の気質として、次の点が挙げられる。いずれも京都が1000年以上にわたって日本の都であったことが大きく影響していると考えられる。

①歴史上、数々の戦火を経験してきたため、リスク管理能力に長けている。
②京都には長年朝廷があったが、幕府とは違い、名誉的な存在であった。決して経済的に余裕があったわけではない。このためその生活ぶりは質素。反面、長年「都」が存在したということもあって気位は高かった。
③京都は全国各地から最高のものが集まる場所。当然、それを扱う商人らは「目利き」に優れていた。
④京都は歴史と伝統のある町。外から来たものを排他する性質を持っていた。しかし、いったん受け入れると、互助精神が働き、互いに助け合うようになった。
⑤日本の「都」という性質柄、全体をマクロな視点でとらえ、日本一を目指すという意識が強かった。
⑥新しい文化やものを積極的に受け入れ、それらを吸収・同化しながら、伝統を守り続けてきた。

2　家訓に見られる老舗の条件

　冒頭でも述べたように、京都は世界にも稀に見る老舗企業の多い町である。江戸時代の町人学者・岩垣光定が「名ある町人、二代三代にて家を潰し、跡形もなくなり行くこと、眼前に知るところなり」(『商人生業鑑』) と記したように、家業を100年以上にもわたって続けていくことは並大抵のことではない。にもかかわらず、京都には一世紀以上の歴史を持った「老舗」が数多く存在する。

　100年を待たずに消滅した企業(家名や家業)と現存する企業、違いはどこにあったのだろうか。その秘密の一端が、京都の老舗に代々受け継がれてきた「家訓」を研究することで分かってきた。

　1968(昭和43)年に京都府によって編纂された『老舗と家訓』では、老舗の条件を次のように定義している。

①第1に老舗は常に「自己革新」を繰り返さねばならない。「老舗意識」を捨てること。老舗性の否定によりはじめて老舗は存続を許される。「開発精神旺盛」であることが老舗の存立発展のための基本条件である。
②第2に、常に「人材養成」を怠らないこと。家庭的雰囲気や温情主義的人間管理が特長の老舗ともいえるが、これらは得てして老舗の閉鎖的で封建的なイメージとしても受け止められがちである。これらから、人が就職してこない、人の確保ができないという問題が発生する。年功序列という考え方から能力主義の導入や近代的人事制度の導入が必要である。
③第3に、老舗は地域社会への奉仕を心がけるべきである。一人自らの歴史と伝統を誇るだけで、それが地域の恩恵によるものであることを忘れてはならない。老舗の家訓のほとんどが「公儀第一」を謳っており、地域とともに相互扶助、自の利、他の利を描けるようでなければならない。

　以上の点から、老舗は「分に応じた経営」「分に応じた発展」を守り、一時的な量的拡大、急成長より、むしろ事業・企業としての存続、永続性を重

視する傾向が強いといえる。

①人材登用

老舗では、人事面においても、家業の持続と発展を重視するシステムが採用されていた。この点について「京都商法」には次のように記させれている。

① 江戸時代の年功序列による人事管理、同族による家業支配はかなり徹底していたが、それでも、無能な世継ぎは排されたし、有能な人材は、年功にこだわることなく抜擢された。
② たとえ奉公人であっても、優秀な者は、主人に実子がいるいないにかかわらず、子ども同様に相続人に引き立てた。
③ 次の代の後継者とされた者でも、無能であれば、これをしりぞけて、別に"家継ぎ養子"が迎えられた。

②分家・別家制度

家人や奉公人に本家と同じ屋号を与え、独立させることを「のれん分け」と呼ぶ。のれん分けには、「分家」と「別家」の2種類があった。前者は家人、後者は奉公人を独立させる場合を指す。どちらの場合も、独立に必要なものはすべて本家が用意した。その代わりに、分家や別家は本家に対して永遠の忠誠を誓うことになった。

屋号を記した「のれん」は、社会に対する信用や信頼の証である。この点でのれん分けには、現在でいう「リスクヘッジ」や「従業員のモラル向上」を図る狙いもあったといえる。最近の企業でも細胞分裂が盛んに行われているが、本来の意味での「のれん」は守られているのだろうか。

③掟の存在

老舗には、業界あるいは本家と別家・分家間で掟が定められていた。もし、掟を破るようなことがあれば追放や破門は免れなかった。掟には「相互扶助」

に関する取り決めも盛り込まれており、京都には互いの掛け金で金銭を融通し合う「無尽（むじん）」も存在した。

3　京都商法の特徴

　ここで再び、「京都商法」に目を向けてみたい。現・ネットビジネス研究所所長で経済評論家の硲宗夫は、著書『ワコール商法の秘密』の中で、京都商法を次のように定義している。

　①保守的堅実さと進歩的果敢さを合わせ持つ。
　②在来の手法を尊重しつつ外来のノウハウを摂取する。
　③節約を尊びつつ信用を大切にする。

　また京都商人の特徴については、京都の老舗染呉服メーカー、千吉株式会社の西村社長（当時）の言葉を借りて、「情勢対応に極めて機敏で、自己防衛意識が強く、質素、慎重・堅実、仲間意識が強く、信頼が厚い。加えて保守的であり同時に革新的である」としている。

　本章の冒頭で掲げた国頭義正、そして硲宗夫が定義する「京都商法」の特徴を現在の京都の先端企業と絡めて、整理すると次のようになる。

①企業の永続性を重視した堅実経営

　京都の老舗企業の多くがもともとは職人の出身である。「投資」という概念は低く、自分の身の丈にあった範囲内で手堅い仕事をする。よって無借金経営が基本であった。無理に事業を拡大したり、売上市場主義に陥ることは少なく、何よりも企業の永続性（生き抜くこと）を重要視してきた。

　現在の京都企業にもこうした一端が見られる。創業以来、無借金主義を貫いてきた企業、自社の得意分野にだけ特化して事業展開する企業、決して自分は表舞台に立たず黒子としてOEM生産だけを行う企業など。こうした京都商法を地で行く企業が存在する反面、M＆Aなどによって新たな分野に積

極的に打って出る企業が存在するのも事実である。

②最高の技術で最高の品を生み出す

　京都には長い歴史や伝統を通じて蓄積してきた生産技術がある。京都の企業は、最高の技を用いて常に最高の品、ピンからピンを生み出してきた。「技術志向」で「品質本位」を善しとしてきた。そのためには新しい分野に挑戦することを厭わなかった。「伝統」を守りつつも、新しい物事を吸収・同化していけるのが京都商法の強みである。

　こうした考えは伝統産業だけではなく、戦後、誕生した先端産業にも受け継がれている。機械、金属、化学、医療などの分野における先端技術の研究開発、あるいは独自の技術を開発することによって、短期間のうちに高収益・高成長を成し遂げた企業も多い。

③独自の技術と発想で付加価値を高める

　京都の伝統産業の強みは、他の地域から集めた材料を最高の技術を用いて加工し、付加価値をつけ、高級品として売ることにあった。量より質を重視し、多品種少量生産方式で小規模ながらも堅実な経営を行ってきた。

　多品種少量生産で、付加価値の高い商品を提供し、高い利益率を確保する——こうした図式は、現在の先端産業にも顕著である。

④顧客を満足させるおもてなしの心

　京都の伝統産業が扱う商品は、多品種少量生産の高級品である。客の一人ひとりに合わせたきめの細かい、心の行き届いた売り方（商売）が要求される。こうした「おもてなし」は、老舗がもっとも得意とするところである。老舗は、客の反応を見ながら、その都度、材料や作り方を工夫し、客の心を捉えて離さない。そうすることで老舗として存続してきた。

　これは現在の先端産業でも同様である。他の企業が真似のできない商品やサービスを提供することによって顧客離れを防止し、さらには高い信用を得

ることに成功している。こうした取り組みが経営の安定化や成長・発展につながっていることはいうまでもない。

　これらの特徴を持つ「京都商法」あるいは「京都商人」が生まれた背景には、京都が持つ歴史や風土、生来の京都人気質はもちろん、京都の隣国・近江に出自を持つ近江商人との交流や、江戸中期に「商人のモラル」を説いた石田梅岩の影響があるとされる。

4　近江商人との交流

　かつて関西圏には、京都、大阪、近江の三商人がいた。京都は御用達商人、大阪は仲買商人、近江は持ち下り商人（商い）と位置づけられる。「持ち下り商い」とは、上方で加工した物産を地方に持って行って売り、帰りは地方から原材料を上方に持ち帰り、加工して再び地方で売る商売のことである。こうしたサイクルは日本の近代産業そのもので、近江商人は時代を先取りしていたともいえる。

　京都の物産は地方でたいへん人気があり、近江商人にとって京都は、高級嗜好品を入手できる重要な拠点のひとつだった。近江商人は目利きに優れ、常に地方で何が求められているかに気を配っていた。それが「商人」としての生命線だったからだ。

　また自国の外で利益を上げるという性質上、その場その場に溶け込む能力に優れ、ビジネスの世界と人間の性について熟知していた。彼らが行った先でまず行なったのは現在でいう「社会貢献」である。絶対に利益だけを先に持って帰るということはしなかった。地域の人々の信用や信頼を得た上ではじめて商いに精を出したとされる。

　こうした近江商人が備える「商人」としての資質は、京都の老舗や商人たちに多大な影響を与えたことだろう。

5　商人のモラルを説いた石門心学

　江戸時代、士農工商の最底辺に位置づけられた商人たち。当時、商人の営利追求は賤しいものとされ、人々に蔑まれた。そのような中に登場したのが町民出身の思想家・石田梅岩である。梅岩は「商人の利を、武士の禄になぞらえ、利をとることが、かえって『商人の正直』であり、それがすなわち『商人の道』である」（『石門心学の経済思想 増補版』）と、世の流通を担う商人の社会的存在意義を強く訴えた。

　のちに彼の思想は「石門心学」と呼ばれるようになり、その実践的な哲学は京都商法に大きな影響を与えたとされる。とりわけ梅岩と町民とのやり取りを全編問答形式で記した『都鄙問答（とひもんどう）』は、町民（商人）のバイブルとされた。

　その石田梅岩は、1685（貞享2）年、京都の丹波桑田郡東懸（とうげ）村（現在の亀岡市）に生まれた。京都の商家に奉公しながら、神道、仏教、儒教などを学び、1729（享保14）年に京都の自宅で町民を相手に「心学」の寺子屋を始めた。これは、聴講料は無料、紹介者も必要とせず、誰でも参加できるものであった。

　そこで梅岩は「町民の哲学」を説いた。それらは現在の「CSR（企業の社会的責任）」に通じるもので、商人はお客様との間に「信用」を構築して、決して「暴利」を貪らず、そのために「倹約」に務めて、積極的に奉仕すること、また商人は「正直」であり、「先も立ち、我も立つ」の自利他利（共生）の精神を忘れてはならないとした。

　このように梅岩は、当時の利益至上主義の商人たちに警告を発すると同時に、商人の節度ある利益追求を社会的に意義のあることと認めることで、商人の生きるべき道を指し示した。

6　京都近代産業史

　794（延暦13）年の平安京遷都以来、京都は政治、経済、文化、産業の中心地として栄えてきた。1467（応仁元）年に起こった応仁の乱によって京

の町は焼けつくされるも、町民らの力によって見事に復活を遂げた。それから400年後、京都は再び存続の危機を迎えることになる。

　1868（明治元）年、大政奉還・王政復興。京都はさらなる発展への期待に沸くが、それも束の間、わずか1年後に東京への遷都が決まった。これにより京都の人口は大幅に減少（その多くが東京や大阪に流出）し、京都の産業は大きな打撃を受けることとなった。

　こうした状況に強い危機感を感じた京都府は、数々の殖産興業策を講じた。特にそれは織物業（西陣織、京友禅、丹後縮緬など）において積極的に展開され、たとえば日本初の洋式織物機の導入やジャカード機の製作のほか、人工染料による色染法の指導など、織物を含む在来産業の洋式化・機械化が急ピッチで進められた。京都大学の母体となった理化学専門学校「舎密局（せいみきょく）」が設置されたのもこの時期である。また政府も勧業基本金を貸与するなど京都復興に努めた。こうした取り組みのおかげで京都の産業はいったんは立ち直りを見せるが、太平洋戦争の勃発によって再び危機を迎えることになる。

　このほか明治初期には、数々のインフラ整備にも取り組んでいる。日本で最初の小・中学校の創立や病院・博物館の設立。琵琶湖疏水を完成させ、水力発電によってわが国初の市街電車を走らせたほか、1895（明治28）年には第4回内国勧業博覧会を誘致するなど。また、平安奠都（へいあんてんと）1100年を祝して平安神宮を創建し、京都三大祭りのひとつ「時代祭り」を始めたのも同（明治28）年のことである。

　戦後、いち早い復興を遂げた京都の産業は、その後、独自の発展を遂げる。他の地域に見られるような重化学工業ではなく、電子部品、電子機器、精密機器、セラミックスなどの機械金属関連産業において、高い技術力と創造性を持つ中小企業が続々と誕生し、飛躍的な成長を遂げたのである。これには京都の歴史や風土のほか、京都が「内陸の都市であった」という地理的条件が大きく影響しているとされる。

　一方、それまで京都の基幹産業であった繊維産業は、ライルスタイルの変

化やオイルショックなどの影響をもろに受け、衰退の一途をたどることとなった。

　現在の京都には、江戸時代から連綿と続く伝統産業と、戦後に誕生した先端産業が共存している。これが京都の産業構造の大きな特徴である。最先端の技術を扱う企業の中には、伝統産業が蓄積した技術を転用することで発展したものも多く（たとえば焼き物からセラミックス、仏具製造から精密金型や電子部品、捺染技術からプリント配線版など）、両者はまったくの無関係ではない。これも京都の先端産業の特徴といえよう。

　かつて京都は「ベンチャーの都」あるいは「ベンチャーのメッカ」と呼ばれた。非財閥系、非グループ会社であるが故に、独創性、技術力、起業家精神、無借金主義、堅実経営などを武器に企業を発展へと導いてきた。今では特定分野でトップシェアを誇る企業も多い。

　では、現在の京都はどうだろうか。その後も継続的に起業家精神の旺盛な人物が次々と現れ、開業が相次いでいるはずだが、実際の開業率は低いといわざるを得ない。創業精神が旺盛で自己革新に常に努力しているとすれば、京都はベンチャー百花繚乱状態になるはずだが、京都企業の開業率は全国的に見ても高くない。なぜだろうか。

　京都モデルはお互いの連携が少ないといわれる。京都モデルには、少なくとも、そうした動きに拍車をかけるような域内での協力・協調は見られない。域内においては、スタンドアローンあるいはアウトサイダー的な存在になっているというべきだろうか。

　同化を促す、場合によっては骨抜きにしてしまう、ブラックホールのように吸引してしまう風土、短期的にはこれみよがしに同調を強いたりしないけど（「適度な」ほったらかし）、長期的には同化を促すといういわゆる"いけず"の精神が影響しているのだろうか。

　いずれにしろ、相互のパワーの活用による、相乗効果が実現できていないように見受けられる。外部性をより高める必要があるにもかかわらず、「京

都に学ぶべきものはない。他人は他人、自分は自分」と、ほかを参考にしようとしないが、これらは気位が高く、人のいうことを聞かない京都人特有の性向があるためともいわれる。しかし、水面下では、京都モデルと称されるもの同士が互いを意識し、激しく切磋琢磨を繰り返している。

　こうした現況を打開するには、いったい何が必要なのだろうか。戦後のベンチャーブーム期と現在を比較することで見えてくることもあるかもしれない。

第2章

京都モデルの類型仮説

北　寿郎・西口泰夫・金子篤志

　京都の風土や歴史、あるいは京都人が持つ気質などを背景に醸成されてきた、企業の永続性重視の経営手法、高い技術水準、高付加価値の追求、希少価値性（きめ細かさ）、個性化志向、堅実経営（手堅さ）——こうした特性を持って成長・発展してきた企業を一般的に「京都モデル」と呼んでいる。

　もちろんすべての京都モデルが最初からこうした資質を持っていたわけではない。京都モデルの代表とされる企業群であっても、その成長過程においては、斜陽化あるいは倒産の危機を経験している。そして、そこから這い上がろう、抜け出そうとするときに、老舗の家訓や教訓を受けて、「持続可能な経営スタイル」、たとえば「身の丈の経営」や「場を荒らさない」「他の企業の持分に土足で踏み込まない」「マーケットを根絶やしにしない」などを身につけてきたと考えられる。

　京都の企業は、地域全体で、時には業界交代を繰り返しながらも、「京都に伝わる伝統や家訓」のうち良いもの（明）をそのまま受け継ぎ、悪しきもの（暗）は教訓として受け継ぎながら、時代の変化に機敏に対応しつつ、したたかに変革・成長し続けてきたのである。

　伝統から革新が生まれ、いつしか両者が同化・融合して新たな伝統が生まれる。そして再び革新が始まる。京都はこうした循環のダイナミズムが活性化するに足る要素に富んだエリアであり、京都モデルとはすなわち、その循環のダイナミズムを創出する装置・システムと言い換えることができる。

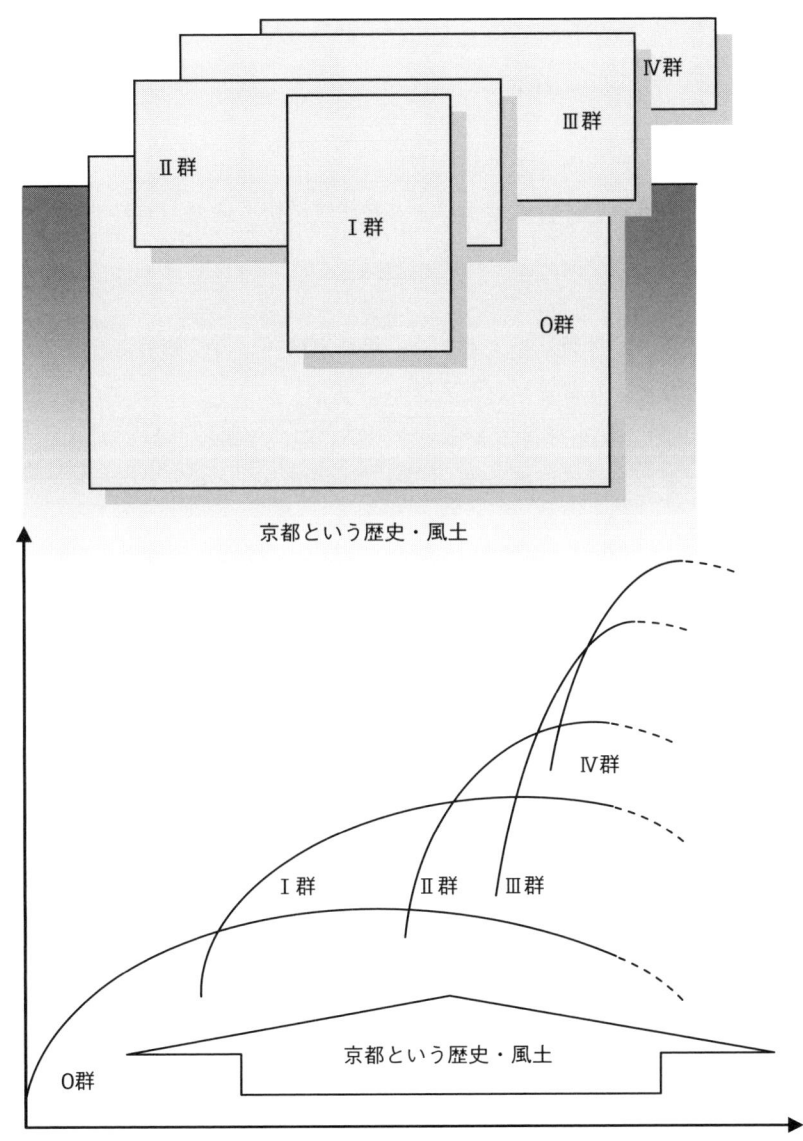

図1　京都モデルの歴史的類型

「はじめに」でも述べたように、本章でも京都という歴史と風土を舞台に誕生した企業を、その特性に応じて4つの群に分類している。その詳細は以下の通りである。

第0群＝西陣を代表とする老舗企業群。
第Ⅰ群＝明治維新期の行政主導による殖産興業策と連動して科学技術を積極的に導入したことが事業拡大のドライブフォースとなったモデル。
第Ⅱ群＝戦後の好景気に下支えされ、起業家精神や自己革新に旺盛な創業者等により輩出されたモデル。
第Ⅲ群＝1970年代のオイルショック以降に設立され、Ⅱ群に属する企業に少なからぬ影響を受けつつ、次代に向けて新たなる地平を築こうとしているモデル。
第Ⅳ群＝新たなる息吹。京都を離れて事業を展開するモデル。

このほかにも、「創業者健在陣頭指揮モデル」「同族系世襲モデル」「代替わりモデル」といった事業承継の観点からの分類も可能であり、また「高等教育機関輩出型モデル（創業者が京都大学出身など）」や「事業拡大モデル（町工場から発展した企業など）」といった見方もできる。

京都モデルの歴史的類型事例

0）第0群＝西陣を代表とする老舗企業群

織物、焼き物、仏具、菓子、茶、酒など、京都に古くから伝わる伝統産業を手がける企業群。そのほとんどが100年以上の歴史を持つ老舗である。「京都商法」を踏襲することで家業を永続してきたが、明治維新以降、特に終戦後のライフスタイルの変化に伴い、その多くが凋落の運命をたどることとなった。その中で、老舗の誇りを失わず輝き続けている企業も少なからず存在している。本ケースで扱っている一保堂もそのひとつである。しかし、こ

れら老舗も伝統に安住して生き延びてきたわけではない。優雅に泳ぐ白鳥が、水面の下では必死に水を掻いているように、老舗も見えないところで必死に自らを変革することを求められてきた。

伝統産業に変わって台頭してきたのが、機械金属・化学工業である。太平洋戦争が始まった1941（昭和16）年頃を境に、京都の工業製品出荷額に占める繊維・食品工業と機械金属・化学工業の割合は見事に逆転している。以後、その開きは一層拡大していった。

このように京都の産業構造は大きく様変わりしたが、変わらないものもあった。それは伝統産業が長い時間をかけて育んできた「京都商法」の教えである。戦後、次々と誕生した企業群にも「京都商法」の教えは、企業のDNAとしてしっかりと受け継がれている。

太平洋戦争勃発後、機械金属・化学工業関連企業は軍需製品の生産に追われることになったが、戦争が終結すると軍需から民需への転換を図り、それぞれが復興への道を歩み始めた。たとえば島津製作所の場合、X線撮影装置や商用電子顕微鏡といった企業向けの精密機器を次々と商品化し、事業を発展・拡大することに成功した。

また、本来第０群に属するべき月桂冠や宝ホールディングス（共に醸造業）の躍進にも注目したい。これらの企業は、「老舗」にとらわれることなく、新しい分野を切り開き、成長していった。詳しくは第Ⅰ群の項で述べる。

（Ⅰ）第Ⅰ群＝明治維新期の行政主導による殖産興業策と連動して科学技術を積極的に導入したことが事業拡大のドライブフォースとなったモデル

織物、焼き物、醸造技術を代表とする伝統産業から派生しながら、明治維新期の行政主導による科学技術振興、富国強兵策の推進に何らかの影響を受けて成立したモデル（月桂冠、宝、大日本スクリーン、島津製作所、尾池工業など）。今日の京都モデルの経営手法との類似点、たとえば「合理主義」「個人主義的精神」「反権力と京都中華思想」などが見られる。

これらの企業群は、その後、戦後未曾有の好景気となる1955～1970年代前半のオイルショックまでの間、戦後の新興ベンチャー群（京都の伝統技術をルーツに持つ企業としては、次の世代といえる任天堂、村田製作所、京セラ、ワコールも）とともに、互いが影響を与えつつ切磋琢磨を繰り返し、成長と事業拡大を実現している。

（Ⅰ）-1　舎密局（せいみきょく、後の京都大学）による近代科学技術のメッカ、京都府主導による富国強兵のメッカとしての京都から派生したモデル

　科学技術振興のみならず、富国強兵の一環として軍需産業の一翼を担い、後にそのノウハウの民生化を実現したモデル（島津製作所、GSユアサ等）。このモデルは高邁な理念を掲げており、その理念の達成を目標に切磋琢磨してきた。この場合、競争相手は同業他社ではなく、己の理念である。たとえば島津製作所は富国強兵のコンセプトのもと、科学技術の振興を理念として理科教育の普及を目標としてきた。

　また「高質な顧客」を満足させる「高付加価値化を追求」に専念するモデルでもある。同時に「分に応じた経営」「分に応じた発展」を守り、一時的な量的拡大や急成長より、むしろ事業・企業としての存続や永続性を重視し、企業によってはスピンオフを積極的に奨励している。

●島津製作所

　島津製作所は、1875（明治7）年に理化学機器の製造販売会社として発足した130年以上の歴史を持つ老舗企業である。創立者は島津源蔵。当時の最大の顧客は、事業所のすぐ近くの舎密局勧業工場であった。島津は舎密局で使われる輸入機器の修理と製作を主な生業としていた。

　現在の島津グループの原型を作り上げたといわれるのが、2代目の島津梅治郎（後に源蔵と改名）である。2代目源蔵は、1895（明治28）年に理化学研究の現場（学校）からの要請を受けて標本部を新設し、人体生理模型や動植物・鉱物標本の製造販売を開始した。

1897（明治30）年には、舎密局〜旧制第三高等学校を経て、京都帝国大学が設立される。島津は、同大学の理化学教育および研究に使われるほとんどの機器の受注を受け、事業規模を拡大していく。東京、大阪、福岡などに拠点を設け、全国的な販売網を構築していったのもこの時期であった。
　このように戦前の島津は、科学技術の振興および理科教育の普及に乗って規模を拡大していった。
　昭和に入り、島津は軍需工場の色合いを強めていく。当時、手がけていたのは、光学機器、照準装置、航空機用の各部品など、いずれも軍需品に直結するものばかりであった。1938（昭和13）年には旧日本陸海軍の管理工場に指定されている。
　敗戦後、島津は「何を作ればよいのか、誰に売っていけばよいのか」という大きな壁に直面する。これまで大学や軍需など、特殊な顧客（リードユーザー）だけを相手に商売をしてきたからだ。
　危機を救ったのは、X線撮影装置と商用電子顕微鏡であった。前者は、戦前に旧制第三高等学校の教授の協力のもと、初の国産化に成功した医療機器である。
　1946（昭和21）年、島津は政府から重要工場指定を受ける。これを追い風に、軍需から民需への転換を加速させていった。
　戦前から戦後、そして現在まで、島津のほとんどの製品が「プロフェッショナル・ユース」である。それだけに各製品に要求される機能や性能は極めて高く、島津の技術者たちもそれらを第一に考え、ものづくりに携わってきた。これが島津の強さであり、DNAのひとつにもなっている。
　しかし近年、性能や機能よりも、使いやすさやデザインが機器導入の重要な要素になりつつある。つまり「良いものを作れば必ず売れる」という技術至上主義が通じなくなりはじめているのだ。
　また新たな顧客の獲得という点でも、島津は不利な立場にあるといえる。島津の商売は決して「売り切り」ではない。常に顧客に接し、使い方の指導はもちろん、顧客のニーズを吸い上げ、製品に反映してきた。しかし、これ

は特定の顧客（リードユーザー）に限った話で、リードユーザー以外、つまり一般顧客に関する情報を収集し、分析するということをこれまで積極的に行なってこなかった。

とはいえ、島津は常に新しい分野を自ら開拓していく企業である。これまでも見本となる企業は存在しなかった。故に先覚者としての自覚は強く、独立独歩の気風は強い。幸いにして、現・矢島英敏会長が社長に就任した1999（平成11）年以降、島津の業績は上向き傾向にある。矢島の行った事業の整理、とりわけ島津が得意とするコア・コンピタンスに経営資源を集中していたことが好影響を与えていると考えられる。

今後、島津に望まれるのは、新しい「サイエンス的知見」に基づいて新規マーケットを作り上げていくことであろう。国内初のX線撮影装置、蓄電池（GSユアサにスピンオフ）、画像診断装置（CT）など、これまでも島津は、高度なサイエンス的知見に基づいて新しいマーケットを開拓してきた。そして次世代の島津にも強くそれが求められている。

（Ⅰ）-2　科学技術、科学的経営手法を積極的に導入し、殖産興業・文明開化を後押ししたモデル

● 月桂冠

月桂冠は、京都伏見区で最古の酒造メーカーである。創業は1637（寛永14）年、その歴史は370余年に及ぶ。

月桂冠が急激な発展を遂げたのは、11代目大倉恒吉が家業を継いだ1885（明治28）年以降のことである。それまでは地方の小規模な造酒屋のひとつに過ぎなかった。

恒吉は伝統を重んじる一方で、「進取の気性」に富み、数々の新しい試みに挑戦した。そのひとつが防腐剤を使用しない酒の開発である。1909（明治42）年、最新の設備を備えた「大倉酒造研究所」（現・月桂冠総合研究所）を設置し、東京帝国大学卒の醸造技師を招聘、開発にあたらせた。そして2

年後の 1911（明治 44）年に、業界に先駆けて防腐剤を使わない日本酒の商品化に成功した。

12 代目大倉治一は、株式会社への移行や、冷房装置付き鉄筋コンクリートの酒蔵「昭和蔵」の建設、ビン詰プラントの導入（当時は樽詰酒が全盛であった）などを常務取締役の立場で主導。1944（昭和 19）年に社長職に就き、父の経営理念である「伝統を大切にしつつ、新しい挑戦をいとわない」を実践した。

1960（昭和 35）年、治一は酒造業界の常識を打ち破る大きな決断をする。それは、一年中、安定的に日本酒を製造するための設備「四季醸造蔵」の建設であった。1961（昭和 36）年、四季醸造蔵「大手蔵」が完成。同業他社に大きな衝撃を与えた。

月桂冠が他社に先駆けて本格的な四季醸造を実現した背景には、①同社の豊富な技術の蓄積、②経営者の先進性と現場への理解、③「伏見」という地域性があった。

①の技術に関しては、大倉酒造研究所での研究成果が生かされている。また②のリーダーシップについては、父・恒吉から受け継いだ「先見の明」が大きく影響している。また、現場技術者に権限を委譲し、技術革新しやすい場を提供したことも忘れてはならない。そして③の伏見の地が持つ「多様性」と「開放性」。伏見でなければ、四季醸造の実現はずっと後のことになったかもしれない。伏見（＝月桂冠）にはさまざまな出自の杜氏がおり、灘のように杜氏徒弟制度による縛りはほとんどなかった。だからこそ伝統に縛られない技術革新に率先して取り込むことができたと思われる。

四季醸造の確立によって、月桂冠の酒造りは「季節労働者から年中雇用社員による酒造り」へ変化した。同時に高品質な酒を、年間を通じて安定供給できるようになり、一躍、酒造業界のトップへと踊り出た。その後も月桂冠は、コンピュータによる自動制御装置を導入した「大手二号蔵」の建設や、「融米造り」と呼ばれる画期的な新醸造法などの開発に成功している。

もちろんすべてが順調に進んでいるわけではない。1970 年代半ば頃から

国内での日本酒の販売量は頭打ちとなり、現在も長期にわたって低迷が続いている（その一方で海外での需要は拡大傾向にある）。こうした中、14代目大倉治彦社長が打ち出したのがコーポレートブランド強化戦略である。従来の日本酒メーカーの枠組みにとらわれない新規事業展開や広報宣伝活動などを積極的に行い、持続的発展の可能性を模索し続けている。

● 宝ホールディングス（TaKaRa）

　TaKaRaは、1842（天保13）年に京都伏見で21軒目の酒造商店として誕生した。創業者は四方家4代目卯之助である。4代目から事業を引き継いだ5代目卯之助は、江戸時代からの老舗酒造が並ぶ中、清酒だけでは生き残れないと「みりん、焼酎、白酒」を中心とした商売にシフト。これが成功し、事業を拡大した。1905（明治38）年には、四方合名会社を設立。主力製品の「みりん」でついに東京進出を果たす。

　当時の社長は、四方卯三郎。卯三郎が「みりん」の次にターゲットにしたのが、愛媛県宇和島にある日本酒精が開発した「新式焼酎」（現在の甲類焼酎の原型とされる）だった。卯三郎は、日本酒精から関東一円での販売権を買い取り、商売に乗り出す。しかし、数年後、肝心の日本酒精が他企業に買収されてしまう。そこで卯三郎が取った方策は、日本酒精で工場長をしていた大宮庫吉のヘッドハンティングであった。

　大宮は、1916（大正5）年に入社し、TaKaRaは、そのわずか半年後に自社製造の新式焼酎「寶焼酎」の販売を開始した。以後、みりんと焼酎で事業基盤を固めていく。

　1955（昭和30）年、主力商品の焼酎の販売量がピークを迎える。それを受けて、当時社長に就任していた大宮庫吉が、ビール事業への進出を決めるが苦戦の連続。結局、開始から10年後の1967（昭和42）年に全面撤退を余儀なくされる。敗因は、日本人になじまない「味」と「流通経路を確保できなかった」ことにある。また新式焼酎のときに見られた外部人材の積極的な登用や、パートナーシップの確立および活用ができていなかったことも大

きな要因と見られる。

　庫吉から経営を引き継いだのは婿養子の大宮隆であった。隆は、焼酎、清酒、みりん、アルコールの4事業に経営を集中。特に力を注いだのが、高品質の焼酎だった。1977（昭和51）年に発売された「純」は、日本人の酒の飲み方を変えたといわれるほどの大ヒット。さらに、1984（昭59）年に発売した「タカラ can チューハイ」の成功で、TaKaRa は史上最高の売上高を記録した。

　また清酒事業に関しては、灘の銘酒「松竹梅」を買収。松竹梅の持つ慶祝イメージを活かし、需要の掘り起こしを図る。と同時に、広告に石原裕次郎を採用して清酒分野での TaKaRa の存在感を一般消費者にアピールした。

　隆は、既存事業の建て直しと併行して、新規事業バイオビジネスへの進出も意欲的に行った。直接指揮を取ったのは、大宮隆の長男で現社長の久である。TaKaRa は酒造で培ってきた発酵工学（マザーテクノロジー）をベースにした薬品事業を展開していたが採算割れの状態に陥っていた。そうした状況を踏まえて、久は遺伝子工学の可能性に着目し、遺伝子工学の研究に不可欠な「制限酵素」の開発・販売に乗り出した。しかし、こちらも研究開発費に比して売り上げは伸び悩んだ。

　そこで登場するのが、後にタカラバイオの立役者となる加藤郁之進である。加藤は大宮久の誘いを受けて TaKaRa に入社し、中央研究所でバイオ研究の指揮を取ることになった。加藤が目をつけたのは、癌の転移抑制作用があるとされる「フィブロネクチン」である。1987（昭和62）年に研究はスタートするが、その後、何年も進展が見られない状態が続いた。

　1995（平成7）年、米インディアナ大学のウィリアム助教授と共同研究を開始。結果、体外遺伝子治療用研究試薬「レトロネクチン」が生まれる。これがバイオビジネス市場で同社の存在感を一挙に高める原動力となり、現在その成果をベースに数々の企業や研究機関と共同研究を行なっている。

　2002（平成14）年、バイオ事業がタカラバイオとして独立し、持株制に移行した宝ホールディングスの下に、事業会社としての宝酒造とタカラバイ

オが置かれることとなった。さらに2006（平成17）年には、宝ホールディングス100％出資の宝ヘルスケアが設立されている。

（Ⅰ）-3 「ピンを呼んできてピンを生み出す」という京都老舗の「高付加価値化を追求」する伝統を受け継いだモデル

「京都が朝廷を中心とした職人のまちであるとすれば、そこに最高の技術を集めて、最高の品を売るのも"京都商法"の重要な一つの要素である」（『京都商法』）というように、京都にはさまざまな「ピン」が集まり、そこにさらに一工夫加えて、付加価値の高い商品を作り出すという風土があった。つまり「ピンを呼んできてピンを生み出す」ということが京都ではごく当たり前に行われてきた。こうした京都老舗の考えは、第Ⅱ群以降の企業に確実に受け継がれている。

●宝ホールディングス（TaKaRa）

1916（大正5）年の大宮庫吉の招聘を皮切りに、各種のM&Aを敢行してきた。1920年代後半の金融恐慌も企業買収や合併等の積極拡大策で乗り切ったが、第2次世界大戦の荒波は容赦なくTaKaRaを襲った。甚大な戦禍の中からTaKaRaの復興を背負ったのが庫吉であった。庫吉は、「積極的な買収・合併・増資を行うとともに、経営合理化を進め、事業の拡大と安定を図る」という、経営上相反しかねない非常に難しい課題を克服していった。

大宮久が、タカラバイオ創設のきっかけとなるPCR（ポリメラーゼ連鎖反応）法のことを知ったのは、1988（昭和63）年のことであった。試薬ビジネスの動向を調査するために派遣していた社員の調査報告を読んだ久は、直感的に面白いと感じた。その後間もなく、薬品開発研究所長になっていた加藤が、「米国でPCR法の機器が売れている」との情報を掴んだ。大宮と加藤は直ちに米国に出向き、販売権を持つパーキンエルマーシータス社から、PCR法の遺伝子（DNA）増幅システムの国内販売権を手に入れた。このPCR法の販売権を得たことによって、TaKaRaのバイオ事業は、一躍脚光を

浴びることになった。

● 月桂冠

　1960年代初頭の四季醸造実現時、月桂冠と灘地域の大手メーカーのそれぞれの環境条件を比べると、杜氏徒弟制度に大きな違いがみられた。灘地域のメーカーに比して、伏見地域のメーカー、特に月桂冠では、杜氏制度の多様性（diversity）ならびに開放性（openness）が相対的に大きく、この点は、旧体制から新体制への移行に関して非常に有利な背景条件であったと推察される。より良いものを生み出すためには、「外部のピン（最高のもの）を集める」という老舗に見られる伝統的手法を伏見の酒造業界に先立って導入した事例といえる。

　TaKaRaと月桂冠は、こうした大胆な挑戦・革新を通して組織の「新陳代謝」を行ない、静と動、持続と変化のバランスの中で持続的発展を遂げてきた。

（Ⅰ）-4　「マザービジネス」をベースとしつつも、「自己革新」に挑戦したモデル

　TaKaRaや月桂冠は、科学技術の導入等により、結果として京都の老舗企業が提供する「希少性」に反旗を翻したモデルではあったが、現在は希少性に回帰する方向を志向している。

● 宝ホールディングス（TaKaRa）

　後発組としてただでさえさまざまな努力を要する企業であったTaKaRaは、1957（昭和32）年にタカラビール発売。その後、その失敗を教訓としながらそれなりの成果を上げている。バイオへの業容拡大など精力的であるが、いまだ業績は必ずしも芳しくない。

● 月桂冠

　月桂冠は、ターニングポイントにおける経営トップの決断力と「懐の深さ

（現場の若い技術者たちの努力と知恵をひきだす大胆な権限委譲等）」によって、1960年代初頭という時期に、酒造業者の長年の宿願であった四季醸造を業界に先駆けて実現した。それによって、月桂冠は、劇的な生産拡大を達成するとともに、季節労働者による酒造りから年中雇用社員による酒造りへの移行を進めた。その後も新しい取り組みに挑戦し続け、新醸造法開発（「融米造り」）や海外事業展開（アメリカでの現地生産・販売）といった面で大きな成果を上げてきた。

　四季醸造というイノベーションは、月桂冠という一企業の拡大発展につながっただけでなく、日本酒業界全体に大きな波及効果をもたらすことにもなった。しかし、今、月桂冠は大量生産より多品種少量の希少性が求められる時代の到来に合わせて、希少性を売り物にしてきた本来の京都老舗への回帰（単純回帰ではない）を模索中である。化粧品周りのバイオ開発に活路を見出そうとしているところではあるが、まだ充分な成果は得られておらず、その自己革新に喘いでいる。

（Ⅱ）第Ⅱ群＝戦後の好景気に下支えされ、起業家精神や自己革新に旺盛な創業者等により輩出されたモデル

　1955（昭和30）年になると、一人当たりのGNPがようやく戦前のピーク時（昭和9年）を超え、翌1956（昭和31）年の経済白書では「もはや戦後ではない」と表現された。折りしも日本は「神武景気」（1955〜57年）に沸いており、それ以降「岩戸景気」（1958〜61年）、「オリンピック景気」（1963〜64年）、「いざなぎ景気」（1965〜70年）、「列島改造景気」（1971〜73年）と景気の拡大期とそれに続く後退期を繰り返しながら、拡大期には実施GNP成長率2桁を記録する高度成長期を迎えることとなった。

　京都経済も昭和30年代（1955〜64年）の約10年間において、工業製品出荷額は4.1倍、府民所得で3.4倍（各名目）と著しく伸長した。またこの過程で、1960（昭和35）年には工業製品出荷額において機械・金属工業が繊維工業を上回り、産業構造も大きく変貌した。

戦後の京都ハイテク企業（村田製作所、堀場製作所、ワコール、ニチコン、ローム、京セラなど）に任天堂を加えた第Ⅱ群の企業には、第0群や第Ⅰ群の伝統を受け継ぐ、あるいは革新を展開しながらも延長線上に位置づけられるものが多い。戦前に存在した「大財閥」が京都には存在しなかったこと、「財閥系銀行」、メインバンクが存在しないことも手伝い「キャッシュ・フロー経営」の徹底も見受けられる。なお任天堂を第Ⅰ群ではなく、あえて第Ⅱ群に位置づけたのは、大きな転換が見られたのが1960年以降であるためだ。
　これらの企業に共通して見られるのが、6つのビジネス特性——コア・コンピタンスへの特化、隙間市場参入、海外市場重視、開放性、独特の財政構造、技術系の経営者中心とした最高レベルの技術力とグローバルなニッチマーケットの開拓（特定技術ベースの差別化を通じたグローバル市場への参入）——を保有していることである。
　「どれひとつとっても、それひとつをとっても京都の産業を代表しないが、それぞれの産業分野で、どれひとつとっても全国的、世界的に通じる知名度と特色を持っている」と特徴づけられる京都のハイテク系産業群となっている。
　これら第Ⅱ群の企業は表向き「他社は他社、自分は自分」といって憚らないが、実質上はライバル心むき出しで競争することにより、互いが切磋琢磨を繰り返している。

(Ⅱ)-1　組織全体のアウトプットを最大化する深遠かつ緻密な組織管理技術の存在。特長ある組織×管理会計のセット展開。これにより真の弁証法的PDCAを実施
　組織形態については、権限委譲型分散型組織と中央集権型組織を採用する企業に二分されているようである。創意工夫とやる気を引き出す分散型組織、意思決定・意思伝達の迅速化を志向する中央集権型組織、これらの組織形態は次世代にどのように映っているのだろうか。

●京セラ

　京セラは、1959（昭和34）年、京都の老舗碍子メーカー松風工業をスピンアウトした稲盛和夫ら8名によって創立された。稲盛自身が開発した日本初のセラミック製品「フォルステライト」を武器に初年度から黒字を達成した。テレビの急激な普及で、フォルステライトのひとつ「U字ケルシマ」（ブラウン管に使われる）の需要が大幅に拡大したからだ。

　1965年、いわゆる「昭和40年不況」の影響によって初の受注減を経験するが、従来の電子部品から新たに産業機械部品にまで事業を拡大して、苦境を乗り切る。

　1966（昭和41）年にはIBMの大型汎用コンピュータで使われる「サブストレート」の大量受注に成功。一躍、世界で知られるようになった。その後、機械工具、医療、半導体、電子機器、光学機器、電子通信など事業を拡大し、総合電子部品企業として今日に至る。

　京セラの強さの秘密は「分散型組織」と「キャッシュフロー会計」の徹底にある。前者は「アメーバ経営」、後者は「京セラ会計学」と呼ばれる。

　アメーバ経営は、京セラが急速に発展し、規模が拡大する中で、「ともに苦楽を分かち合い、経営の重責を担う共同経営者がほしい」という稲盛の思いから生まれた。会社の組織を「アメーバ」と呼ばれる小集団に分け、社内からリーダーを選び、その経営を任せることで、経営者意識を持つリーダー、つまり共同経営者を多数育成した。

　アメーバ経営では、各アメーバのリーダーが中心となって計画を立て、全員の知恵と努力により目標を達成していく。そうすることで、現場の社員一人ひとりが主役となり、自主的に経営に参加する「全員参加経営」を実現している。小さなアメーバ組織の中で、若いときからリーダーとしての経営感覚を磨かれたため、優秀な人材の輩出にもつながったと考えられる。

　アメーバ組織を作り上げるとともに、アメーバごとに経営の内容が正確に把握できる、独創的で精緻な部門別採算管理の仕組みを構築している。そのひとつが「時間当たり採算表」である。時間当たり採算表が生まれた背景に

は、「『売上を最大に、経費を最小に』が経営の原点である」と考える稲盛の経理哲学がある。経営をガラス張りにし、部門別の経営の実態が誰にでも分かるようにしたのも注目すべき点である。

アメーバ経営は、経営哲学と一体でなければならないため、そのルールや仕組みのひとつひとつが京セラの経営理念と明確につながるように考えられている。京セラの経営理念は次の通りである。

「全従業員の物心両面の幸福を追求すると同時に、人類、社会の進歩発展に貢献すること」

経営理念が明文化されたのは、創業間もない 1966（昭和 41）年のことである。前半は 1961（昭和 36）年に高卒従業員が起こした労働争議の反省から生まれたもので、そこに稲盛の考える「企業の社会的役割」が加わり上記のような文言となった。

●オムロン

「ソーシャルニーズの創造」「チャレンジ精神の発揮」「人間性の尊重」――これらを経営理念に掲げるオムロンは、その言葉通りに、社会に潜在するニーズをいち早く感知し、そのための技術や商品を世に提供してきた。スタートは、1933（昭和 8）年に開発したレントゲン撮影用タイマーである。

1943（昭和 18）年には、東京帝国大学から依頼されたマイクロスイッチの国産化に成功。オートメーション機器のパイオニアと評された。太平洋戦争の影響によってタイマー等の需要がゼロになるが、終戦後、家庭用電気製品の分野で再出発を図る。

1955（昭和 30）年、防衛庁の依頼により米軍の MIL スペックを満たすマイクロスイッチを開発した。1960（昭和 35）年には、世界初の無接点スイッチの開発に成功。オートメーションの電子化に貢献した。 同年、資本金の 4 倍にあたる 2 億 8,000 万円を投入して中央研究所を建設。5 年間で 700 種

以上の新製品が生み出されたという。以降も、自動券売機、自動交通信号機、自動改札機、現金自動支払機、卓上電子計算機、電子血圧計および体温計など、ソーシャルニーズを見据えた製品を次々と開発・販売し、部品メーカーから最終製品製造メーカーへとシフトしていった。

1990（平成2）年頃から、完成品最終組立事業のオープン化やモジュール化の波により利益率が低下、現在、出発点であった部品メーカーへの回帰とソリューションサービスへの移行を推し進めている。

オムロンは自らを「大企業ではなく、永遠のベンチャー企業」と位置づけ、早い段階から事業部制を導入してきた（分散型経営）。それを1999（平成11）年に廃止し、カンパニー制のもとで、さらなる経営のスピード化を図っている。

自社の強み、コア・コンピタンスは「センシング＆コントロール」にあるとし、現・取締役会長の立石義雄が「工業社会の忘れ物」と称する、「環境」「安心・安全」「健康」の三分野に将来を見出そうとしている。

●村田製作所

1944（昭和19）年、村田昭が創業した電子部品メーカーである。「不思議な石ころ」と呼ばれるセラミックス関連の部品を素材から一貫生産している。最終製品進出を考えた時期もあったが、紆余曲折を経て、現在は部品製造にこだわりを見せる。「限られた分野で常に先端的な製品を開発し、ライバル企業の追随を許さない」という方針で、誘電体セラミックと圧電体セラミックスを核に事業を展開してきた。特定の分野だけで確実に収益を上げていくための精緻な経営管理システム「マトリックス経営」と「管理会計」も持つのも大きな特長で、全体としては中央集権的経営といえる。

マトリックス経営の基礎となったのは、各工場を独立採算制の子会社として運営する「分社経営」である。これは創業間もないことから採用されていた。マトリックス経営それ自身やそれを構成する経営管理制度は、日々試行錯誤され常に変化している。同社の高業績を下支えするこのような仕組みは、

ある時点で作られたというよりは、長い歴史の中で積み上げられてきたものである。特にその生成過程の中で、既存の形を維持しつつもその機能を変容させていく点などは非常に興味深い。今も絶えず改編の努力を続けている。

　一般的にマトリックス組織は、「環境変化が激しく不確実性が高い状況下で、変化に対応し、迅速なコミュニケーションを確保するための組織」であるといわれる。しかしながら、二元的指揮命令系統であるが故に、組織内部での調整コストが高いことも事実である。実際にそのような問題点が同社内においても指摘されることがある。村田はそうしたコンフリクトを肯定的にとらえ、また本社機能スタッフによる調整によって解決する仕組みを構築することで、恒久的な組織構造としてのマトリックス組織を実現している。

　村田には独自の「投資評価制度」が存在する。銀行に依存しない、借入金に依存しない経営体制を敷いているため、自社のみで投資の意思決定を行う必要があったからだ。村田の投資評価制度は、4つの経済指標（投資利益率、増分資産利益率、投資効率、回収期間）からなり、そのうち3つ以上の基準値について目標水準を満たすことが要求される。

　「回収期間法」は日本国内の企業に広く普及しているが、貨幣価値を考慮しない、あるいは基準期間が与えられないことを理由に、否定的にとらえられることが多い。村田の回収期間法も、一見それらと同じ単純回収期間法に思えるが、実はそれらの欠点に対処した「割引回収期間法」としての性質を持っている。

　村田製作所の投資評価制度は、「正味利益」という同社特有の利益概念を用いた管理制度であるといえる。「正味利益」は、限界利益から加工材料費、減価償却費や設備・棚卸金利などの工程に直接的に跡づけられる原価を控除して算定される。よって、正味利益の増分をモニターすることで、投資が期待通りの成果を上げているかどうかが即座に確認できるわけだ。

(Ⅱ)-2　無借金経営、キャッシュフロー会計の導入といわれるが、そうでない企業もある

　戦火、災害、遷都など幾多の困難を経て、どんなに景気が悪いときでもじっと生きながらえるよう、「無借金体質、無駄に業容を大きくしないで身軽に」という社訓が京都モデルにはある。再投資のための利益追求、内部留保の視点とでもいえようか。戦後第Ⅰ世代のベンチャー企業と米国式経営手法等との出会いが大きく影響しているのだろう。

- 無借金経営の企業（10年程度前からほぼ無借金経営となったものも含む）
    - ●村田製作所
    - ●任天堂
    - ●ローム
    - ●ニチコン
    - ●トーセ（第Ⅲ群）
- 無借金体質ではない企業
    - ●堀場製作所
    - ●宝ホールディングス（第Ⅰ群）
    - ●日本電産（第Ⅲ群）
- 無借金ではないが無借金化を志向しつつある企業
    - ●オムロン
    - ●京セラ
    - ●ワコール
    - ●大日本スクリーン（第Ⅰ群）
    - ●島津製作所（第Ⅰ群）

(Ⅱ)-3　専門特化、グローバルニッチを標榜する企業

●堀場製作所

　専業メーカーを死守することに専念。結果として、大手を市場から駆逐。

他の企業には総合化を目指し、結果としては専業回帰している例がままある。オムロンが該当している。

(Ⅱ)-4　米国式オープン取引を志向するも実態は自前主義

京都には、自社の利益だけではなく、「相互扶助」によって業界全体で永らく繁栄を続けるという老舗の思想、すなわち京都の老舗に伝統的に見られる「分業体制」および「分散処理」を推進する体制（たとえば老舗を中心とした組合など）があった。Winner takes all の発想ではなく、「身の丈にあった共存共栄の思想」である。

京都の「相互扶助」体制は、「水平クローズな企業間取引」と言い換えることができ、ともすればもたれあいによる高コスト体質、ぬるま湯化を生んだ（これらの反省から「科学的管理手法の導入」が図られたと考えられる）。

京都モデルは、こうした一種の系列思想からの脱却・決別を図り、米国式オープン取引を志向した。米国式オープン取引を選んだ大きな理由は、企業間取引における壁――京都においては相互扶助精神、国内全体においては垂直統合クローズな企業間取引関係――を嫌ったためと考える。

垂直統合クローズな企業間取引関係は、「固定的・閉鎖的な関係をベースとした共同体的な構造」（『京様式経営』）であり、「外から見ればあいまいなものとされ、それによりニューカーマー（新規参入者）には厳しくしつつ、内部の結束力を強める」（同書）という特徴がある。

一方、京都モデルが志向した垂直統合オープンな企業間取引においては、売り手・買い手ともに過度の依存を避けようとして1社あたりの依存度が20〜40％を越えないようコントロールされるため、常に企業間で競争の原理が働くこととなった。

ただし、業容の拡大につれて、クローズな自前主義に陥る企業もあるとされ、アンバンドリング（オープン分業体制）な体制が取れているのかというと、必ずしもそうではないとの指摘もある。

●オムロン

　自前主義。

●村田製作所

　自ら米国市場を開拓、グローバル経営を推進。自前主義。

●京セラ

　自前主義。系列的なものや、垂直統合を図ろうという考えはないと思われる。部品を他社に提供して終わり、という傾向が強い。

●堀場製作所

　自前主義。高付加価値を持つ測定機器の製造に業務を特化。中でも自動車排気ガス分析装置は世界でトップシェアを誇る。超短納期経営を志向。スピード経営を実現するため、積極的にM&Aを推進してきた。挑戦する米国流加点主義を導入。また年俸制の採用。類似モデルとして、日本電産（Ⅲ群）が挙げられる。

　堀場製作所は、堀場雅夫が京都大学在学中に立ち上げた「堀場無線研究所」に端を発している。創業は1945（昭和20）年。学生ベンチャーの草分け的存在である。発足当社は、京都大学などの教育機関で使われる測定器の製作や修理を中心に活動していた。

　最初のヒット商品は、停電対策用の蓄電池である。続いてコンデンサーの開発・製造に着手する。その製造過程で必要になったのがpHメーターである。当時使われていたpHメーターのほとんどが米国製であったが、高価でかつ湿度の高い日本では壊れやすいという欠点があった。そこで堀場は、京都大学の助言を得ながらpHメーターの開発を始める。1950（昭和25）年、国内初のガラス電極式のpHメーターの開発に成功し、世の食料増産の波に乗って、pHメーターの需要は拡大していった（化学肥料の生産にpHメーターが不可欠だった）。

1953（昭和28）年、京都財界人の支援を得て株式会社化。1959（昭和34）年には、日立製作所と業務・技術提携を結んでいる（後に解消）。

　1964（昭和39）年、赤外線ガス分析器を応用し、排ガス測定装置を開発する。これが後の堀場製作所の主力事業のひとつとなる。ただし、必ずしも事がスムーズに運んだわけではない。もともと排ガス測定装置は、自動車の排ガス規制の開始に合わせ、通産省からの依頼で開発したものであったため、納品先は官公庁に限られ、国内の民間企業にはなかなか広まらなかった。理由は、堀場製作所が「無名」の中小企業であり、商品自体への認識も低かったため。そこで堀場は、自動車先進国のアメリカへ渡り、フォード研究所に売り込みをかけた。フォードの担当者は、堀場の製品を高く評価し、すぐさま導入を決定する。これによって「ビックスリーが使用している」というお墨付きを得ることができ、日本の企業にも堀場製作所の名が浸透していった。

　1990年半ば以降、スイスの血球計数装置メーカー「ABX」、フランスの分光測定装置メーカー「ジョバンイボン」、ドイツの自動車試験装置メーカー「カールシェンク」の自動車関連計測事業部門、分光分析機器の輸入販売商社「愛宕物産」などを買収した。こうしたM&Aの背景には、スピード経営のみならず、無駄な研究開発費をかけない、枯れた技術で商売するといった京都企業らしさが見え隠れする。　創業者・堀場雅夫は自著『もっとわがままになれ』の中で次のように語っている。

「あっちで使い古したものでも、こっちの世界に持ってきたら、最新鋭、先端のものになる。実は、そういうものが一番儲かるのである」
「先端の技術の研究などと難しいことは言わないで、もっと手近なところにビジネスチャンスがある。しかも案外競争相手がいない。そういうところに成功している人の発想がある」

　こうした「枯れた技術の転用」は、同じ第II群に属する任天堂やロームにも見られる。

●任天堂

　クローズ経営の典型例。

（Ⅱ）-5　ピンを呼んできてピンを作るという京都の伝統は第Ⅰ群に引き続き踏襲されている

　この群における「ピン」の伝承はとりわけ「スピード経営」の観点から実行された。

●堀場製作所

　超短納期経営を志向。スピード経営を実現するため、積極的にM&Aを推進。

●京セラ

　M&Aの積極展開。

●オムロン

　ヘッドハンティングによって「ピンからピンを」という志向性が高い。

　1970（昭和45）年、米国においてVCを設立。人材のスカウト、他社技術情報の収集等を実施したが、その際にMITのウィーナー博士によって提唱されたサイバネーションの実現に向けて、博士をスカウトしている。

（Ⅱ）-6　現代版の「別家制度」＝戦略的分社化

　別家制度は、西陣織物のコミュニティの掟である。暖簾分けした弟子はかならず違うことをやりなさいという不文律がある。「よそのシマを荒らしてはダメ」あるいは「狭いエリア・ニッチな所で勝負する」という消極的な使われ方もあるが、バイタリティあふれる人材のモティベーションを維持、フラット組織展開による意思決定の迅速化、コミュニケーションの円滑化といったメリットも大きい。

●オムロン

　多様化するニーズにこたえるため1954（昭和29）年に部門ごとの独立採算制に移行した。翌年には立石電機販売株式会社と株式会社立石電機研究所をそれぞれ分離設立して、本社管理、販売、研究の明確な分権制を導入した。また生産面でも、機種別の専門工場方式を採用して独立採算方式の別会社とした。この分権・独算制と中央集権を組み合わせた新しい方式を「プロデューサ・システム」と名づけ、生産会社を「Ｐ工場」と呼称した。まさに別家制度を踏襲したシステムといえる。このシステムでは、工場長は生産と労務管理に専念し、他の業務は本社が一括して集中管理した。以来、各地に「Ｐ工場」を設立。これが躍進の基礎となった。

　また、オムロンには設立初期段階からスピンオフを奨励する体質があったことも付け加えておく。

●村田製作所

　昭和40年代に子会社を展開して分業を進める。「市場のある場所（海外）で生産を行なう」が、海外政策の基本方針。1983（昭和58）年から事業部制を導入している。

（Ⅱ）-7　高質の追求、高質追求への回帰（コア・コンピタンスへの回帰）

　京都商法に伝統的な「高品質の追求」を改めて推進、あるいはその重要性を再認識した経営転換を推進。

●任天堂

　任天堂は、1889（明治22）年に京都の名工・山内房治郎が興した老舗企業である。京都の伝統産業のひとつ、花札の製造と販売を手がけてきた。現・山内溥会長はその3代目社長にあたる。

　山内溥は、日本初のプラスチックトランプやディズニーのキャラクターを用いたトランプを販売し、ヒットを飛ばすも、1956（昭和31）年に行った

米大手カードメーカー「US プレイングカード社」の視察でカード市場の限界を痛感する。帰国後、本業とは関係のない事業に進出するが失敗。1964（昭和39）年、国内のカード市場が飽和状態となり、任天堂に追い討ちをかける。売り上げ、株価ともに下落。以後、1970年頃まで苦境が続く。

　存続の危機に追い込まれた山内は、自社のコアコンピタンスに近接した市場に活路を見出す。それがエレクトロニクス玩具の分野であった。山内は社内で機械の保守整備をしていた横井軍平を開発部門に抜擢。横井は期待にこたえ、1980年にゲーム＆ウォッチを開発。これが大ヒットとなり、任天堂の財務体質は大きく改善、一躍優良企業となった。

　1983（昭和58）年には、シャープからヘッドハンティングした上村雅之がファミリーコンピュータを開発。1989（昭和64）年には、あえて白黒液晶（枯れた技術）を採用したゲームボーイを開発・販売。ゲーム市場でのセグメンテーション（家庭はファミコン／屋外はゲームボーイ）を確立した。

　次世代ゲーム機スーパーファミコンを発売した翌1991（平成3）年、経常利益が1,000億円を超え、世界的なブランドに成長した。以後、1994（平成6）年までゲーム市場での任天堂優位が続く。

　これら任天堂のヒット商品の裏には、山内溥の哲学——最新の技術ではなく枯れて安くなった技術を使うべき、余計な機能は省いて徹底して安く作るべき——があった。

　そしてもうひとつ忘れてならないのが「高品質への追求」である。任天堂はサードパーティ製ソフトの品質を検査し、それに合格しない限り発売を許可しなかった。これはいわゆる品質の低いゲームソフト「クソゲー」によって、ファミコンの市場を荒らさせないための手段だった。米国ではアタリ社が他社に自由にソフトを作らせた結果、粗製乱造になり、ゲーム市場が崩壊した。いわゆる「アタリショック」である。

　1994（平成6）年、ゲーム機戦争が勃発。ここでは前述の山内の哲学「枯れた技術の転用」がマイナスに働いた。ゲーム機として最高スペックを追求したソニーのプレイステーションが市場を独占したのだ。

任天堂は、子供向け携帯ゲーム機にターゲットを絞って事業を展開。2004（平成16）年、ソニーの携帯ゲーム機「PSP」に対抗して発売した「ニンテンドーDS」が、女性や高齢者など幅広い層に受け入れられ大ヒット。1994年以降続いた逆境からついに脱却する。

　2006（平成18）年、任天堂は家庭用次世代ゲーム機「Wii」を発売する。これまで同様、ゲーム機の「性能」を追い求めるのではなく、「枯れて安くなった技術」を使い、ゲームの面白さをとことん追求。発売1年で国内販売台数500万台を突破し、国内のみならず海外でも圧倒的なシェアを獲得した。任天堂がこれまで貫いてきた「玩具路線」の勝利であった。

　任天堂を語る上でもうひとつ忘れてならないのが、ファブレス型のビジネスモデルを採用している点である。主要部品や基盤の設計まで外注しているため、他の1兆円企業に比べて研究開発部は極めて小さい。実はこれも玩具業界では当たり前のことである。技術力ではなく、アイデアを競うのが玩具業界の常識なのだ。

（Ⅲ）**第Ⅲ群＝1970年代のオイルショック以降に設立され、第Ⅱ群に属する企業に少なからぬ影響を受けつつ、次代に向けて新たなる地平を築こうとしているモデル**

　モジュールとインテグレーションを巧みに組み合わせつつオープン水平分業を推進し、その市場におけるWinner takes all（一人勝ち）を実現しようとするビジネスモデルである。

　第Ⅱ群とⅢ群の大きな違いは、第Ⅱ群は事業の多角化の時期を迎えているが、第Ⅲ群はいまだ事業の選択と集中の時期にあること。京都モデルには、「選択・集中するが事業規模は変えない」（老舗に見られる方法）と「選択・集中しながら事業規模を拡大していく」の2つの道がある。

　仮に第Ⅲ群の企業が多角化を図った場合、それは第Ⅱ群の企業と同じ手法を取るのか、それともまったく新しい道を歩むのか、今後、この点にも注目していきたい。

(Ⅲ)-1　アンバンドリング（オープン水平分業×モジュール＋インテグラル）

　自前主義から決別し、分業体制を徹底することによって、「資源共有」「機能分散」「負荷分散」を実現。コストダウン、リスク分散などを達成することで高収益を上げようとするモデルである。

　対等な分業体制を構築し、自社の得意領域に専門・特化することによって、その領域に関してはWinner takes all（一人勝ち）を実現することが可能となる。

　シェアの集中⇒スケールメリットの増大⇒市場情報の集中⇒優位な戦略を競合他社に先がけて実行⇒ロックイン効果（顧客・ユーザーがある商品を購入すると、その商品から他社の製品への乗り換えが困難となり、顧客との継続的関係が維持されやすくなる）によるさらなるシェアの集中⇒プラットフォームとして「標準」の地位が認められると、一段と集中が加速化。そのプラットフォーム上の新製品がさらに新しいプラットフォームとなれば、まさに磐石の企業競争力につながっていく。

　上記の実現には「水平のシェア集中」＝「Winner takes all」を意識した戦略並びに経営が不可欠である。これらを自らのものとするためには積極的なリスクテーキングを行わなければならない。資金調達、経営管理などすべてにおいてスピードを最優先とした手法を実行する必要がある。

　具体的には、「起業して事業を行い、そのプラットフォームの有効性が市場で確かめられた時点で資金調達を行い、一気に世界市場を制覇する。その意味でIPO（店頭公開）は重要な意味を持つ」（『京様式経営』）とされる。

●トーセ

　1979（昭和54）年、東亜セイコーから分離独立し、1987（昭和62）年、ゲームソフトの受託開発に事業を特化する。EMSの典型例である。「つぶれないこと」を最大の目標に黒子戦略の徹底を図りながら、大手ゲームソフトメーカーすべてと取引を実施するなど、米国流オープン取引を実現。完全カスタマイズではなく、プラットフォーム、モジュール化を導入し、効率性を

高めている。

　多くの企業との取引の結果、最新情報の収集が可能となり、顧客に対する製品戦略・企画プロデュース機能の強化にも成功した。「手」だけではなく、「頭脳」を提供するのも大きな強みである。コスト、品質、納期面において高い競争力を持ち、それが継続的な受注と顧客の獲得につながっている。

　業界初の「6S（整理、整頓、清潔、清掃、作法、しつけ）」を重視した「管理」を導入するとともに階層構造の組織を実現して権限を移譲し、カリスマ体制を敷かない分散型組織を構築している。プロフィットセンター制収益管理も導入した。これらの組織体制を標準化し、グローバルな管理ツールとしている。

　「創造性に対する管理に反発しない人材のみを採用する」ため、長期のアルバイト経験後、はじめて社員として登用するというシステムを採用している。現時点での人材選別は大変うまくいっているという。

　アルバイトは年間を通じて募集している。外注委託に相当する「トラスター」からスタートし、契約社員、正社員とステップアップし、正社員に登用されるまでに最大で8年を要する。その間の教育システムは充実しており、その内容は専門学校のカリキュラムに引けを取らないとされる。

　社員には「リーダーシップ」や「高い専門スキル」に加えて「和」が求められる。コラボレーションや全体の協調を重要視しているからだ。

　京都モデルの特徴である「堅実経営」と「無借金経営」を実践し、創業以来28期連続の黒字経営を実現してきた。にもかかわらず、株価は長期低迷傾向にある。自社ブランドではない、ある種のOEM生産的な事業展開が市場に評価されていないのだろうか。しかし、「自分では打って出ない」ところにも京都モデルらしさが垣間見える。

●日本電産

　1973（昭和48）年、永守重信が創業。永守はティアック、山科精機と一貫して小型精密モーターの開発・製作に関わってきた。そして自ら創業した

日本電産でも、「回るもの、動くもの」を核に、総合駆動技術の世界ナンバーワン企業を目指している。

創業当初から海外を視野に入れて事業を展開してきた。経営三原則には「世界に通用する商品づくりに全力をあげ、世界の市場で世界の企業と競争する。すなわち、インターナショナルな企業になることを自覚し努力する」と謳っている。

「他人のやらないことをやる」を信条に、より小型で高性能なモーターの開発・製作を進めるなど、最高のものを作り、それを分かってくれる顧客（企業）に届けるという姿勢が強い。さらに直販体制を取ることで、顧客ニーズを取り込み、他社製品への乗り換えを難しくしている。

M&Aを積極的に行い（主に赤字企業の買収）、技術力のアップを図ってきた。これまでに買収した企業は20数社。買収の指針となるのは「技術力があるかどうかの一点のみ」と永守は語る。

日本電産と並び称される小型モーターメーカーに「マブチモーター」があるが、事業を国内に特化したため近年低迷にあえいでいる。一方の日本電産は、創業時に「無名」という理由で国内企業に相手にされなかったこともあり、創業時から海外企業との取引を開始した（創業1年目の売り上げの約9割を輸出が占めていた）。この違いが今になって両社の大きな差となっている。

● サムコ

基幹部分以外はアウトソーシングにより生産。分業体制を敷く。特殊装置の完成品に特化し、ブラックボックス化による高付加価値化を追求する。

(Ⅲ)-2　企業成長を助けるリードユーザー

京都には伝統的に、口うるさい、しかし高質な目利き力を保有するリードユーザーがいたとされる。かつての京都モデル（第Ⅰ、Ⅱ群）は、こうした高質なリードユーザーの存在によって成立してきたとも考えられる。

では、現在（第Ⅲ群以降）はどうだろうか。市場は京都から世界へと拡大

し、必ずしも京都だけにリードユーザーを求める必要はなくなった。国内のみならず海外に多様なリードユーザーをより簡単に確保できるようになった。しかし、企業のやるべきことに何ら変わりはない。従来の京都モデルが持つ「リードユーザーが納得のいく技術・商品を提供する」あるいは「常にお客様を満足させる」ことが、企業を成長させるドライブフォースとなる。

(Ⅳ) 第Ⅳ群＝新たなる息吹、京都を離れて事業を展開するモデル

第Ⅳ世代は京都を離れて事業展開を行う。彼らに内在する京都モデルのDNAとは何か。事業展開に活かしている教訓や学びのポイントは何か。また、咀嚼した結果、世界を見据えて新たに盛り込まれたモデルとはどのようなものなのだろうか。

●はてな

人力検索等のインターネットサービス事業を展開。社長は京都大学出身の近藤淳也。

●ドリコム

SNSなどのインターネットサービス事業を展開。京都大学の内藤裕紀（現代表取締役社長）が中心となって設立した学生ベンチャー。本社は東京恵比寿にある。

●クオリオン

リチウムイオン電池の製造・販売を手がける。日本電池（GS）出身の塚本ひさしが米国で興したベンチャー。

(Ⅳ)-1　はてなに見られる「京都モデル」らしさとは

はてなに見られる京都モデルらしさは、「脱常識志向」と「技術志向」の2点に集約される。

創業は 2001（平成 13）年。最初のオフィスは、京都リサーチパークのベンチャーインキュベーション施設にあった。同社が最初に手がけたのは、これまでになかった独自の検索サービス「人力検索はてな」。有料サービスであったため、登録ユーザー数は伸び悩んだ。黒字に転換したのは、2003（平成 15）年に Google のアドセンスからの広告収入が得られるようになってからである。

　2004（平成 16）年に株式会社化し、東京へ進出。これまで行ってきたプログラミングや Web ページの受託開発を中止して、自社サイトの開発と運営に集中した。立ったままの会議、ペアプログラミング、座席フリーアドレス制、開発合宿、移動オフィスなどのユニークな企業運営でも注目を集めてきた。

　2006（平成 18）年、自社サービスの「世界標準化」を目指して米国シリコンバレーに子会社を設立し、近藤自ら米国へと渡る。しかし、「日本とアメリカの間をネットだけで連携し、新しいサービスをヒットさせるというのは無理がありました」と近藤がいうように、次第に近藤と日本のスタッフ間で意思の疎通が図れなくなり、設立以降初めて社員数名が退職。このまま米国に残るか、それとも日本に戻って関係を修復するかの二者択一を迫られた近藤は、米子会社を休眠し、東京へ戻ることを決意した。

　そして 2008（平成 20）年 4 月、東京にあった本社を創業の地・京都へと戻す。その理由について近藤は、「東京は市場は大きいがガヤガヤしている。ビジネスには向いているが、ゆっくりものを考えてものづくりをするには向いていない」「東京には、周りと同じことをしていなければならないという無言の同調圧力がある」と説明。この言葉を裏づけるように、現在、京都本社は開発、東京オフィスは営業とサポートといった分業体制を敷いている。

(Ⅳ)-2　京都モデルが抱えるジレンマ

　京都モデルには、持続可能な経営スタイルを目指し、「身の丈にあった経営」や「むやみに規模を拡大しない」を善しとする傾向がある。しかし、常に企

業の拡大成長を期待する株主などのステークホルダーにしてみれば、こうした経営姿勢は魅力的に映らないどころか、厭わしく見えるのだろう。利益率は高く、借入金も少ない、にもかかわらず株価は低値安定といったいくつもの企業が存在するのが、その証拠といえる。

今後も京都モデルらしく身の丈でやっていくべきか、あるいは1兆円企業を目指して事業を拡大・多角化していくべきか――京都モデルが一度は陥るジレンマのひとつである。

■取材協力（50音順）
　同志社大学商学部教授・石川健次郎氏
　同志社大学経済学部教授・末永国紀氏
　株式会社TKSプランニング代表取締役・立川昭吾氏

【参考文献】
　京都府（1968）『老舗と家訓』。
　国頭義正（1973）『京都商法』講談社。
　竹中靖一（1977）『石門心学の経済思想　増補版』ミネルヴァ書房。
　硲宗夫（1978）『ワコール商法の秘密』日本実業出版社。
　京セラ株式会社（2000）『果てしない未来への挑戦　京セラ　心の経営40年』。
　稲盛和夫（2000）『稲盛和夫の実学』日本経済新聞社。
　京都総合経済研究所（2002）『京都学のすすめ』。
　末松千尋（2002）『京様式経営―モジュール化戦略』日本経済新聞社。
　京都経済同友会（2004）「京都の伝統産業と地場産業の活性化方策を考える」。
　永守重信（2005）『情熱・熱意・執念の経営』PHP研究所。
　立石義雄（2005）『未来から選ばれる企業』PHP研究所。
　稲盛和夫（2006）『アメーバ経営』日本経済新聞社。
　堀場雅夫（2007a）『もっとわがままになれ！』ダイヤモンド社。
　堀場雅夫（2007b）『やるだけやってみろ！』日本経済新聞出版社。

脇田修・脇田晴子（2008）『物語 京都の歴史』中公新書。
日本経済新聞社編『日本電産 永守イズムの挑戦』日経ビジネス人文庫。
「提言：京都の伝統産業と地場産業の活性化方策を考える」京都経済同友会。
「任天堂のフィロソフィー」http://www.geocities.co.jp/Playtown/4007/phy40b6.html

第2部 ケース編

第3章

一保堂茶舗
「破壊と創造」が伝統を守る

北　寿郎

1　はじめに

　数多くの古美術店や骨董品店、さらには鳩居堂や村上改進堂などといった全国的にも名の通った有名店が並ぶ京都寺町通り。その寺町通りと二条通りの交差点を少し北に上がった右手に、ひと際重厚でいかにも老舗らしい風格のある店構えを示す建物がある。それが、古都京都を代表する老舗企業のひとつである一保堂の本店である。店内にはお茶の良い香りが漂い、店内に入った右手にはさまざまな種類の日本茶を味わえる喫茶室も設けられ、散策に疲れた旅行者に絶好の憩いの場所になっている。

　一保堂の創業は今をさかのぼること290年ほど前、8代将軍徳川吉宗の治世とも重なる1717（享保2）年、近江出身の渡辺伊兵衛が京のほぼ中心に位置する寺町二条に茶、茶器、陶器を扱う店を出したのが始まりとされている。当時は屋号を「近江屋」と称していたが、近江屋が扱うお茶の品質の良さが評判を呼び、今から約160年前の1846（弘化3）年、当時の山階宮より「茶、一つを保つように」と屋号を賜ったのが「一保堂」の由来となっている。明治時代にはアメリカへ緑茶・紅茶をさかんに輸出し、1950年代にはいち早く百貨店へ出店するなど積極的な事業展開を行っている。その一方で、日本の伝統としての茶道を支える役割を担ってきた店でもある。近年は、お茶の市場ではペットボトルに入った緑茶系飲料の人気が高いが、一保堂では葉茶本来の良さを再認識してもらおうと京都市内の小中学校や公民館に社員を派遣して日本茶の入れ方や効用についての講演を行なう啓発活動等も

行っている。

　このような一保堂もこの 10 数年、他の日本企業と同様、企業としての将来展望を描き出すことに苦悩してきた。本ケースでは、300 年近い歴史を持つ一保堂という老舗がこの経営危機をどのように克服してきたかという過程を

図 1　一保堂の店構え

振り返るだけでなく、この過程の中で生じた旧体制と新体制の葛藤を描くことにより、京都の老舗企業に共通する伝統と改革のジレンマについて議論してみたい。

2　お詰めは一保堂です

　歴史上日本で最初の茶園は、栄西禅師が中国より持ち帰ったお茶の種子を譲り受けた明恵上人が京都栂尾の高山寺に作ったものとされている。明恵上人はさらにお茶の栽培を宇治に広め宇治茶の基礎を築くとともに、全国に広めていったと伝えられている。京都はまさに日本におけるお茶栽培の発祥の地であるというだけでなく、それ以上にお茶を喫するという習慣を芸術の域にまで育て上げた地でもあった。それを担ってきたのが千利休を祖とする表千家（不審庵）、裏千家（今日庵）、武者小路千家（官休庵）の三千家である。一保堂は、この三千家、中でも裏千家の関わりが深く、歴代の裏千家のお家元から頂いた御好の茶銘の数において他の茶舗をはるかに引き離している。

　江戸時代、諸藩の大名の庇護の下にあった各茶家は、明治維新後たちまちに財政的な困難に直面することとなった。茶道の危機的状況に対応すべく、明治初期の裏千家当主であった 13 代円能斎鉄中は一時東京に居を移して茶道再興に努め、茶道を女子教育の必須科目として組み込むことに成功した。これを機会に、茶道は、本来のわび茶とは別の「女子の教養」としての地位も獲得したわけであるが、実は、この茶道自体のパラダイムシフトともいうべき出来事は茶家と深いつながりを持っていた一保堂にとっても、自らの知

名度を全国的なものとするきっかけとなった。

　茶席では、亭主と招かれた客の間で茶器等のお道具や掛け軸などの趣向を凝らした取り合わせについて「茶席問答」と呼ばれる会話が交わされる。この問答は供されるお茶の銘に関するやり取りで締めくくられるが、一保堂と深い関係にある裏千家の影響の下で女子教育の必須科目として取り入れられた明治期の茶道の授業では、当然のようにその問答は、「お茶は」「～でございます」「お詰めは」「一保堂でございます」という決まり文句で締めくくられた。この「お詰めは一保堂」というフレーズはあたかも流行語のように、瞬く間に全国に広まり、「お茶イコール一保堂」というイメージが茶道愛好家を中心に広く定着していった。

3　売り申さず、褒めてくだされ

　2007（平成19）年11月3日、秋も深まり観光客であふれかえる京の町で、ひときわ華やかな催しが祇園の歌舞練場で開催された。宮脇賣扇庵、とらや、ゑり善、尾張屋、美濃幸、永楽、辻留、寺内、いづう、松栄堂、伊と忠、竹・西河、千総、初瀬川、たち吉など京都を代表する老舗31店が共同で開催する「洛趣会」である。「洛趣会」はそのサブタイトルである「売り申さずお賞めくだされ」のとおり、物販を目的とした会ではない。31の名店が夫々贅と都の粋を凝らした選りすぐりの逸品を持ち寄り、上得意のお客様の目を楽しませようという趣向の会であり、なんと戦前の昭和3年（1928年）から続く歴史ある展示会である。楽しませるのは目だけではない、一通り見てもらった後は、とらやのお菓子とお抹茶、尾張屋のお蕎麦でお口もほっこり楽しんでもらおうという粋な趣向の楽しい催しである。ここで供されるお抹茶は当然一保堂のお抹茶である。

　戦後間もない1948（昭和23）年、この洛趣会に日本橋三越が目をつけた。京文化の紹介という趣きに物販を加味したイベントとして「京名物　洛趣展」という日本で最初ともいえる物産展を開催したのである。現在、日本中の百貨店で全国各地の物産展が開催されているが、人気ナンバーワンの「北海道

展」に続く第 2 位は「京都展」といわれている。京都物産展のきっかけを作ったのが、この日本橋三越の「京名物 洛趣展」であり、現在までに 50 回以上を数える日本橋三越にとっての看板イベントとなっている。この実現にも洛趣会 31 店の中でも重鎮のひとつであった一保堂が深く関わっている。

4　5 代目社長渡辺正夫、お茶好きが縁で経営者に

　一保堂という屋号を賜ってからすでに 160 年近くもの刻を刻んでいる一保堂であるが、当代社長はいまだ 6 代目である。この事実は、明治維新や日清・日露、さらには 2 つの大戦という激動の中でも一保堂が地道にかつ堅実に商売を積み重ねてきたことの証左であるといえるかもしれない。

　この 160 年で 6 代という背景には、あまり知られていないが非常に興味深い事実がある。初代、3 代そして当代の実父である 5 代目の当主は、すべて婿養子であったという事実である。京都だけでなく老舗といわれるお店には、できの悪い実子に替え婿養子を迎えて家業を継がせるところが多く、「男の子は放り出せ」とまで書いてある家訓を持つところもあるくらいだが、1 代おきに婿養子という、一保堂のようなところは珍しい。

　先代の 5 代目社長渡辺正夫は実はちゃきちゃきの江戸っ子である。実父の影響もあって、生来のお茶好きで、京都大学工学部在学中にもたびたび一保堂にお茶を買いに来ていたようである。婿養子として渡辺家に入ることになったきっかけも、足繁くお茶を買いに来る京大の学生さんがいるということで、見染められたせいではないかと、正夫自身が 1991（平成 3）年の『日経ベンチャー』によるインタビューの中で述懐している。正夫が専務として一保堂に入社したのは、奇しくも一保堂がその実現に大きな役割を果たした第 1 回目の「京名物 洛趣展」が日本橋三越で開催された 1948（昭和 23）年であった。

　入社後数年たった 1952（昭和 27）年、一保堂は大阪梅田の阪神百貨店へ出店した。お茶の老舗の中ではかなり早い段階での百貨店への出店であったが、その後の出店数は伸びなかった。当時の社長、すなわち正夫の養父であ

る4代目社長渡辺雅之助は百貨店への出店にはあまり積極的ではなく、どちらかといえば声をかけてくれる百貨店とのお付き合いの一環といったレベルでの百貨店への出店であった。他の茶舗が積極的に百貨店に出店し、売り上げを伸ばしていく中で、あくまでも寺町二条の本店を中心に商売を続けていく一保堂。専務であった正夫は、このような4代目のやり方にもどかしさを感じていたように推察される。

　1964（昭和39）年、正夫は第5代一保堂社長に就任する。それを境に一保堂は百貨店への出店を積極化していった。それにつれて売り上げも急成長していく。正夫が社長に就任した1964年度には百貨店への出店数は12にしか過ぎなかったが、正夫が社長の座を現6代目社長に譲った1年後の1996（平成8）年には59にまで達していた。売り上げも貨幣価値の違いから単純に比較することは難しいかもしれないが、平成元年度の4,000万円弱から32億円超と80倍にまで増加している（図2参照）。

　一般に百貨店に出店すると、出店側は場所代相当のコミッション・フィーとして、売り上げに一定の率を掛けた額を徴収されるだけでなく、多くの場合販売員を派遣することを求められる。実績のない店が新規に百貨店に出店する際などは、百貨店との力関係の中でほとんど利益も出ないような高率のコミッション・フィーや出店料を要求され、それに派遣店員の人件費などが加わると赤字になってしまうことも多い。それでもなお、百貨店に出店するのはある種の店としてのステータス、すなわちブランドイメージを狙ってのことである。しかし、一部の有名な老舗に関しては、その百貨店との力関係が完全に逆転する。有名で客筋が良く、すなわち良く売れる商品を持っている老舗には、非常に好条件での出店依頼が百貨店側から提示されることになる。当然、販売員の派遣も求められることもなく、さらに場合によっては、賞味期限が近づいた商品については百貨店側が買い取るといった条件が付くこともあるといわれている。当然のように、いくら有名な老舗といってもこのような店は非常に少数であるが、一保堂は百貨店に対しても絶大な交渉力を持つその少数の老舗の中のひとつである。

その交渉力の源泉は、一保堂の製品の品質とブランド力だけではない。一保堂にはそれ以上の"もの"を持っていた。それは、京都の老舗中の老舗のひとつであるという重みと信頼感、そしてそれに裏打ちされた京都の他店に対する影響力である。

　昭和 20 年代後半からの高度成長に歩調を合わせるように百貨店はその売り上げを伸ばし、百貨店間の競争もそれに比例するかのように激しさを増していた。百貨店は集客数を増やすため、日本各地の名産や老舗の出店を積極的に勧誘するとともに、他店よりも特色のある催し物の開催に全精力を傾け

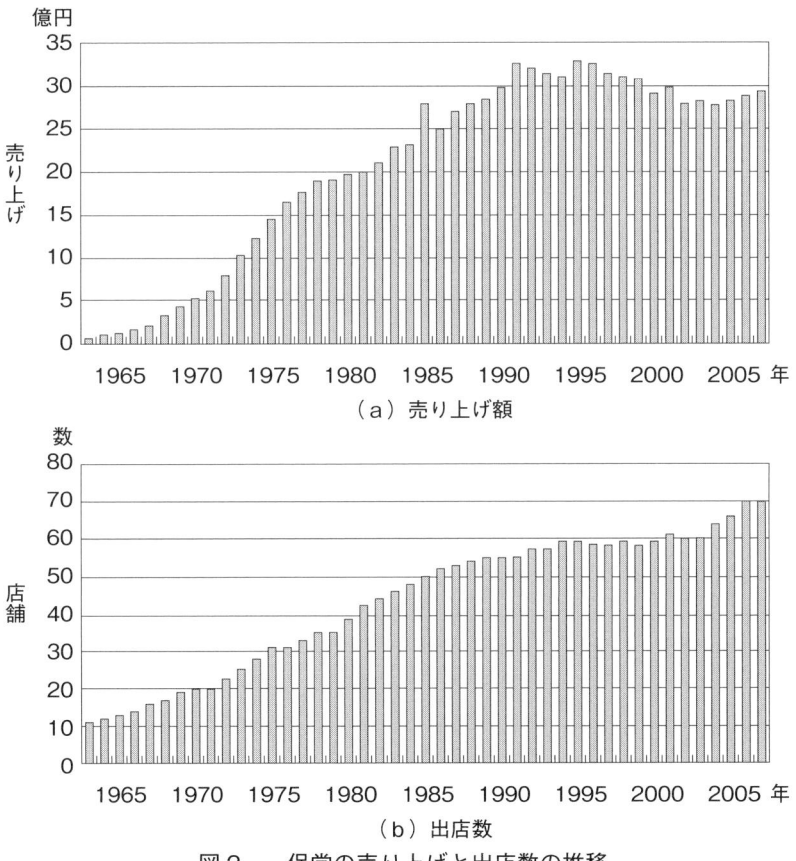

図2　一保堂の売り上げと出店数の推移

ていた。催し物の目玉は前述の日本橋三越の「京名物 洛趣展」から始まった物産展であった。各百貨店は競って京都物産展を開催しようとした。その中心にいたのが一保堂であった。

もともとは、百貨店からの依頼を受けて、一保堂5代目の社長である正夫が「今度一緒に京都展、やりませんか」と京都のいくつかの老舗に声をかけたことが契機であった。その後も、百貨店と京都の老舗の間に立って積極的に仲介を行なったことが、一保堂を百貨店と老舗の両方から頼りにされる存在にしていった。「一保堂に推薦していただいた店なら安心して出店していただける」「一保堂さんに口を利いてもらえれば京都物産展が開催できる」「一保堂さんはこれから伸びそうな良いお店を紹介してくれる」等、百貨店側にとって一保堂は頼りになる京都物産展のまとめ役としての存在感を持つ老舗であった。

また、参加する京都のお店側にとっても、一保堂は頼りになる存在であった。百貨店には売り掛けや手形決済など取引慣行がいまだに多く残っており、物産展に出展した小規模な店にとっては、百貨店からの支払いがなかなか行なわれないために資金繰りに苦しむところも少なくなかった。一保堂はそのようなお店に対して立替払いをしてやったり、百貨店側に働きかけて支払いを早めたりという便宜をはかってやったりしていた。このような一保堂の対応が、百貨店側と京都の出展者をして一保堂を一目置かせる存在にしていったことは疑うべくもない。

このような京都の老舗中の老舗というなにものにも替えがたい力を背景に、一保堂は自社にとって極めて有利な条件を百貨店に認めさせ、出店していった。コミッション・フィーや派遣販売員という条件だけでなく、売り場の立地やレイアウトについてまで、すべて正夫の意向に沿うかたちで一保堂と百貨店間の交渉が行われていく中で、いつしか百貨店業界内で正夫は「天皇」と称されるほどの存在になっていた。

1995（平成7）年10月末日、1年ほど前から体調を崩し病床に臥せっていた5代目一保堂社長渡辺正夫は経営の責任者としての地位を実子である孝

史に譲り渡した。6代目一保堂社長の誕生である。時はすでにバブルも崩壊し景気は悪化の一途をたどっていたが、一保堂の経営は順調であった。90年代に入ってからも、百貨店への出店は順調に伸び続け、特に大手百貨店からのオファーは引きもきらないほどであった。そして、正夫が孝史に社長の座を譲った翌年の1996（平成8）年度決算で一保堂は32億6,000万円という創業以来最高の売り上げを記録する。正夫は社長を退いた翌年の7月19日に亡くなっているが、その直前に孝史や主だった社員にこういったといわれている。「一保堂は俺がいなくなっても、あと10年はこのままでもいける」と。

5　世代交代と落とし穴

　当代の6代目社長である渡辺孝史は、1953（昭和28）年2月19日に、正夫の長男として生まれた。慶應義塾大学経済学部を卒業した後、「男の子は放り出せ」という老舗のしきたりに従うかのように家業である一保堂には入社せず、東京でのサラリーマン生活を選択した。一保堂に入社したのは、6年後の1982（昭和57）年であり、1985（昭和60）年からは専務として先代社長である正夫の経営をサポートしてきた。正夫から社長の座を譲り受けるまでの孝史の主業務は購買と内部管理であった。百貨店との交渉を含めた営業、調達、製造、物流という一保堂の商売の根幹に関わる業務は先代の正夫がすべて行い、孝史にはまったくタッチさせていなかった。お得意様の個人客からクレームについても社長が自ら対応していたほどの徹底したワンマン社長ぶりであった。百貨店の担当者から「天皇」と呼ばれた経営者は、社内でも独裁的な「天皇」であったのだ。当時の一保堂は、一応、株式会社という組織形態はとっていたが、古参の社員が若手に「一保堂で給料上げたい思うたら、社長さんのいうことよう聴いて、永（なご）うおれるようにしたらええねん」と忠告するほど、会社というよりは渡辺家の個人商店という色合いの方が強かった。また、お茶のブレンドやお茶を焙じる工場に相当する部門のことを「倉庫」、受発注や出荷を受け持つ部門は「事務所」、そして本

店での営業販売を担当する部門を「店頭」と呼ぶなど、会社としての組織といえるようなものも存在せず、ましてや人材育成のための人事部的な部門などが必要であるとの意識は経営者にも社員にもほとんどなかった。このような中で、一保堂という老舗のバトンは新社長に委ねられた。

前述したとおり、孝史が社長を引き継いだ翌年の1996（平成8）年度には一保堂が最高の売り上げを記録したが、このときの売り上げに占める百貨店依存率は85％にもなっていた。世の中にはすでにバブル崩壊の影響が色濃く出始めており、各社とも業績が下降する中で、一保堂だけは先代の正夫が亡くなる直前に豪語したように、あと10年くらいは今のままで成長していくのではないかという、一種の安心感のようなものが社内に蔓延していた。

経営陣や大半の社員が一保堂の将来を楽観していた裏で、一部の社員はかすかな異変に気がついていた。彼らは、90年代に入ってから目立ち始めた有名大手百貨店からの積極的な出店要請も、バブル崩壊の足音の中で売り上げの減少を食い止めるために百貨店側が有名ブランドを欲しがっているためであるということを見抜いていた。当時の大手百貨店はティファニーやルイ・ビィトン、カルチェ等の欧米の有名ブランド直営売り場をオープンさせることに躍起になっていたが、一保堂への百貨店からの働きかけも同じコンテクストだという訳である。しかし、一保堂という会社の大勢は、有名大手百貨店からの出店要請が増えてきたのは一保堂の品質の良さを百貨店側が高く評価しているからだと思い込んでいた。あるいは、そう思いたがっていた。しかし、実際には百貨店は人を惹きつけて売上げ増大や集客につながる有名店としての一保堂のブランドが欲しかっただけで、「商品力」そのものには極端な話、関心がなかった。

一方で、90年代に入り、百貨店への出店に伴う一保堂の販売管理費は徐々に増加してきていた。1994（平成6）年時点でのある試算によると、今のままで販管費が増えていくと、14年後には営業赤字になるというというシミュレーションまで出ていた。しかし、経営陣はこのシミュレーション結果を無視した。

6　変えることと守ること

　32億6,000万円という史上最高の売り上げを記録した翌1997（平成9）年度の決算で、売り上げは一気に減少に転じた。正夫の「10年は大丈夫」という確信は、わずか1年しかもたなかったのである。一保堂には改革が必要だった。

　改革の要は人と組織である。これは一部上場の大企業であっても、最先端のITベンチャー企業であっても、一保堂のような老舗企業であっても同じである。まだ先代の正夫社長の時代であった1994（平成6）年、一保堂は大学卒の新卒採用を初めて開始することになる。「頭を使うのは社長だけでいい。従業員には頭は要らない」という、いわゆる老舗的な考えからの転換の第一歩であったが、これは次の年には次期社長に就くことが決まっていた孝史の意向に正夫が初めて首を縦に振った結果でもあった。翌1995（平成7）年には組織整備を開始した。これと前後して、パートも含めると60名いた従業員の満足度調査を実施するとともに、社内教育も開始した。それまでの一保堂における教育は「見て学べ」であった。極端なケースでは、「作業指示は目。怒るときも目」というような職人気質の悪いところだけをまねる従業員さえいたほどであった。これでは、さすがにコミュニケーション効率が悪い。このような状況を変えるべく実施された社内教育、それに引き続く作業マニュアル化・人事評価制度の整備は、当然のように、古参の従業員の反発を招いた。それにも増してインパクトがあったのは「自分の頭で考えよ、知恵を出せ、工夫をせよ」という根底思想の徹底であった。先代とは180度の方針転換であった。新しいやり方に反発する者は辞めていき、それを補うように新しい血が導入された。1990年代半ば、45歳だった社員の平均年齢は、2008（平成20）年には34歳にまで若返っている。パートも含めた従業員数も60名から150名にまで増加しているが、その150名の中で10年前から一保堂にいた数は10％に満たない。人だけで見れば、一保堂は完全に生まれ変わった。

　一保堂は、栽培された生葉を加工した荒茶を茶農家から仕入れ、焙じ等の

仕上げの加工や合組（ごうぐみ）を行った「仕上げ茶」を自ら販売する、いわゆる「茶商」といわれる存在である。合組とはいろいろな産地、品種の荒茶を組み合わせることで、より豊かな味わいのお茶を生み出す、いわゆるブレンドの工程であり、「一保堂の味筋」に合う荒茶を仕入れ、それをどのように合組するかが「茶を一つに保て」いう屋号を山階宮から賜った由緒正しい茶商である一保堂にとっての生命線である。この生命線ともいうべき荒茶の仕入れから合組そして最終の製品の出品可否という「一保堂の味筋」を決定する仕事は、社長一人にそのすべてを委ねるというのが一保堂におけるしきたりである。6代目が率いることになった一保堂は、このしきたりは守りつつもそこに新しい風を入れる道を選んだ。

　一保堂は葉茶を販売する店であり、当然その社員もお茶に対する優れた味覚を持つことが求められている。いろいろな機会をとらえて、社員の味覚を磨くサポートを行っている[1]。特に、葉茶の製造に携わる社員には味覚を磨かせるだけでなく、お茶の審査技術を身につけさせようとさまざまな審査会に参加させている。そのような社員の中から特にお茶の味覚に優れた筋の良さそうな人材を選抜し、彼ら彼女らに孝史社長の仕事をサポートする役割を命じたのである。社長の代わりに「一保堂の味」を決定するのではない。あくまでもサポートである。加えて、このような人材の育成を一過性のものにするのではなく、世代に切れ目が生じないよう計画的に育成しようという試みを始めたのである。その育成の方法も職人技的な経験だけに頼るのではなく、お茶の成分分析データや味覚センサーまで利用した科学的な方法を併用しつつ、人材の育成を行なうことまで試みようとしている。このサポータ人材の育成は「一保堂の味筋」を守るのに有用なだけでなく、これまではすべてを社長に委ねてきたという一種の綱渡り状態に対するリスクマネジメントでもあった。

---

1) 一保堂では、事務・販売部門の社員には、日本茶業中央会が1995年から開始したお茶のソムリエともいうべき「日本茶インストラクター」の取得も奨励している。

32億6,000万円という史上最高の売り上げを記録した1996（平成8）年以降、一保堂の業績は右肩下がりで悪化していった。原因ははっきりしていた。百貨店依存率が高いことが裏目に出ていたのだ。土地価格の下落に端を発し、拓銀、長銀、日債銀、山一という一連の金融破綻が追い討ちを掛け、そして最後に住専破綻が止めを刺したバブルの崩壊が、世の中を景気低迷のどん底に叩き込んだ。企業業績の悪化は個人消費を冷え込ませ、それがまた、企業業績を悪化させた。日本経済は、初めて経験するデフレ・スパイラルという出口の見えないトンネルの中でもがいていた。その影響を最も大きく受けたのが百貨店業界であった。売り上げのほとんどを百貨店に依存している一保堂はその余波をダイレクトに受けていた。それに追い討ちをかけたのが2000(平成12)年の大手百貨店そごうの倒産である。一保堂は売り上げの4％を一気に失った。このような危機的状況を打開する策のひとつは多角化である。ただ、一保堂の多角化には2つの選択肢があった。ひとつは製品の多角化、もうひとつは販売チャネルの多角化である。

　製品の多角化として考えられるのは、缶やペットボトルに入った緑茶系飲料分野である。静岡茶の伊藤園が1985（昭和60）年に先鞭をつけた緑茶系飲料は、1990年代に入って急成長していた（図3参照）。伊藤園自身も1989（平成元）年に発売した「おーいお茶」の大ヒットにより一部上場企業の仲間入りをするまでになっていた。また、2000（平成12）年にはキリンビバレッジが発売を開始した「生茶」がさらに市場を拡大した。しかし、一保堂はこの緑茶系飲料市場への参入という選択肢は採らなかった。一保堂単独での緑茶系飲料市場への参入は企業規模からいっても無理がある。となれば大手飲料メーカーと提携しての参入ということになるが、その際のブランドの扱いや茶葉の調達に問題が出てきそうなことは容易に推測された。一保堂は茶葉にこだわる茶舗である。これが同じ京都の茶舗でありながら、サントリーと組んで発売したペットボトルタイプの緑茶系飲料「伊右衛門」をヒットさせた福寿園との大きな違いである。福寿園は220年前に宇治の南隣の地で創業したときから、大和・河内・伊賀・伊勢など、さまざまな産地

の茶農家から茶葉を買い入れてきていた。葉茶の買い入れを増やす場合にも、品質さえ良ければ産地に関するこだわりはない茶舗である。しかし、もし一保堂が緑茶系飲料市場に参入した場合、必要な量の茶葉を宇治等の茶農家から買い付けることにはさまざまな困難が伴うことは容易に予想された。また、一保堂の社内には、緑茶系飲料は一時的なカンフル剤にしかならないのではないか、という意見も存在していた。いずれにせよ、一保堂は緑茶系飲料市

清涼飲料の生産推移

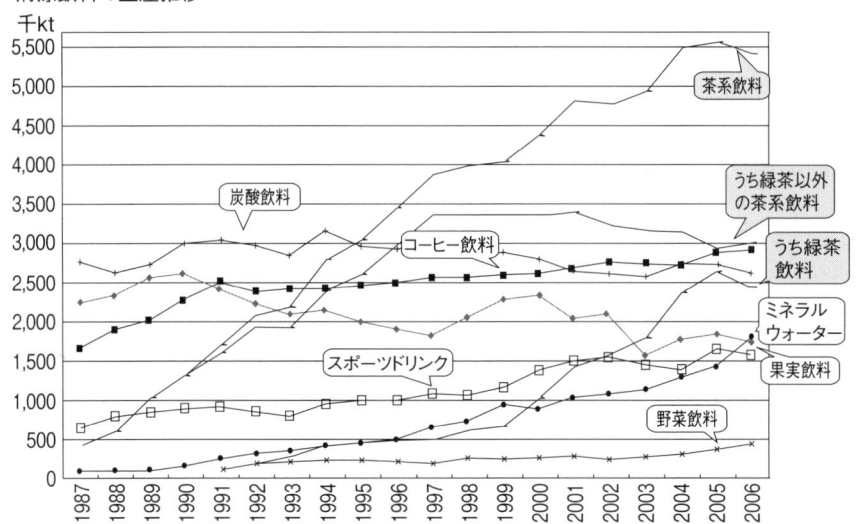

茶系飲料の内訳の推移

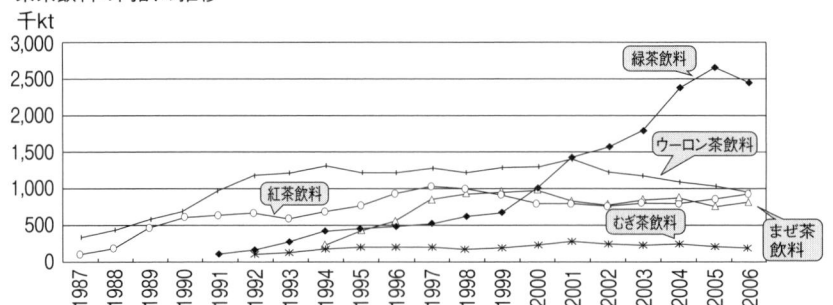

注：年度ベース
資料：全国清涼飲料工業。

図3　緑茶系飲料等の市場推移

場へ参入するという選択肢は採らなかった。替わりに一保堂が選んだのは同じ多角化でも販売チャネルの多角化という選択肢であった。

7　持続するこころざし

　1996（平成8）年をピークに下がり続けた一保堂の業績も2005（平成17）年を境に上向き始めてきた。あくまでも良質な葉茶の販売にこだわりながらも、その中で収益性の良い商品を継続的に提供するとともに、2000（平成12）年にはオンラインショップも他社に先駆けて開設し、海外販路の開拓や直営店の開設を計画する等、百貨店以外の販売チャネルの多角化を目指す取り組みを行っている。また、自ら仕掛けたものではないが[2]、パリの抹茶ブームの火付け役といわれる「パティスリー・サダハル・アオキ・パリ」のオーナー・パティシエ青木定治が企画した一保堂の抹茶をふんだんに使ったマカロンは若い女性を中心に人気を集めた。

　その一方で、葉茶の楽しみ方を広く知ってもらおうと始めた「お茶の入れ方教室」を開催するなど、お茶の新しい可能性を積極的に模索してきた。その効果が徐々に出始めているように見える。販路の多角化により、総売り上げに占める百貨店依存率は80％にまで改善された。特に、新商品と海外販路の開拓による海外での売り上げの増加が着実に業績改善に寄与しており、2005（平成17）年には28億円にまで落ち込んだ売り上げが2007（平成19）年度決算では29.3億円にまで持ち直してきている。2010（平成22）年度決算では1996（平成8）年度の業績を超える見通しも立った。2018（平成30）年には40億円という経営目標も設定した。しかし、社外からは「一保堂は伊右衛門を出した福寿園に完全に追い抜かれた」という指摘があることも確かである。だが、一保堂が選択した道は、本質的に福寿園や伊藤園とは異なっている。2018（平成30）年に40億円という目標は、高々年率でい

---

[2] 一保堂は、コラボ商品としてどこか他のブランドと組むことを意識的に避けているようである。

うと3％弱の成長目標である。普通の企業であれば「10年後には売り上げ2倍」というところである。しかるに、一保堂の社内からは、「えーっ、そんなにうちの会社伸びるの！」という声も聴かれる。これが一保堂という会社である。というよりは、成長を志向するのではなく、「家業」をいかにして次代に引き継ぐかという典型的な京都の老舗に共通する考え方が、一保堂にも存在するということかもしれない。

　業績が回復し、家業としての一保堂の継続を支えうる緩やかな成長の実現が視野に入ってきた一保堂であるが、まだ課題は山積している。最も重要な課題は、企業イメージの継承であろう。遠からぬ将来、今まで頼りにしてきた「お詰めは一保堂」が通用しない時代がやってくるのではないかという問題意識を持っている社員も多い。葉茶のマーケット自身は3,500億円程度で最近下げ止まっており、成長は望めない。新製品を出しても、百貨店のような従来の販売チャネルでは、既存製品を買っていたお客が新製品に乗り換えるだけである。オンラインショップや海外販売も増えているとはいうものの、百貨店依存率はいまだ80％をわずかに下回った程度である。まだまだ、改革は必要なのである。

　2007（平成19）年10月、一保堂は10年ぶりに従業員の満足度調査を行った。ほとんど項目で全国の企業平均を上回る結果を示していた。しかし、その中で相対的に満足度が低いものがあった。それは人材開発の項目である。一保堂の社員一人ひとりが、より一層の成長を望んでいることがこの調査結果に顕れている。ここに一保堂の希望の光が見える。

●本ケースの論点
論点1
　まず、老舗における持続的成長とはどのようなものであるのかを議論してみてください。その上で、老舗といわれる伝統を継承・発展させていくために必要なこととは何かについても考えてください。

論点2

　1990年代半ば以降一保堂が行ってきた改革の中で最も効果のあったものは何だったでしょうか。

論点3

　今後の一保堂が採るべき戦略を考えてください。選択肢としては以下のようなものがありそうですが、それらのメリットやデメリットを考えるとともに、これら以外の選択肢があるかについても考えてください。
　①さらなる販売チャネルの多角化
　②製品多角化
　③選択と集中

【参考文献】
　松崎芳郎編纂（2007）『お茶の世界史』八坂書房。
　『日経ベンチャー』1991年6月号、pp.34-41。
　「一保堂茶舗ウェブサイト」www.ippodo-tea.co.jp

第4章

月桂冠
挑戦をつづける老舗[1]

河口充勇・藤本昌代

1 はじめに

明治期に入り、西洋諸国から先進的な醸造技術がもたらされると、日本酒の製造現場においても技術高度化に向けたさまざまな取り組みが進められることとなった。特にその時期に本格的な国内製造がはじまるビールの存在が日本酒業界に大きな衝撃を与え、一部の酒造家がビールと同じような日本酒の四季醸造を夢見るようになった。しかし、日本の夏は、温度・湿度ともに高く、空気中の微生物も多い。冬季醸造と同様の環境を整えるためには、酒蔵の空気を冷却、除湿、除菌して冬季と同じ状態に調整しなければならないが、それは決して容易ではなく、20世紀初頭より日本各地ではじまる酒造業者による四季醸造の技術開発の試みはことごとく失敗に終わった。1904（明治37）年には大蔵省醸造試験所が設立され、そこでも四季醸造の実現がミッションのひとつとされた。この醸造試験所では、当時の先端科学技術を用いての研究開発が精力的に行なわれ、早くも1910（明治43）年には夏季醸造実験に成功している。しかしながら、四季醸造は当時の技術水準では依然として容易でなく、それが実現されるまでにはさらに半世紀もの時間を要した。この四季醸造を業界に先駆けて実現した企業が、本ケースの主役、月桂冠株式会社[2]である。

---

1) 本章は、2007年3月に同志社ビジネススクールより刊行されたビジネスケース「月桂冠株式会社」（河口充勇／藤本昌代著）を大幅にリバイスしたものである。
2) 当社の名称は、「笠置屋」にはじまり、「株式会社大倉恒吉商店」（1927〜44年）、「大

京都市の最南端に位置する伏見地域は灘地域に次ぐ全国第2位の日本酒産地であり、月桂冠は当地において最も古く、そして最も有力な日本酒メーカーのひとつである。この月桂冠の創業以来370年におよぶ歴史（特に明治期以降の展開）は、"挑戦の軌跡"であるといっても過言ではなく、その最大の挑戦が四季醸造の技術開発にほかならない。四季醸造の実現に向けて月桂冠が本格的に動き出すのは、時の池田勇人内閣が「所得倍増計画」を発表する1960（昭和35）年の暮れのことである。「所得倍増計画」発表の翌日、大倉治一社長（当時）は、一年を通じて安定的に日本酒を製造し得る四季醸造蔵の建設を決意し、その意思を一部の社員に対して密かに伝えた。翌年2月初旬には基本計画が決定され、社運を賭けた建設工事がはじまった。工事は急ピッチで進められ、同年11月には四季醸造蔵「大手蔵」が完成した。その迅速な動きは同業他社に大きな衝撃を与え、その後、多くの大手日本酒メーカーが月桂冠に倣って四季醸造蔵の建設に踏み切ることになった。

　以下では、社史などの文献資料、ウェブ情報、関係者へのインタビューの結果をもとに、月桂冠において四季醸造がいかにして実現されたのか、また、それが当社に、ひいては日本酒業界全体に何をもたらすことになったのかを分析する。そして最後に、月桂冠のような老舗が継続する所以、そして、老舗ならではの強みを示したい。

2　戦後初期までの軌跡

　伏見における月桂冠の起源は、1637（寛永14）年に初代大倉治右衛門が京都府南部の笠置から当時、港町・街道宿場町として賑わいをみせていた伏見に移って創業した造酒屋「笠置屋」にまでさかのぼることができる。当時の伏見には、多くの造酒屋が軒を並べ、伏見の宿に逗留する旅人たちの舌を潤していた。しかし、その後の月桂冠ならびに伏見酒造業の歩みは苦難の連

倉酒造株式会社」（1944～87年）、「月桂冠株式会社」（1987年～）と推移してきた。本ケースでは、年代にかかわりなく、「月桂冠」で統一表示する。

続であった。伏見は酒の一大消費地である京都洛中の近郊に位置していたが、幕府の洛中酒造業に対する保護政策により、伏見酒は洛中市場から締め出された。また、もともと伏見酒の市場であった近江で新たに酒造業が興った上に、逆にこの近江酒が伏見に流入したため、伏見酒の市場が大幅に狭められた。さらに、明治維新時には鳥羽伏見の戦が起こり、多くの造酒屋が壊滅的な被害に見舞われた。そうした苦境の中で伏見の多くの酒造業者が廃業を余儀なくされたが、月桂冠はもちこたえた。明治期以降、伏見には再び多くの酒造業者がみられるようになるが、江戸初期より今日まで伏見の地で操業をつづける酒造業者は月桂冠を含めて数社にすぎない。

　明治半ばごろまでの月桂冠は、年間醸造量500石（1石＝180 ℓ ＝一升瓶100本）程度の小規模な地方造酒屋にすぎなかったが、1885（明治19）年に第11代大倉恒吉（1874〜1950年）が家督を継承して以降、急激な成長を遂げることとなった。恒吉は、先祖代々にわたって受け継がれてきた大倉家の伝統（質素倹約、勤勉、報恩、先祖供養）[3]を大切にする一方で、ここぞというときには大胆な挑戦に打って出る経営者であった。恒吉は、「品質第一」（品質を第一に考えた製造、販売）や「家庭第一」（消費者との直結）を経営理念の基軸として、東京市場への本格的進出、灘地域での製造（灘地域の先進的な醸造技術や経営方法を学ぶため）、海外市場への輸出、帝大出身醸造技師の招聘、大倉酒造研究所（現・月桂冠総合研究所）の設立、防腐剤を使用しない酒の開発、帳簿の合理化（洋式簿記の採用）、ビン詰化、新興卸業者の明治屋との提携、株式会社化（株式会社大倉恒吉商店の設立）、冷房装置付き鉄筋コンクリート造りの「昭和蔵」の建設、ビン詰プラントの建設、新しいメディアを利用した広告宣伝（新聞広告、電車広告、ネオン塔広告な

3）『月桂冠360年史』には、父恒吉の人となりを評した第11代大倉治一の言葉が掲載されている。「父恒吉の敬心崇仏の念強く、社会への奉仕を心がけ、日本一おいしい良い酒を造ること、うそのない仕事、物を粗末にせず、質素に、家庭は安泰に、従業員の一生を大切にすることなどに意を用いていた。これらが父の教訓というか、大倉家の家訓のようなものである」（月桂冠株式会社・社史編纂委員会、1999、p.379）。

ど）といった、さまざまな新しい取り組みに果敢に挑戦した。その結果、恒吉が月桂冠を率いた明治半ばから昭和初期にかけての時期に、当社は500石規模の地方造酒屋から5万石規模の大手日本酒メーカーへと劇的な成長を遂げることとなった。伏見地域が全国有数の日本酒産地となるのもまさにこの時期においてである。

　大倉恒吉の代における醸造技術の高度化に関する取り組みは、次節でみる戦後の月桂冠における四季醸造の技術開発の成功要因として重要な意味を持っている。酒造りの歴史は「腐敗との戦い」の軌跡であり、酒をいかに腐敗させないかということは古くから酒造業者を悩ませてきた難題であった。明治期の日本では、その対策としてサリチル酸というヨーロッパ伝来の防腐剤が広く用いられるようになっていたが、恒吉は、人体に悪影響を及ぼすと指摘されはじめていた防腐剤の使用に強い抵抗感を抱いた。そして、防腐剤を使用せずに酒を腐敗から守るにはいかにすべきかと考えた恒吉は、1909（明治42）年、東京帝国大学出身の醸造技師、濱崎秀を招聘するとともに、最新の装置を備えた大倉酒造研究所を設立し、そこで防腐剤を使用しない日本酒の開発を推し進めることとなった。

　そうした大倉恒吉の意思決定の背景には、若き日の彼自身の経験が大いに意味をなしていた。第10代大倉治右衛門の次男として生まれた恒吉は、14歳の年に長兄と父親を相次いで失い、家督を継承することとなった。そのころの造酒屋では一般的に蔵元が経営を担い、杜氏・蔵人が製造を担うという分業体制が採られていたが、10代半ばで蔵元となった恒吉は、母親の勧めに従い、杜氏・蔵人とともに汗を流しながら酒造りを一から学んだ。現場で丹精込めて仕込んだ酒が腐敗により無に帰してゆくところを何度も目の当たりにした恒吉は、その苦い経験から早くより醸造技術の高度化に強い関心を持っていた。

　大倉酒造研究所設立から2年後の1911（明治44）年、月桂冠は業界に先駆けて防腐剤なし日本酒の商品化に踏み切った。加熱殺菌による防腐処理がまだ不完全な当時において、防腐剤を使用することなく日本酒を安定的に生

産することは容易ではなく、出荷した商品が大量に返品されることも珍しくなかったが、そのような逆境にも怯むことなく、月桂冠では地道な技術開発がつづけられた。そうした試行錯誤の経験を通じて得られた技術蓄積は、後述するように、戦後の月桂冠における技術開発の礎となってゆく。

第12代大倉治一（1899～1992年）は、父恒吉が一代で全国有数の日本酒メーカーへと成長させた月桂冠を受け継ぎ、戦中・終戦直後の荒波の中で当社をさらに大きく成長させた。1923（大正12）年に東京商科大学（現・一橋大学）を卒業後、3年間の銀行勤務を経て伏見に戻った治一は、月桂冠の株式会社化を主導し、自ら新会社の常務取締役に就任した。さらに、「昭和蔵」の建設、ビン詰プラントの建設、広告宣伝活動でも中心的役割を果たした。そして、1944（昭和19）年に父恒吉より社長職を引き継いだ。治一もやはり大倉家代々の伝統を大切にする一方で、ここぞというときには大胆な挑戦に打って出る経営者であり、父恒吉から「品質第一」や「家庭第一」といった経営理念も受け継いでいた。

大倉治一が月桂冠の社長に就任した時期は大戦末期の混乱期にあり、戦争終結後もしばらく苦境がつづいた。原料米の極端な不足により、1948（昭和23）年には年間販売高が5,000石弱（戦前最盛期の10分の1以下）にまで減少した。戦中から戦後初期にかけての時期には全国で粗悪な日本酒が横行していたが、そのような逆境にあっても治一は「品質第一」「家庭第一」に徹するとともに、広告宣伝も疎かにせず、消費者の信頼を大切にするという経営姿勢を貫き通した。その一方で、治一は、敗戦により海外から引き揚げてきた従業員を迎え入れるために"苦肉の策"として遊休施設を利用したソース製造や製粉などの新事業を興している。その後、1950（昭和25）年にはじまる朝鮮特需を契機とした日本経済の復興の中で、日本酒製造業がようやく活気を取り戻すことになると、治一は、速やかに非日本酒事業を整理し、本業である日本酒事業への専念を決定している。

本ケースが焦点を置く四季醸造の技術開発が月桂冠において推進されはじめるのはまさにこの時期においてである。

3 四季醸造はいかにして実現されたのか

では、月桂冠において四季醸造の技術と生産体制はいかにして実現されたのか。

3.1 四季醸造の技術開発の動機づけ

『月桂冠360年史』によれば、四季醸造の技術開発の背景には次のような動機づけがあった。

①生産量が年々増大するのに対応し、従来と同じ考えに基づく冬季のみ醸造する酒蔵だけではなく、年間稼動する生産性の高い蔵が必要となってきた。

②戦後の日本経済の急激な発展によって、社会や産業の構造が大きく変革し、農漁村の過疎化が急速に進行しつつあった。こうした状態から、将来、杜氏・蔵人（冬季のみの雇用）が不足することは十分に予想され、杜氏制度も根底から見直さざるを得ないようになっていた。すなわち、業界としても早急に社員による酒造りを可能にしておく必要があった。

③従来のように冬季のみの醸造体制のもとでは、一年を通してみると、商品となる酒の貯蔵期間に極端な長短が生じ、時期により、商品の香味にばらつきが生じるのは避けがたいことであった。この点を改めるため、年間を通して、常に安定した酒質の酒を生産する必要が強く望まれるようになっていた。

④しぼりたての生酒を好むという昔からの日本人の嗜好や、当時、食の志向に起こりつつあった急激な変化に即応するため、一年を通じ常時醸造できる体制の確立が必要であった（月桂冠株式会社・社史編纂委員会、1999、p.257-258）。

3.2 豊富な技術蓄積

では、なぜ数あるライバル社ではなく月桂冠が業界に先駆けて本格的な四季醸造を実現し得たのか。それに関してはいくつかの要因が認められるが、

第1に挙げるべきは、明治期以来の同社における豊富な技術蓄積である。

　1960年代初頭に月桂冠が四季醸造を実現するに至るまでには長く困難な技術開発の軌跡があった。先述のように、月桂冠では、1909（明治42）年に大倉恒吉の肝いりにより大倉酒造研究所が設立され、そこで四季醸造の実現に必要不可欠な温度・湿度・細菌の管理技術に関する研究が精力的に行なわれた。1911（明治44）年の防腐剤を使用しないビン詰商品の発売を契機として、細菌管理については多くの技術が蓄積されることとなった。さらに、1927（昭和2）年に竣工した「昭和蔵」（冷房装置付き鉄筋コンクリート造り）での醸造と貯蔵の経験からも、その方面の技術が大いに向上した。

　醸造中に発生する発酵熱と炭酸ガスの除去という酒造業者が長年悩まされてきた問題に関しては、その時期にアメリカNASAで開発された除菌除湿技術を導入して製作された装置（すでに日本では外科手術室などで使用されていた）によって四季醸造実現のための条件のひとつがクリアされた。

　四季醸造の実現には醸造工程の微生物管理に関する問題だけでなく、他にも乗り越えなければならない障害がいくつもあった。酒造りは24時間活動する微生物を扱うため、従来の酒造方法では、どの工程においても労働者は過酷な長時間労働を余儀なくされていた。一連の醸造工程の中でも「蒸し」「麹造り」「酒しぼり」の3工程は「酒造りの近代化を阻む3つの壁」といわれ、最も改良が困難とみられていた。月桂冠では、1955（昭和30）年ごろより秘密裏にそれら3工程の機械化を推進し、独力で「大倉式連続蒸米機」「大倉式立体二室自動製麹装置」、少し遅れて「大倉式自動圧濾圧搾機」といった醸造機械・装置の開発に成功した。そのような醸造工程の機械化・自動化により、作業時間短縮ならびに労力削減が達成されるとともに、各工程における管理も極めて良好なものとなり、年中を通じて従来の冬季醸造以上ともいえる環境をつくり出すことに成功した。

　そうした醸造工程の機械化・自動化は、一見すると、伝統的な醸造技術に相反するものであるように見受けられるが、現実は決してそうではなかった。それについて『月桂冠360年史』に次のような記述がみられる。「月桂冠が

進めた醸造工程の機械化、自動化は、単に工程の合理化を目指すものではなく、また、伝統的な技術と対立するものでもないとの確信があった。日本の酒造りは、工芸品のように人の手で造るものでなく、あくまでも微生物の動きによって造られるものであり、人間はそれを間接的に手助けするに過ぎないという認識の上にたって、これらの開発が進められた。人手に触れることの極めて多かった従来の方法より脱却、清潔で、微生物学的管理の徹底した醸造法を確立し、人手によるものよりも精度を高め、より安定化をはかることに意をつくすという開発姿勢に大きな意義があった」（月桂冠株式会社・社史編纂委員会、1999、p.263）。

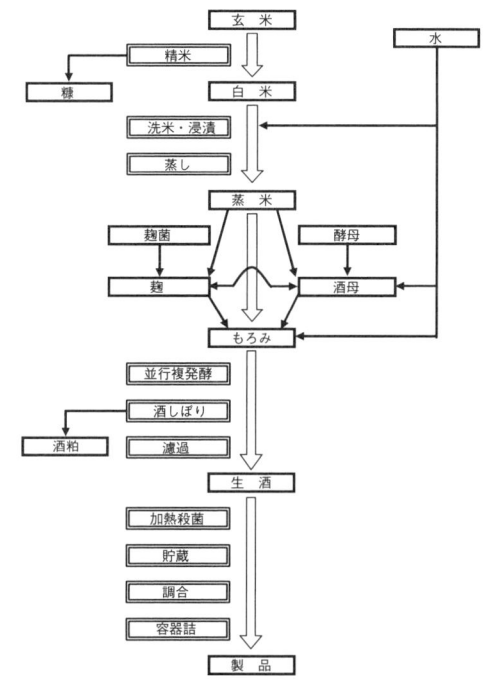

出所：月桂冠株式会社ウェブサイトより。

図1　日本酒の製造工程

そのような長年にわたる技術者たちの努力の結果として蓄積された高度な自社技術があったからこそ、月桂冠は業界に先駆けて四季醸造を実現することができた。

3.3 リーダーの資質

もちろん、月桂冠が業界に先駆けて四季醸造を実現し得たのは、そうした技術的要素だけによっていたわけではない。おそらく技術面では同じような条件に置かれていた大手日本酒メーカーがほかにも存在したと推察される。そこで、技術面以外の要素に目を向けると、リーダーの資質という要素も重

要な意味を持つ。

　四季醸造蔵の建設に踏み切った当時の月桂冠の経営トップは第12代大倉治一であった。治一も父恒吉に勝るとも劣らない先見の明と決断力を備えていた。実際に四季醸造の技術開発に携わった醸造技師の栗山一秀（元副社長）によれば、1960（昭和30）年の暮れにその意思決定が最初に一部の社員に伝えられた際、反応は決して芳しくなかった。治一に呼び出された栗山は、装置（特に圧搾機）の未熟さと資金面の不安という理由から四季醸造蔵の建設計画に反対した。すると、治一は「君ら技術屋さんはいつもそういうことをいうけど、資金の工面は社長の私がする。何も心配してもらわなくていい」といった。それでも躊躇の言葉を口にする栗山に対して、治一は「そんなことをいうな。君らだったらできる。やれ。君らは最高のものをつくったらそれでいいんだ」といって説き伏せた（筆者インタビュー）。そのように、四季醸造蔵の建設計画は、若い技術者たちが尻込みするほど困難をともなうものと予想されたが、そうした現場の不安感はリーダーの信念に影響を及ぼさなかった。

　それから約2年後、リーダー大倉治一の意思決定が正しかったことが証明される。月桂冠が本格的な四季醸造に成功したという事実は同業他社（特に灘地域の大手メーカー）に大きな衝撃を持って受け止められた。その翌年、灘地域の某メーカーが月桂冠のスタイルに倣った四季醸造蔵を急ぎ建設することになるが、それにかかった費用は月桂冠「大手蔵」の建設費に比べて2倍以上の額であったという。栗山は、その事実を耳にしてはじめて、治一が四季醸造蔵の建設を急いだ理由を思い知らされた。

　リーダーとしての大倉治一について栗山は次のように評している。「12代目は東京商大の第1回卒業生。『私は技術のことはわからん。お父さんみたいに、酒造りに苦労してないので、ようわからん。だから、技術のことは技師さんにまかすわ』といってくれた。それが良かった。それで技術革新なんかも非常にやりやすかった」（筆者インタビュー）。そのように、リーダーとしての治一には、先見の明や決断力だけでなく、"懐の深さ"とでもいうべ

き資質が備わっており、それによって現場の若い技術者たちの努力と知恵が大いに引き出された。そうした治一による思い切った社員への権限移譲は、転換期の組織運営を円滑化させただけでなく、次世代人材の育成にも大きくつながった。

　そのような大倉治一の"懐の深さ"を代表する別のエピソードとして次のようなものがある。月桂冠入社から間もない時期に栗山は自ら培養した酵母により良質な酒の醸造に成功した。それはもともと杜氏の目を盗んで行われた"逸脱行為"であったが、それによって思いのほか良い酒が得られたため、逆に杜氏の信用を得るところとなった。その事実を聞きつけた伏見酒造杜氏組合の組合長が他社にもその酵母を分けるよう栗山に強く求めてきた。それに対して「ライバルに塩を贈るようなもの」とあまり乗り気でなかった栗山が治一に相談したところ、「そんなに固く考えなくていい。酵母だけあげても造り方が下手だったら必ずしも良い酒ができるとは限らないのとちがうか。あとのことはあんたが考えるべきことだ」という思いもかけぬ反応が返ってきた。それでも躊躇する栗山に対して、治一は「全部というわけにいかないけれど、1本か2本、その酵母の酒ができるようにしてやったらどうか」といって説き伏せた。この一言により、栗山と杜氏組合の間で摩擦が生じずに済んだ。

3.4 製造現場での自己変革に向けた意識の高まり

　さらに、製造現場の担い手の意識という要素も、月桂冠が業界に先駆けて四季醸造を実現し得た要因を探る上で重要な意味を持っている。月桂冠に限らず、酒造りへの先端科学技術の導入ならびに醸造工程の機械化・自動化は、得てして従来の酒造りの担い手である杜氏・蔵人から反発を喰うことになる。栗山によれば、月桂冠でも、最初の大卒技師を招聘した明治末期以降、長期にわたり技師と杜氏・蔵人の間で大きな溝がみられた。しかし、四季醸造の技術開発が本格化する1960（昭和35）年ごろには、杜氏・蔵人たちの間で小さからぬ意識変化がみられていたようだ。先述の栗山による酵母をめぐっ

ての"逸脱行為"の顚末はそのことを象徴するエピソードであり、掟破りが単に良質の酒を生み出しただけでなく、"意図せざる結果"として杜氏・蔵人たちの栗山ら技師たちに対する信用を高めることにもつながった。

そうした製造現場における意識変化という点において、月桂冠は、灘地域の同業者よりも先んじていたようであり、それについて栗山は次のように述懐している。「今この波に乗らんことには時代遅れになるという意識が当社の杜氏たちの間では強くなっていたように思います。だから、うちが灘より先に四季醸造をはじめたとき、灘は大変に驚いた。江戸時代からつづく杜氏徒弟制度というものが灘にはまだまだ強力なものとして存在していたから、そんなに早いことできるはずがないと彼らは感じていたのでしょうね」（筆者インタビュー）。

灘地域と伏見地域の杜氏制度の違いについて補足説明すると、前者では古くから杜氏・蔵人の圧倒的多数が丹波出身者で占められたのに対し、後者では古くから杜氏・蔵人の出身地が多様であり、戦後初期には、越前（糠、大野）を中心に、丹波、丹後、但馬、広島、越後など、さまざまな出自の杜氏・蔵人がみられていた。特に月桂冠では、大倉恒吉の時代に、従来以上に多様な出自の杜氏・蔵人を受け入れ、彼らに競争意識を持たせることで、さらなる品質向上を図るという戦略が採られた。そうした月桂冠の製造現場での自己変革に向けた意識の高まりも、社運を賭けた四季醸造の技術開発に対して有利に働いた。

3.5 小括

以上のように、月桂冠は、明治期より蓄積されてきた高度な自社技術、リーダーの先見の明と決断力と"懐の深さ"、そして、競争的環境にあった製造現場での自己変革に向けた意識の高まりといった有利な条件を背景として、酒造業界における長年の宿願であった日本酒の四季醸造を業界に先駆けて実現し、一躍トップランナーとなった。

4 四季醸造は何をもたらしたのか

では、月桂冠で実現された四季醸造の技術と生産体制は当社に、ひいては日本酒業界に何をもたらすことになったのか。

4.1 生産拡大

「大手蔵」（年間生産能力10万石）が稼動しはじめたことより、1961（昭和36）年には月桂冠の年間販売高は10万石を突破し、オリンピックイヤーの1964（昭和39）年には早くも20万石を突破した。そのころには、月桂冠は、灘地域の並みいる大手メーカーを抑えて、業界トップシェアを誇るまでになっていた。そうした月桂冠の成功を受けて、大手メーカー各社が挙って四季醸造蔵の建設に踏み切ることとなった。そのような動きは、"造ればいくらでも売れる"という当時の日本酒市場の環境条件に合致するものであった。

その後も月桂冠の年間販売高は増加の一途を辿り、1970（昭和45）年には50万石を突破、そして1973（昭和48）年には70万石余りを記録した。もちろん、そうした急激な販売高の拡大は、社内での生産能力の拡大だけでなく、同業他社との未納税酒取引の拡大にもよっていた[4]。

しかし、第1次オイルショック後の景気後退を契機として、月桂冠の販売高は、日本酒業界全般の動きと同様、1970年代半ばで頭打ちとなり、その後は、他の酒類との競争激化、生活様式の変化といった環境変化の中で下降線を辿ることとなった。

4.2 季節労働者から年中雇用社員へ

先述のように、「大手蔵」は、醸造工程の機械化・自動化・連続化を図り、科学的管理を徹底し、季節に左右されない年中雇用社員による高品質の酒造

---

[4] 未納税酒取引は中小メーカーに対する大手メーカーの搾取というようにとらえられることが多いが、実際には、大手と中小の相互にメリットがあり、また、それにより大手ではブレンド技術が高度に蓄積されるというようなプラス面もある。

りを目指すものであった。初年度には各部署から選抜された社員と杜氏・蔵人の共同で酒造りが行なわれたが、その後は徐々に蔵人の数を減らし、1964（昭和39）年には完全に社員のみの酒造りへと移行している。もちろん、そのような季節労働者による酒造りから年中雇用社員による酒造りへの移行は、月桂冠に限らず、日本各地の多くの酒造業者でみられたことである。そうした動きは、季節労働者の高齢化・後継者不足という当時の労働市場の環境条件に合致するものであった。

　しかし、月桂冠はその時期に社内の全蔵において杜氏・蔵人による酒造りを停止したわけではなく、その後もさまざまな地域から多くの杜氏・蔵人を受け入れ、旧来の杜氏・蔵人による冬季醸造と年中雇用社員による四季醸造とを共存させつつ、競争させるというスタイルを採ることとなった。

4.3 新醸造法（「融米造り」）の開発

　1961（昭和36）年の「大手蔵」完成以降も月桂冠での技術開発の挑戦はつづき、四季醸造施設はさらなる高度化を遂げた。1973（昭和48）年に新設された「大手二号蔵」（年間生産能力20万石）では、コンピューターによる自動制御装置が発酵タンクを皮切りに、精米、蒸米、製麹、酒しぼりなどの各醸造工程に組み込まれた。さらに、1980（昭和55）年には、成分分析にも自動制御装置が導入され、生産から分析までのフィードバック制御が完成した。それにより、酒質コントロールの確実性が大いに高まった。

　そうした月桂冠における技術高度化への弛まぬ努力は、1980年代初頭にはじまる新醸造法の開発につながった。従来の醸造法では、原料米を精白して蒸米を造り、これを麹と掛米にして仕込み、発酵麹とするのに対し、「融米造り」と呼ばれる新醸造法では、精白した掛米の中の有用成分を液化酵素で融かした後、麹を入れて仕込み、液状のもろみとする。蒸米で仕込む従来の醸造法では、蒸米や麹が仕込み水を吸収し、仕込み初期の数日間においてもろみが半固体状となるため、攪拌して均一化するのが困難で、微妙な温度管理が困難となる。それに対して、「融米造り」では、最初から米を融かし

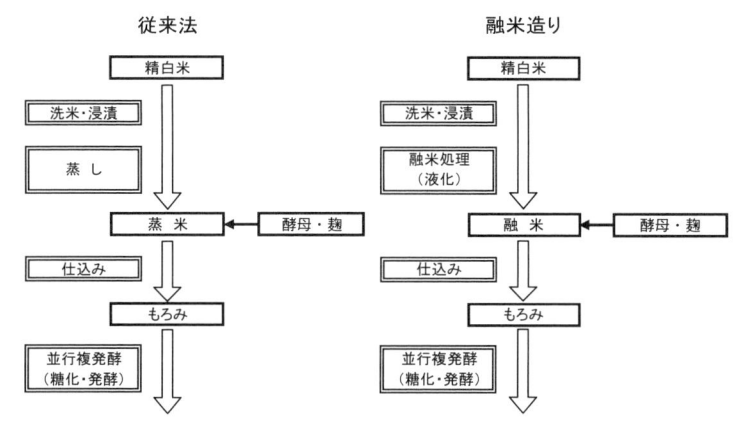

```
     従来法              融米造り
      ┌─────┐            ┌─────┐
      │精白米│            │精白米│
      └──┬──┘            └──┬──┘
┌──────┐ │         ┌──────┐ │
│洗米・浸漬│ │         │洗米・浸漬│ │
└──────┘ │         └──────┘ │
┌──────┐ │         ┌──────┐ │
│ 蒸 し │ │         │融米処理│ │
└──────┘ │         │（液化）│ │
         ↓         └──────┘ ↓
      ┌─────┐ ┌────┐    ┌─────┐ ┌────┐
      │ 蒸米 │←│酵母・麹│    │ 融米 │←│酵母・麹│
      └──┬──┘ └────┘    └──┬──┘ └────┘
┌──────┐ │         ┌──────┐ │
│ 仕込み │ │         │ 仕込み │ │
└──────┘ │         └──────┘ │
         ↓                  ↓
      ┌─────┐            ┌─────┐
      │もろみ│            │もろみ│
      └──┬──┘            └──┬──┘
┌──────┐ │         ┌──────┐ │
│並行複発酵│ │         │並行複発酵│ │
│（糖化・発酵）│         │（糖化・発酵）│
└──────┘ ↓         └──────┘ ↓
```

出所：月桂冠株式会社ウェブサイトより。

図2　従来の醸造法と融米造りの比較

て仕込むため、もろみの全期間にわたって均一状態になり、大きな仕込み量であっても、オンラインでのもろみの管理が容易となる。

「融米造り」は、はじめに米澱粉を液化して流動化させるものの、あくまでも並行複発酵方式（麹による米澱粉の糖化と酵母による発酵が同時進行する方式）であり、伝統的な醸造法と基本的には変わらない。また、「融米造り」では、米澱粉が完全に利用されるため、酒粕は従来の2分の1以下の約10％となり酒化率が向上する。さらに、そうして得られる酒粕にはペプタイド成分が多く含まれ、血圧降下や抗健忘症・健忘症予防などの効果が大きいことが明らかになっている。

1992（平成4）年、月桂冠はこの新醸造法によって造られた酒をはじめて商品化した。その翌年には、「NFS（New Fermentation System）プラント」の販売がはじまり、「融米造り」の技術と設備が多くの日本酒メーカーに導入されるようになった。この「融米造り」技術を用いると、少人数で仕込み作業ができるので、設備投資が少なくてすむ。醸造に必要な敷地面積も縮小でき、省エネルギーが図れるといったメリットもある。

4.4 海外事業展開（米国での現地生産・販売）

そのように新醸造法が研究開発から商品化へと向かう時期、月桂冠は、海外事業展開、特に米国での現地生産・販売を本格化させる。戦後、月桂冠製品の米国への輸出はハワイの日系人向けにはじまり（1940年代末ごろ）、その後、日本企業の米国進出を背景に増加した。1980年代に入るとアメリカでは健康志向の高まりとともに低カロリー食として認識された日本料理の人気が高まり、これと並行して日本酒需要が大きな伸びをみせた。その時期、月桂冠の対米輸出量は、国内販売量の減少とは対照的に大きく増加した。そうした米国市場の将来性に着目した月桂冠は、新鮮で高品質の日本酒を米国市場に供給すべく、また、変動する為替相場に対処すべく、米国での現地生産を計画することとなった。1987（昭和62）年より月桂冠は、バンク・オブ・カリフォルニアの協力を得て、カリフォルニア州、オレゴン州、コロラド州などで現地調査ならびに採取した水の試験醸造を実施し、その結果、カリフォルニア州フォルサム市（州都サクラメントの近郊）が日本酒製造に適していることを確認した。そして、1989（平成元）年、米国月桂冠株式会社が当地に設立された。

このフォルサムという聞き慣れないカリフォルニアの田舎町には日本酒製造に関する次のようなメリットが備わっている。

①水：郊外にシエラネバダ山脈の雪解け水が流れ込むフォルサム湖があり、酒造りに適した良質の水を容易に得ることができる。
②原料米：カリフォルニア米の一大集散地であるサクラメントに近く、酒造りに適した良質の原料米を容易に得ることができる。
③地場産業（特にワイン製造業）：世界的に知られるカリフォルニア・ワインの産地（ナパ、ソノマ）に近く、当地のワインメーカーの経済社会的資源を"借用"しやすい。
④大学研究機関：醸造学分野で世界的に知られるカリフォルニア大学デービス校に近く、その分野の専門技能を備える人材を容易に得ることがで

きる。

　そうした好条件に加え、地元行政も受け入れに積極的な姿勢をみせたため、米国月桂冠の立ち上げはスムーズに進行し、早くも1990（平成2）年の暮れには、サクラメントバレーの新米を用いた米国産月桂冠第1号が誕生した。その数年後には米国全土ならびにカナダにおいて、さらにはドイツやオランダをはじめとするヨーロッパ諸国でも米国月桂冠製造の日本酒が販売されるようになった。

　この米国月桂冠の醸造設備もやはり先述の「融米造り」を採用しており、米国での酒造りも四季醸造の技術開発の延長上にある。それについて栗山は次のように述べている。「当社が開発したシステム、麹をつくる装置とか、米を蒸す機械とか、そういうものはすべて当社のパテント（特許）でつくってきている。人に教えてもらったものとは違う。そういう積み上げを米国進出の20年も前にやっている。その20年間で相当調整もできて、これなら米国の人に操作をまかせても大丈夫であるというシステムができていたから、ちょうど良い時期だった」（筆者インタビュー）。そのように、月桂冠の技術者たちの弛まぬ努力の結実である高度な技術蓄積は、米国進出という挑戦をも大いに下支えした。

　近年の米国では、日本酒消費量が毎年10％以上もの伸びを記録しており、空前の日本酒ブームがみられている。米国月桂冠もやはり製成数量を大きく伸ばしており、今やGekkeikanの名は北米、そして、ヨーロッパで広く知られるようになっている。

4.5 小括

　以上のように、月桂冠は、1960年代初頭に業界に先駆けて四季醸造を実現し、それによって大幅な生産拡大を達成するとともに、季節労働者主体の酒造りから年中雇用社員主体の酒造りへの移行を進めた。前者は、"造ればいくらでも売れる"という当時の日本酒市場の環境条件に合致するものであ

り、後者は、季節労働者の高齢化・後継者不足という当時の労働市場の環境条件に合致するものであった。四季醸造を実現した後も月桂冠は一貫してさまざまな新しい取り組みに挑戦しつづけた。1980年代半ば、月桂冠は、「融米造り」と呼ばれる画期的な新醸造法を開発し、その後、日本酒業界に大きな影響を与えることとなった。また、同じ時期、月桂冠は、米国での現地生産・販売に着手し、欧米での日本酒ブームを背景に、大きな海外事業展開をみせることとなった。

5　21世紀の月桂冠

　21世紀が間近に迫ったころ、月桂冠は、はじめて明文化された経営理念を発表した。創業360周年、会社設立70周年に当たる1997（平成9）年、その年に社長職に就任した第14代大倉治彦により、「QUALITY、CREATIVITY、HUMANITY」という3つの英単語をキーワードとする月桂冠の基本理念が制定された。QUALITYは常に消費者の満足を獲得できる世界最高品質の商品を、競争力のある価格で提供すること、CREATIVITYは常に創造性を持って、経営と技術の革新を推進し、新しい試みに挑戦すること、そして、HUMANITYは社員の知識、能力の向上に努め、一人ひとりがその個性に合わせて充実した人生を送ることを助けることを指している。その中で第1に挙げられたQUALITYについて、『月桂冠360年史』には次のような記述がある。「月桂冠の理念としては品質第一というのは絶対にはずせない項目。これは価格の高い酒にも安い酒にも全て当てはまる。月桂冠の製品としての絶対条件である。ただ、品質第一をモットーにするのは良いが、世間からみたら一人よがりの製品のため消費者に受け入れてもらえないというのでは困る。そのようにならないよう、『常に消費者の満足を獲得できる』ということを目標としたい」（月桂冠株式会社・社史編纂委員会、1999、p.395）。そのように、「品質第一」「家庭第一」は、第11代大倉恒吉以降、現在にいたるまで常に月桂冠の経営理念の中心に置かれてきた。

　21世紀に入り、空前のブームに沸く海外の日本酒市場とは対照的に、国

内の日本酒市場は低迷をつづけている。全国の日本酒生産量・消費量は、1970年代半ばごろをピークとして、その後は下降線を辿り、業者数も大幅に減少してきた。日本酒が酒類の代名詞であった時代は遠い過去となり、特に若年層の間では日本酒は他の酒類に比してネガティブなイメージでとらえられがちである。そのような"逆風"が吹き荒れる中で日本酒メーカーはどこも難しい舵取りを迫られており、月桂冠のような大手メーカーも例外ではない。それどころか、大手メーカーは、少品種大量生産より多品種少量生産が求められ、商品の個性や物語性が重視される時代にあって、中小メーカーよりもいっそう強い逆風にさらされているように見受けられる。

そのように二重の逆風にさらされている大手メーカーであるが、とはいえ、中小メーカーに比べて絶対的に弱い立場に置かれているかというと決してそうではなく、そこには当然ながら"大きいが故の強み"も認めることができる。要するに、それは人員の多さ＝"分業"の容易さであり、それによって、大手メーカーは、中小メーカーでは手が届きにくい、きめ細かな品質管理や衛生管理、大掛かりなマーケティングや広報宣伝活動といった多元的な戦略を採ることが可能である。

近年、月桂冠が展開しているコーポレートブランド強化戦略はまさにそうした"大きいが故の強み"を活かした取り組みである。2002（平成14）年、月桂冠は、前述の月桂冠の基本理念「QUALITY、CREATIVITY、HUMANITY」のもと、新たに「健をめざし、酒（しゅ）を科学して、快を創る」というコーポレートブランドコンセプトを発表した。そこでは、時代や社会の価値の大きな方向性を「健」、月桂冠の開発力・技術力・研究姿勢を「酒を科学する」、そして、あらゆる人が酒に求めるニーズの根源を「快を創る」ととらえられている。その後、このコンセプトを基軸として、従来の日本酒メーカーの枠組みにとらわれない新規事業（たとえば、日本酒以外のアルコール事業、化粧品・入浴剤・研究用試薬・機能性食品素材といったバイオ事業など）や広告宣伝活動（たとえば、斬新な新聞一面広告[5]、シンボルマークやロゴの大胆なリニューアル、女性向けウェブコミュニティサイトの立ち上げなど）が

積極的に推し進められてきた。そうした新しい挑戦を通して、月桂冠は、技術ならびに経営の革新、そして、企業としてのさらなる持続的発展の可能性を模索しつづけている。

6 老舗が継続する所以、老舗ならではの強み

以上において示されたように、月桂冠は、長期にわたってコンスタントに一定水準の酒を造りつづける一方で、ターニングポイントにおいては新しい取り組みに果敢に挑戦し、技術と経営の革新に努めてきた。月桂冠は、自社製品の安定感とそれが消費者に与える安心感を確保しつつ、大胆な挑戦、革新を通して組織の"新陳代謝"を行ない、そうした静と動、継続と変化のバランスの中で持続的発展を遂げてきた。これこそ老舗月桂冠がつづいてきた所以である。

月桂冠のように何百年とつづく老舗企業はその古さ故に「保守的」というイメージを持たれがちである。挑戦や革新というと、やはりカリスマ起業家によって率いられるベンチャー企業がその担い手として真っ先に想起されるだろう。しかしながら、本ケースにおいて示されたように、老舗企業も決して挑戦や革新と無縁の存在ではなく（挑戦や革新を経てきたからこそ長く継続しているとも考えられる）、それどころか、そこには挑戦や革新の担い手

---

5) 2002（平成14）年、月桂冠は従来の日本酒イメージとは大きくかけ離れた斬新な広告（赤色基調）を新聞の第1面に掲載し、これにより同年の「日経広告賞」を獲得している。3回シリーズで、それぞれに "not"、"bad"、"not bad" というタイトルが付されていた。それは、月桂冠が、一般消費者の間で日本酒がどのようにみられているのかを誠実に受けとめた上で、新しい目標に向けて動きはじめたことを宣言することを目的としていた。"not bad" というタイトルが付された最後の広告には、次のような印象深いコピーがみられた。「日本酒が（日本人に）良いイメージを抱かれていないのは、私たちの責任です。あなたの気持ちをわかっていなかったからです。人も会社も、そんなにすぐ変わることはできません。しかし、あなたと同じ気持ちを共有するようになれば、新しい目標が見えてきます。動きはじめる会社。あなたの心に、すーとはいってくる。素直に感じられるここちよさ。これからの月桂冠は、そういうものを形にしていきます」。この新聞広告について詳しくは次のウェブサイトを参照されたい。http://www.gekkeikan.co.jp/products/cm/index.html

として5年以内に倒産してしまう可能性が高いベンチャー企業にはない老舗ならではの強みがある。月桂冠ケースにおいて第1に挙げられるべき強みは、やはりコンスタントに一定水準の製品をつくりつづけられる安定感とそれが消費者に与える安心感ということである。当然ながら、そうした安定感と安心感は一朝一夕で得られるものではなく、長期継続的な企業努力、具体的には、「品質第一」「家庭第一」に徹した酒造りを何世代にもわたって継続させてきたことの賜物である。また、第12代大倉治一のエピソードに象徴される経営トップの"懐の深さ"、長い歩みの中で幾度となく苦難を乗り越えてきたことに由来する"継承のノウハウ"、"環境変化への耐性"といったこともやはり老舗ならではの強みであろう。そのような"古いが故の強み"が新しい取り組みへの挑戦を下支えし、結果として技術や経営の革新、そして、企業としての持続的発展につながるという図式がある。そうした継続と変化のパラドキシカルな図式は、月桂冠という個別ケースに限らず、さまざまな京都の老舗企業において認められることであるに違いない。

●本ケースの論点
論点1

　月桂冠における四季醸造の早期実現は、明治期より蓄積されてきた高度な自社技術があってこそのものであったが、1960年代初頭当時、おそらく灘地域のいくつかの大手メーカーもすでにそれを実現させられるだけの技術と資本を備えていたはずである。では、なぜ灘地域の大手メーカーは月桂冠に遅れをとってしまったのか。それについて、本ケースでは、リーダーの資質（先見の明、決断力、"懐の深さ"）に触れるとともに、灘地域と伏見地域の杜氏制度の違いにも触れている。その中で、筆者は、前者に比しての後者（特に月桂冠）における多様な出自の杜氏・蔵人が共存する競争的環境が自己変革に向けた意識の高まりを呼び起こし、そのことが月桂冠の社運を賭けた四季醸造の技術開発に対して有利に働いたとみている。

　では、ともに近代以降の日本における最も代表的な日本酒産地である灘地

域と伏見地域において、なぜそのような杜氏制度の違いがみられたのか。それは、単に杜氏制度に限られた違いにすぎなかったのか、あるいはそれを越えたものであったのか。「多様性」をキーワードとして、両地域の酒造りを取り巻く環境条件を比較対照してください。

論点2

　高度経済成長期がもはや遠い過去となり、少品種大量生産より多品種少量生産が求められ、商品の個性や物語性が重視される今日において、少品種大量生産の典型というべき四季醸造の技術と生産体制（その延長線上で誕生した「融米造り」もしかり）は、個性的で物語性に満ち溢れた"伝統"を破壊し、無味乾燥な工業製品を大量に生産するものにすぎないというマイナスイメージでとらえられがちである。しかし、そのようなとらえ方は、四季醸造の技術開発が実際に日本酒製造業にもたらしたものに対するフェアな評価であるとはいい難い。

　では、四季醸造の技術と生産体制はどのように評価されるべきか。21世紀初頭の今日における社会的要請（一例を挙げるなら、食品の安全性に関する管理体制の改善）を念頭に置きつつ、四季醸造の技術開発が日本酒製造業にもたらしたさまざまな効果を整理し、できるかぎりニュートラルな視点から、その再評価を行なってください。

論点3

　老舗としての月桂冠の最大の強みは、コンスタントに一定水準の製品をつくりつづけられる安定感とそれが消費者に与える安心感ということである。そうした月桂冠の強みを理解する上で、近代月桂冠の礎を築いた第11代大倉恒吉の代から何代にもわたって受け継がれてきた「品質第一」ならびに「家庭第一」という経営理念の意味とその背景を把握することは不可欠であるだろう。

　では、この月桂冠の「品質第一」ならびに「家庭第一」という経営理念は、

月桂冠という個別事例を越えて、京都型企業群全体の中でとらえてみると、どのようにとらえられるか。それは、京都型企業群に広く共有される地域文化なのか、それとも単なるレアケースにすぎないのか。新旧さまざまな京都型企業の経営理念を調べ、他ケースとの比較対照の中で月桂冠ケースの位置づけ作業を行なってください。

【参考文献】

安岡重明（1998）「伏見酒造業における革新―大倉恒吉と大宮庫吉の比較」安岡重明編『京都企業家の伝統と革新』同文舘出版社。

月桂冠株式会社・社史編纂委員会（1999）『月桂冠360年史』月桂冠株式会社。

伏見酒造組合125年史編纂委員会（2001）『伏見酒造組合125年史』伏見酒造組合。

藤本昌代・河口充勇（2007）「伝統技術産業の連関構造の社会的・文化的要素－京都伏見日本酒クラスターの事例」ITEC Working Paper Series 07-13。

付録　月桂冠の沿革

1637（寛永 14）年	初代大倉治右衛門、伏見馬借前で酒屋を開業。屋号を「笠置屋」、酒銘を「玉の泉」と称した。
1886（明治 19）年	第 11 代大倉恒吉、家督を継承。前年の醸造高は約 500 石。
1895（明治 28）年	伏見から東京方面へ販路を拡張、全国銘柄への歩みをはじめる。
1899（明治 32）年	灘地域での製造を開始。
1902（明治 35）年	ハワイを皮切りに海外輸出開始。醸造高 5,000 石突破。
1905（明治 38）年	勝利と栄光のシンボル「月桂冠」を酒銘に採用。
1907（明治 40）年	醸造高 1 万石突破。
1909（明治 42）年	最初の醸造技師招聘、「大倉酒造研究所」を設置、醸造法に科学的技術を導入。ビン詰工場新設。
1910（明治 43）年	鉄道の広がりに伴い、コップ付小ビン（大倉式猪口付ビン）を発売。
1911（明治 44）年	「防腐剤ナシのびん詰酒」を発売。第 1 回全国新酒鑑評会で月桂冠が「第 1 位」を受賞。
1915（大正 4）年	明治屋との販売契約締結
1927（昭和 2）年	「株式会社大倉恒吉商店」設立。大倉恒吉が社長に就任。冷房装置付鉄筋コンクリートの酒蔵「昭和蔵」竣工。
1931（昭和 6）年	本格的ビン詰プラント設置。月桂冠 PR 映画第 1 号「選ばれた者」制作。
1939（昭和 14）年	販売高が 62,921 石（戦前最高値）となる。
1944（昭和 19）年	「大倉酒造株式会社」に社名変更。第 12 代大倉治一が社長に就任。
1949（昭和 24）年	海外輸出再開。
1961（昭和 36）年	日本初四季醸造蔵「大手蔵」（年間生産能力 10 万石）竣工。「大倉式連続蒸米機」公開。販売高 10 万石突破。
1965（昭和 40）年	「大倉式自動圧濾圧搾機」公開。
1973（昭和 48）年	「大手二号蔵」（年間生産能力 20 万石）竣工。
1975（昭和 50）年	販売高 70 万石突破（販売高のピーク）。
1978（昭和 53）年	第 13 代大倉敬一が社長に就任。
1982（昭和 57）年	「月桂冠大倉記念館」を公開。
1984（昭和 59）年	業界で初めて常温で流通可能な「生酒」を開発。
1987（昭和 62）年	創業 350 年、会社設立 60 年を機に、社名を「月桂冠株式会社」とする。
1989（平成元）年	米国カリフォルニア州フォルサム市に「米国月桂冠株式会社」を設立。
1992（平成 4）年	月桂冠独自の液化仕込み法「融米造り」による商品を発売。
1993（平成 5）年	新本社を竣工。
1996（平成 8）年	韓国ソウルに「韓国月桂冠株式会社」を設立。
1997（平成 9）年	創業 360 年、会社設立 70 周年。第 14 代大倉治彦が社長に就任。月桂冠の基本理念「QUALITY、CREATIVITY、HUMANITY」を制定
2002（平成 14）年	ブランド強化戦略発表。コーポレートブランドコンセプト「健をめざし、酒（しゅ）を科学して、快を創る」発表。

出所：『月桂冠 360 年史』と月桂冠株式会社のウェブサイト（http://www.gekkeikan.co.jp/）の掲載内容をもとに筆者作成。

第5章

TaKaRa
"伝統と革新"の事業戦略

北　寿郎

1　はじめに

　1世紀以上前の明治維新、60数年前の太平洋戦争、そして90年代のバブルの崩壊とそれに続く未曾有の景気低迷。京都には、この3つの試練を克服し、したたかに生き延びてきたいくつもの企業が存在する。伝統工芸とも呼ぶべき織物、染物、焼き物。料亭やお菓子、お茶、お香、そしてお酒。伝統を守り、伝え、いわゆる家業として事業を行なってきた老舗とも呼ばれる存在である。本ケースで議論の対象にしようとしているTaKaRaも創業からなら160有余年、株式会社になってからでも80年以上という歴史を持つ老舗企業である。しかし、TaKaRaを大多数の京都の老舗企業と同一に見ることは難しい。大半の老舗企業とは異なる独特の歴史や体質、さらにいえば戦略を持った企業である。特に、伝統を「守り、伝える」だけでなく、それを変容し、そして新たなものを作り出す能力。これが、他の多くの老舗といわれる京都企業と比べた場合に、TaKaRaを際立たせる特徴のように思える。

　本ケースでは、TaKaRaの歴史を振り返る中から、大多数の京都老舗企業との違いを生み出した源泉は何なのかということを明らかにしてみる。さらにその上で、2002（平成14）年に持株会社化という大胆な行動に打って出たTaKaRaが、今後も持続的に成長するための課題についても議論してみたい。

2　ビールからバイオへ：危機からの挑戦

　どのような企業でも、多かれ少なかれ企業そのものの存亡に関する経営上の危機をいくつか経験している。しかし、危機はチャンスでもある。危機をチャンスに変えられる企業こそが、成長という最高の果実を手に入れることができる。

　本ケースの主役であるTaKaRaは1842（天保13）年、京都伏見における個人経営の小さな酒造商店としてその歴史を刻み始めた。創業からなら160有余年、株式会社になってからでも80年以上という歴史を持つ老舗企業である。現在のTaKaRaは酒造メーカの枠を越えて、組織を持株会社化し、バイオ事業を新興株式市場であるマザーズに上場し、健康食品事業も分社化するという積極的な事業展開を行なっている。TaKaRaが創業した京都伏見には今も20を越える酒造メーカが存在する。TaKaRaをはるかに超える300年以上の歴史を有し、現在もそれなりの存在感を持って事業を継続している企業もいくつかあるが、規模的にも株式市場からの評価という点でもTaKaRaのような存在感を示している企業はない。この違いはどこから生まれてきたのか。卓越した経営者の存在や、時流に乗った運の良さ。TaKaRaの歴史を表面的に見れば、そのように判断することも可能である。しかし、それだけではさまざまな困難を克服しつつ、長年にわたっての成長を続けることは望むべくもない。

　TaKaRaにも当然のように、いくつかの重大な場面がいくつもあった。中でもTaKaRaにとって最大の経営危機のひとつは、1967（昭和42）年のビール事業からの撤退であろう。TaKaRaは、この最大の危機にどのように対応したのだろうか。ここから話を始めていくこととしよう。

　1967（昭和42）年、TaKaRaはビール事業からの撤退を発表した。TaKaRaの社運をかけたタカラビールのわずか15年という短い歴史に終止符が打たれた。ビール事業は、TaKaRaの中興の祖ともいえる社長の大宮庫吉にとって、社運だけでなく人生をもかけた畢生の大事業であった。1922（大正11）年、日本麦酒鉱泉がユニオンビールを発売した際に、若き庫吉が懇願

されて販売に助力したときから、いずれは自らの手でビールを造り売りたいと願っていた。ビールは醸造技術者として、そして酒造メーカーの経営者としての夢であり、挑戦でもあった。1925（大正14）年の寶酒造株式会社創立時の定款に「麦酒」製造販売の一項を加え、「タカラビール」の商標をも早くに獲得していたことは、その証左であった。

　戦後の復興期、TaKaRaの主力製品である焼酎は爆発的な人気を博し、驚異的な右肩上がりの売上を記録した。しかしそれも長くは続かず、焼酎の売上は1955（昭和30）年には早くもピークを打った。時はまさに高度成長期を迎えようとしていた。人々の生活や嗜好も生活レベルの向上にともなって急速に洋式化していった。酒類もその例にもれず、日本酒や焼酎の消費量が減少するのに対し、ビールやウィスキーなどの洋酒の消費量は急速に増えていた。TaKaRaとしても何らかの手を打つ必要に迫られていた。このような状況の中、庫吉は長年の夢であったビール事業に乗り出すことを宣言した。実は、TaKaRaは戦後直後の1948（昭和23）年にも、ビール事業に参入しようとしていた。しかし、さるビールメーカー社長の「今は、参入はやめて欲しい。時がくれば、TaKaRaさんの参入を販売も含めて全面的にサポートするから」という言葉に、その際は参入を断念したという経緯もあった上での決断でもあった。

　当時の日本のビール業界は圧倒的なシェアを誇るキリンと、その攻勢に怯えつつ何とかシェアを守ることに汲々としているサッポロ、アサヒという一強二弱の様相を示していた。庫吉はこのような市場状況の中でビールへの参入を宣言した。当然のように社内から反対の声も上がったが、高度成長に乗って市場も急速に拡大している。この時点での新規参入には十分なチャンスがあるという庫吉の想いは揺るがなかった。生産設備に莫大な資金が必要とされるビール事業にも、今のTaKaRaの財務力であれば十分耐えられるとの、判断もあった。TaKaRaが市場に投入しようとしたのは、ドイツに技術者を派遣して磨きこんだ本場の味のビールである。当時の各社のビールの味そのものにはほとんど違いはなく、目隠しをすればどこのビールを飲んでいるの

かを答えることは非常に難しいとも揶揄されていた。キリン、アサヒ、サッポロの3社のビールをはるかに凌駕する味と品質のビールは、必ず日本の消費者に受け入れられるとの判断の上での満を持した新規参入であった。

　しかし、1957（昭和32）年に発売を開始したタカラビールは苦戦の連続であった。全社を挙げて拡販に注力したものの、参入障壁は予想以上の高さと厚さであった。原因は、「味」と「流通」にあった。既存3社の特徴の無いビールの味に慣らされてきた日本の消費者にとって、本場の味は異質なものに感じられてしまった。ライバル3社の営業マンも、このような消費者の第一印象に悪乗りする形で「タカラビールは焼酎の味がする」と揶揄した。タカラビールもドイツ風の苦味の強い正統派の味わいから日本人にも好まれる苦味を抑えた味わいへの変更を図ったが、第一印象は根強く消費者の意識の中に残ってしまっていた。

　流通は、もっと高く厚い障壁であった。当時のビールの流通も他の商品と同様に、メーカー・酒販卸問屋・小売という形を採っていた。酒販卸問屋の業界はメーカーとの資本関係も無い独立性の高い企業群であったが、中小規模のものがほとんどで、キリン、サッポロ、アサヒという寡占大メーカーの意向に逆らえるところなどは存在しなかった。多くの問屋は既存メーカーの圧力を怖れて、タカラビールの取り扱いをためらった。結果、販売ルートが広がらず、TaKaRaは販社である阪神麦酒販売を設立し、自ら卸売りを行わねばならないところまで追い込まれていった。

　この苦境を克服すべく、日本で始めての500mlの中壜ビールの販売やラベルデザインの一般公募、プロ野球球団と連携したキャンペーン、プルトップ缶の販売等、さまざまな手立てを打ったにもかかわらず、事業は好転しなかった。庫吉は長年の夢であったビール事業からの撤退を決意した。それだけでなく、経営の一線から退くことも決意し、後任の社長に女婿である大宮隆を指名した。ビール事業からの撤退と事業の立て直しという、TaKaRaにとってかつてない経営危機の克服という重責は新社長に委ねられたのである。

　2005（平成17）年に没した大宮隆が生前に受けた京都新聞のインタビュー

で、以下のように述べている。「ビールについては、ほんまに苦い、つらい思い出しかありません。昭和32年に製造を開始したんですが、案の定、他のメーカーから痛烈な妨害を受けました。問屋さんで、うちのビールをあつかってくださるところが少ない。思うように売れず、往生しました。ビールは昭和42年までの10年間続きましたが、その前の年には、撤退を決めていました。僕が社長になったのが昭和41年ですから、社長の最初の仕事がビール業界からの撤収となったわけです」。

このような企業存亡のかかった危機的な状況の中で、新社長を任された大宮隆は、3,500名の社員を2,500名にまで削減するという荒療治をする一方で、残された焼酎、清酒、みりん、アルコールの4事業に経営資源を集中させ、事業基盤を立て直そうとした。特に、隆がTaKaRa再生の望みを賭けたのは、焼酎であった。隆は以下のように述べている。「ビールは損ばかりで、もう二度と手がけたくありませんでした。清酒と味醂と焼酎しかない。今後は焼酎で行きたいが、これまでのものでなく、もっと高品質のものを作りたいと考えたんです」。ここから生まれたのが、1977（昭和51）年に発売された「純」である。「ホワイト・レボリューション」をキーワードにした「純」は日本人の酒の飲み方を変えるような大ヒット商品となった。さらに、1984（昭和59）年に発売を開始した「タカラcanチューハイ」は、たちまちに市場に受け入れられ、爆発的な売れ行きを記録した。この年度、TaKaRaは経常利益130億円というそれまでの史上最高の業績を達成した。

隆は清酒事業に関しても積極的な行動をとった。清酒のブランドである「松竹梅」の慶祝イメージを活かし、祝事、幸福、めでたさ、よろこび、陽気というシーンにおける需要掘り起こしと商品開発に努めた。また、1970（昭和45）年には石原裕次郎を「松竹梅」の広告宣伝に起用し、清酒市場でのTaKaRaの存在感をさらに確かなものにしていった。このCM出演をきっかけに、裕次郎と大宮隆の間には仕事を超えた信頼関係が生まれたともいわれている。隆は同じ京都新聞のインタビューでこのようにも語っている。「裕次郎さんは両親を早く亡くしている。22歳年上の僕が親父と兄貴のかわり

でしたんやろ。僕の言うことなら、何でも聞きましたしさからわなかったですよ。兄の慎太郎さんが、選挙が近付いたので裕次郎さんに身内のよしみで応援を頼んだことがありました。しかし、裕次郎さんは『俺の知ったことではない』と突っぱねる。慎太郎さんが私に電話してきましてね。僕が『いよいよ兄さんの選挙が始まるなあ』とはなしただけで、裕次郎さんが『ああ××日の午後から、僕が選挙カーに乗ります』と、即座に返事をしてくれた。石原軍団の西部警察にも二度、宝酒造の社長役で出させてもらいました。むろん、ノーギャラですよ。うちのコマーシャルも、渡哲也さんや館ひろしさんやら石原軍団ばっかし。いまさら浮気もできませんしなあ」。

　大宮隆は、基幹事業の強化によって事業を立て直そうとしただけでなく、ビールに代わる新しい事業分野にも積極的に打って出た。それが。今のタカラバイオにつながるバイオビジネスである。しかし、バイオビジネスも一朝一夕になるものではなく、その歩みも紆余曲折に富んだものになる。

　1970（昭和45）年、TaKaRaは京都市伏見区から滋賀県大津市に中央研究所を移転し、酒造で培ってきた発酵工学をベースにしたバイオ関係の研究開発体制の強化を図った。これらの取り組みの中から、ブナシメジの人工栽培の成功という画期的な成果が生まれはしたものの、TaKaRaにとってのマザーテクノロジーというべき発酵技術をベースにした薬品事業はなかなか採算ベースに乗る事業に育たなかった。TaKaRaのバイオビジネスは大きな方向転換を迫られていた。

　この事態を打開しようと動いたのが、当時開発部課長で新事業開発を担当していた大宮久である。大宮隆社長の長男で、庫吉を祖父に持つ久は、入社以来、新事業開発に従事してきた。彼は、従来の路線を踏襲することにこだわらなかった。さまざまな論文や技術資料を通じ、発ガンのメカニズムを学び、海外の研究者へも積極的にアプローチした。その結果辿りついたのが「発酵薬品は時代遅れ、これからはバイオの時代だ」という結論であった。

　1973（昭和48）年、米国のコーエンとボイヤーが大腸菌を使った世界最初の遺伝子組み換えに成功したのを契機に、遺伝子組み換えによる医療医薬

開発に世界中の研究者が注目していた。欧米の大学や研究機関において遺伝子工学の研究が急速に立ち上がり、70年代後半には日本にもその波は押し寄せつつあった。大宮久がTaKaRaのバイオ研究の舵を「発酵工学」から「遺伝子工学」に大きく切ったのはまさにこの時期であった。

　大宮久が最初に目をつけたのは、DNAを切断する「はさみ」の役割を果たす遺伝子工学研究用の必須のツールとして注目されていた「制限酵素」であった。中央研究所の研究者、技術者の努力のかいもあり、1979（昭和54）年には国内初の7品目の制限酵素を開発し発売にこぎつけた。さらに、翌年、DNAをつなぐ「のり」の役割をする酵素「DNAリガーゼ」を、1982（昭和57）年には、英国アマルシャム社を通じて制限酵素製品の欧米各国への輸出を開始するなど、バイオ企業としての地歩を固めていったが、研究開発投資が嵩むのに比して、売り上げはなかなか伸びない。TaKaRaがバイオビジネスで飛躍するにはまだ何かが足りなかった。

3　創業と飛躍：四方家と大宮庫吉

　TaKaRaの歴史は、江戸時代後期の1842（天保13）年、四方家4代目卯之助が京都伏見に清酒180石の製造・販売権利（酒造株）を得て、酒造の個人商店を開いたことに始まる。当時の京都伏見は摂泉十二郷と呼ばれた伊丹や灘と並ぶ有力な清酒醸造産地のひとつでありながら、江戸幕府直轄の伏見奉行を通じた酒造に対する頻繁な制限や、有力な公卿である近衛家の領地・伊丹（兵庫県）の酒が独占する京の町へ売りに出ることを禁ぜられたりするなど、酒を造ったり販売したりするのにもたいへん苦しい状況にあった。TaKaRaは、その伏見で21軒目の造り酒屋としてスタートした。江戸時代以前からの老舗が並ぶ中でTaKaRaが企業として生き残るためには、酒造の本流である清酒だけにこだわっている訳にはいかなかった。早逝した4代目の後を継いだ5代目卯之助は、焼酎、みりん、白酒を中心とした商売に活路を見出そうした。5代目卯之助のこの選択はずばりと当たり、最初の年わずか20石だった生産高は、元号も明治と改まった30年後には1,000石を超え

るまでにまで拡大していた。

　その後も事業は順調に拡大し、1905（明治38）年には四方合名会社を設立し、秀三郎（5代目卯之吉の三男）が初代社長に就任した。その後を引き継いだ卯三郎（5代目の婿養子）は、主力製品である「みりん」を武器に東京進出を果たし、「関西味醂王」とも称されるまでに事業を拡大して行った。その彼が次にターゲットとしたのは1910（明治43）年に愛媛県宇和島の日本酒精の社員であった大宮庫吉によって開発された現在の甲類焼酎の原型ともいえる「新式焼酎」である。「新式焼酎」は芋を原料とした純粋アルコールに加水して度数を調整し、それに酒粕を原料とする粕取焼酎をブレンドしたものである。日本酒精は、「日の本焼酎」と名づけて売り出した。軽快でクセの無い風味に特徴で、品質、価格ともに優れた「日の本焼酎」は瞬く間に愛飲家に受け入れられ、生産が追いつかない程の大ヒットになった。卯三郎はこの新式焼酎をみりんに次ぐTaKaRaの主力商品にしようとしたのである。

　卯三郎は日本酒精にかけあって「日の本焼酎」の関東一円の販売権を買い取り、販売を開始した。しかし、1916（大正5）年日本酒精は神戸の「鈴木商店」（当時の日本を代表する商社）に買収されてしまう。TaKaRaは日本酒精で工場長をしていた大宮庫吉を招いて、自社製造に踏み切ることを決断し、わずか半年で自社製造の新式焼酎「寳焼酎」の販売にこぎつけた。これが後年、宝酒造として日本酒造界で不動の地位を占めることになる四方合名会社と、やがてその会社の社長（のちに会長）になる大宮庫吉のターニングポイントであった。

　庫吉は鈴木商店から買収の話が持ち上がったとき、これを機に独立も考えていた。卯三郎からの招聘の話は降って湧いたような話であったが、出された条件は年俸1,500円、外に年間純益から清酒とみりんの益金1万円を引いた残額の十分の一、という当時としては破格の好条件であった。それ以上に、庫吉を動かしたのは卯三郎の誠意あふれる誘いの言葉と姿勢であった。大宮を育てた「日本酒精」の社長福井春水もTaKaRaに入ることを勧めた。大宮はTaKaRaに行くこと決意し、1916（大正5）年4月庫吉はTaKaRaの人間

となった。庫吉のTaKaRa入社まもなく起こった第一次大戦後の恐慌は日本経済をどん底に叩き込んだ。TaKaRaもその例外ではなく、一転、会社存亡の危機に追い込まれた。このとき、庫吉は自らの命運をTaKaRaとともにする道を択んだ。入社当初の契約は5年ということであったが、出資金を拠出してTaKaRaの経営に参画したのである。

　1923（大正12）年9月1日に東京を襲った関東大震災は、TaKaRaに大きなビジネス上のチャンスをもたらした。震災により物資が不足している東京では、飛ぶようにTaKaRaの商品が売れ、「寶」の名前が一躍全国ブランドになったのである。これを機に、翌1924（大正13）年、群馬県に工場を新設し、関東での生産拠点を確立した。翌1925（大正14）年、念願であった株式会社への改組を果たし、寶酒造株式会社が誕生した。

　株式会社となったTaKaRaは、その後の1920年代後半の金融恐慌も企業買収や合併等の積極拡大策で乗り切ったが、その後の日華事変から太平洋戦争へと続く大戦の荒波は容赦なくTaKaRaを襲った。甚大な戦禍の中からのTaKaRaの復興を背負ったのも庫吉であった。混乱した戦後の経済状況の中で、庫吉は平時でも両立することが困難な「積極的な買収・合併・増資を行なうとともに、経営合理化を進め、事業の拡大と安定を図る」という経営上相反しかねない非常に難しい課題を次々と克服し、TaKaRaの経営基盤を着々と固めていった。

4　タカラバイオ：オープンなイノベーションから生まれた確かな成果

　1987（昭和62）年、すでに常務取締役に昇進していた大宮久はTaKaRaの社内外で厳しい状況に置かれていた。遺伝子工学の可能性に着目し、国産初の制限酵素を用いた試薬ビジネスを足がかりとして医薬品ビジネスにまで事業領域を広げようという当初の構想は大きな壁にぶつかっていた。商売のネタとなる製品は制限酵素しかなかった。新たなネタを生み出すべき研究所の組織改革は行なった。意思決定のスピードを高め、研究テーマの改廃を機動的にすべく部課制を廃止し、研究チーム制を導入した。しかし、有望なテー

マが見つからなくてはいくら組織を変えても何も生まれない。苦境にあった大宮久が最後の切り札として起用したのが、加藤郁之進である。

　加藤は、1964（昭和39）年に大阪大学蛋白質研究所理学研究科生物化学専攻博士課程で理学博士を取得後、鹿児島大学理学部化学科助教授を経て、米国ＮＩＨ（国立衛生学研究所）に留学した。留学終了後も日本には戻らず、セントコアー社研究ディレクターの職を得て、米国での研究生活を楽しんでいた。その加藤に目をつけたのが大宮久であった。加藤が、大宮の熱心な勧誘を受け、TaKaRaに入社し中央研究所でバイオ研究の指揮をとることとなったのがその前年の1986（昭和61）年であった。加藤は、TaKaRaの株式会社創立80年を記念した社史の中で入社当時のことを以下のように振り返っている。「面接のため初めて京都本社を訪れたのは同年7月中旬──祇園祭の頃だった。地下鉄の駅から上がったら、ちょうど目の前を山鉾が通った。それを見たら無性に日本に帰りたくなってTaKaRaに入社。中央研究所薬品部専門部長の職に就いたが、入社後の第一印象は"えらいところに入ってしまった"だった。大宮（久）さんは四面楚歌だし、売り物は何もない。バイオへの志こそ高かったが、実際は酵素を売っているだけの会社だった」。その加藤が、大宮久を苦境から救い、その後のTaKaRaのバイオの立役者となる。

　大宮の命を受けた加藤は、文献やさまざまな学会等の研究情報だけでなく、自らの豊富な国内外の研究人脈も駆使して研究テーマを探索した。最終的に可能性があるテーマとして見出したのが、「フィブロネクチン」である。フィブロネクチンは血液、体液、組織基底膜に存在し、細胞外マトリックス相互作用や形態形成の調節や正常化、食菌作用や線維芽細胞の定化性の促進、組織修復等の細胞移動と保持に関わる巨大構造を持つ糖蛋白である。かなり以前から癌治療への可能性があるのではないかとはいわれていたが、扱いの困難さから研究対象とする企業や研究者はほとんどなかった。TaKaRaの苦境を打開できる研究テーマとして、加藤はこのフィブロネクチン誘導体を用いた癌の転移抑制研究を提案した。社内には反対意見もあったが、加藤は研究

者としての実績を盾にそれを押し切った。大宮久も加藤を全面的にサポートした。しかし、1987（昭和62）年にスタートしたフィブロネクチンの研究も苦難の連続であった。研究開始直後に癌の転移抑制作用のある物質が見つかり、かなりの期待を持たせたが、それも直ぐに壁にぶつかった。その後は、ほとんど研究には進展が見られない状態が続いた。

　ひとつの雑誌記事がこの停滞状態から抜け出すきっかけとなった。それは、1994（平成6）年に米国インディアナ大学が発行した技術移転のための情報誌 *Technology Transfer News* に掲載されていた「フィブロネクチンの一部（酵素分解物）に遺伝子導入効果を上げる働きがあるようだ」という内容の記事である。加藤は直ちにこの研究を行っていたウィリアム助教授（当時）に連絡を取り、翌1995（平成7）年、TaKaRa の組換えフィブロネクチン誘導体を用いての共同研究がスタートした。そこから生まれてきた成果がレトロネクチンという商品名を与えられた体外遺伝子治療用研究試薬である。レトロネクチンは、TaKaRa のバイオビジネスの救世主となっただけでなく、グローバルなバイオビジネス市場での TaKaRa という会社の存在感を一挙に高める原動力となった。その成果をベースに現在、米国国立がん研究所、イタリアのモルメド社、米国バイレクシス社、日本の国立ガンセンター、中国の中国医科学院ガン病院等40以上の企業や研究機関とエイズや癌の撲滅を目指したさまざまな遺伝子治療の共同研究が行なわれている。

　2002（平成14）年、TaKaRa はバイオ事業を切り出し、タカラバイオを設立した。新会社は、レトロネクチンを武器に実績を積み重ねてきた「遺伝子工学研究」をコアに、「医食品バイオ」「遺伝子医療」での事業拡大を目指す体制を構築し、2004（平成16）年には東証マザーズへの上場も果たした。さらに、米国 BD 社から分子生物学研究用の試薬を扱っているクロンテック事業の買収をはじめとする M&A や海外子会社の設立、ジョイントベンチャー立ち上げ等、積極的な事業展開を行ない、2008（平成20）年3月期決算では念願の経常利益だけでなく、営業利益・当期利益含めた企業収益の黒字化を果たした。

5　TaKaRa の DNA：伝統という大樹に革新の枝を接ぎ木する

　創業から今に至る 140 年余の TaKaRa の歴史は、決して順調な成長の歩みではない。創業者である 4 代目卯之助の早すぎる死は最初の危機であった。後を継いだ 5 代目卯之助は、酒造の本流である清酒ではなく、みりんという新分野に商売の活路を見出そうとした。5 代目卯之助の三男秀三郎の娘婿であった卯三郎が、それを引継ぎ発展させ、「関西の味醂王」とも称されるようになったが、その彼もそれだけに飽き足らず、日本酒精との提携を経た後、今でいえばヘッドハンティングで獲得した大宮庫吉と彼の作り出した新式焼酎という武器を得て新たな焼酎の市場を開拓した。卯三郎亡き後の太平洋戦争を挟む苦難の時代において TaKaRa の舵取りをしたのがその大宮庫吉である。庫吉は、「積極的な買収・合併・増資を行うとともに、経営合理化を進め、事業の拡大と安定を図る」という慎重さと果敢さを兼ね備えた経営者としての手腕を発揮し、戦後の混乱期を乗り切った。そして、ついには念願であったビール事業にまで打って出た。

　歴代の TaKaRa の経営者はさまざまな困難を克服し、逃してはならないチャンスの女神の前髪の何本かをしっかりと掴み、会社を成長させてきた。これは、ひとえに彼らが積極果敢な新分野事業への挑戦を行ってきた賜物である。それもただ古いものを捨て新たな分野へ乗り出すのではなく、既存の事業をしっかりと保ちつつ、その上に接ぎ木をするように新しい事業を作り上げていく。そして、この新分野への挑戦は、外部人材の積極的な登用や他企業・他機関との提携や合併・買収によって支えられている。新分野への挑戦とそれを支える外部人材とパートナーシップの活用、これが創業期から TaKaRa を支え、同じ京都伏見の地に生まれながら「成長と拡大」という点において、TaKaRa と他の伏見の酒造メーカーの違いを際立たせる原動力であったといえよう。ここでは詳しくは触れないが、清酒事業への再参入における灘の銘酒「松竹梅」買収も TaKaRa という大樹への接ぎ木のひとつである。

　TaKaRa にとっての乾坤一擲の新事業であったビール事業にはこのような

「新分野への挑戦とそれを支える外部人材とパートナーシップの活用」といういわゆる成功の方程式は存在したのだろうか。ビール事業は確かに果敢な挑戦であった。しかし、そこには他企業とのパートナーシップはなく、新式焼酎事業に乗り出したときの庫吉自身のような経営マネジメントレベルでの外部人材の登用も行なわれなかった。これだけを失敗の原因と結論づけるのは乱暴すぎるかもしれないが、TaKaRa の DNA ともいうべき「外部人材の登用と外部とのパートナーシップ」が存在していなかったことが、失敗のひとつの要因であったことは十分考えられるであろう。見方を変えれば、当時のビール業界は TaKaRa が求めるようなパートナーシップ作りや外部人材登用が困難な業界であったというべきかもしれないが、TaKaRa と同様に、1963（昭和38）年に社長佐治敬三の念願であったビール事業参入を果たしたサントリーは、アサヒビールの協力を得てアサヒビールの特約店を利用した販売網を構築した。また 1967（昭和42）年には NASA が開発したミクロ・フィルターを利用して加熱殺菌処理をしていない生ビール「サントリービール純生」によって市場に確固たる足掛かりを作ることができた。これはまさに、TaKaRa が得意としていた、そしてビール事業参入においてだけは実現できなかった「パートナーシップの活用」そのものである。

　しかし、その後のバイオ事業においては、TaKaRa の成功の方程式は存在していた。ビール事業の失敗から事業を建て直し、さらにバイオという新たな道筋をつけ、それを育てたのが大宮隆と久の親子である。隆は、既存の清酒、焼酎、みりんに経営資源を集中させ経営基盤の再構築を図るだけでなく、将来の成長への布石としてバイオへの投資も決意した。その後を継いだ久はTaKaRa のバイオを新しい次元に導くための人材として加藤郁之進を外部からスカウトするだけでなく、さまざまな企業や機関との提携を梃子に TaKaRaのバイオ事業を成長させ上場企業にまで育て上げた加藤をタカラバイオの社長に抜擢した。卯三郎が大宮庫吉を厚遇し新しい事業を託したように、大宮久も加藤に庫吉の影を見るかの如く彼を遇し、タカラバイオという TaKaRaにとって今後の核となる事業を託した。ここにも、TaKaRa の DNA ともい

える「新しい人材による接ぎ木」という成功例を見るべきであろう。

　京都には、「成長と拡大」よりも事業を維持し次代に引き継ぐことの方を重視している一部の老舗といわれる企業群が存在する。TaKaRa はそのような企業群には入らない。京セラやオムロン、さらには日本電産のような TaKaRa から見れば新興ともいえる企業群と同様に、TaKaRa は創業当時から「成長と拡大」を目指していた企業である。「成長と拡大」を実現するために、古いものの上に新しいものを接ぎ木するかのように、「新分野への挑戦とそれを支える外部人材とパートナーシップの活用」することを成功の方程式とし、紆余曲折はありながら、これまではなんとか「成長と拡大」を果たしてきた。そして、それをより確かなものにしようとして選択したのが次章で議論する「持株会社化」と、その元での分社化・多角化という戦略であった。

6　さらなる飛躍に向けて：マザービジネス接ぎ木型経営の確立

　加藤がリーダとなって開発したレトロネクチンは医療関係者だけでなく、株式市場の注目も集めた。1998（平成10）年には500円にも満たなかった株価は急騰し、2000（平成12）年1月には3,000円を越す最高値を記録した（図1）。

図1　宝ホールディングスの株価の推移

2001（平成13）年4月、TaKaRaは企業理念を改定した。"バイオの技術"を明文化し、「自然との調和を大切に、発酵やバイオの技術を通じて人間の健康的な暮らしと生き生きとした社会づくりに貢献します」と内外に宣言すると同時に、企業理念を具体化するための行動規範を「消費者のいきいきは、私のいきいき〜すべての行動は消費者の視点からスタートします〜」と制定。ユーザーオリエンテッドの姿勢を改めて打ち出した。

　その上で、2002（平成14）年4月1日、TaKaRaは会社組織を持株制に移行した。持株会社としての宝ホールディングスの下に、事業会社としての宝酒造とタカラバイオを置く体制を敷いたのである。この際にTaKaRaから発表されたニュースリリースからは、この体制改革が、酒類・食品・酒精というTaKaRaにとってのマザービジネスと時代の最先端をいくバイオビジネスでは、事業領域だけでなく、ビジネスの速度感が異なることをTaKaRaの経営陣が十分意識した上での決断であったことが明白に読み取れる。それぞれの事業環境の変化に迅速かつ適切に対応するとともに、お互いの依存を断って、さらなる発展を目指そうとした果敢な挑戦ともいえる持株会社化であった。さらに、2006（平成18）年9月7日、機能性食品の製品開発および販売を主な事業内容とする宝ホールディングス株式会社100％出資の新しい企業「宝ヘルスケア」を設立した。設立の目的は、宝酒造の機能性食品事業とタカラバイオの医食品バイオ分野の健康志向食品事業とのシナジーを最大化するためにグループ内の事業を再編し、TaKaRaグループの機能性食品事業の拡大を加速するとともに、宝酒造およびタカラバイオの各事業を一層強化しグループ全体の企業価値向上をめざそうとしたものである。また、これと同時に宝酒造は、飲料事業の既存商品の販売を中止し、飲料事業に投下してきた経営資源を国内酒類事業の収益力の向上と、成長する中食市場における調味料事業の拡大に投下することを決定した。

　タカラバイオの分社化に始まり、宝ホールディングスによる持株会社化、さらには宝ヘルスケアの設立にいたるここ数年の経営上の選択は、まさに21世紀のTaKaRaの持続的な成長を実現するための経営判断ともいえるも

のであった。しかし、図1からもわかるようにこのような一連のTaKaRaの経営判断を株式市場は評価していないように見える。株価だけが企業評価の基準ではないが、TaKaRaの挑戦的ともいえる経営上の取り組みが、なぜ株価に反映しないのか。それを考えることもTaKaRaのこれからを考える上で重要だと思われる。

　TaKaRaが成功の方程式としてきた「新分野への挑戦とそれを支える外部人材とパートナーシップの活用」という企業経営のあり方は、一見、今風の言葉でいうところの欧米流のグローバルスタンダードな経営形態そのもののようである。しかし、持株会社に移行する前のTaKaRaで行なわれていたのは、新分野への挑戦による事業の多角化においても、醸造技術をベースにしたマザービジネスともいえる事業分野を大事にしつつ、その上に新しい事業を積み上げていくというアプローチであった。これは、京都に存在する伝統に支えられた技術や芸術が、ただ伝統を頑なに踏襲しているわけではなく、時代の要請にこたえ、新しいものを取り入れ、それを同化しつつ自らを成長させてきたことにも通ずるものである。TaKaRaは事業多角化により、新しい市場を獲得すると同時に、マザービジネスである焼酎、みりんそして清酒という既存の醸造ビジネスにも新たな刺激を与え、「成長と拡大」を実現するという、まさに求心力重視の接ぎ木型のグループ経営を行ってきたのである。

　「分社化・持株会社化」という経営上の選択肢については、そのメリットとして、第1に、戦略と事業の分離ができること。第2に、子会社などのような形で独立採算の経営が行なわれるために、経営責任の明確化ができること。第3に、有力企業を合併でなく買収で持ち株会社の傘下に入れやすくなるので、人事など合併の際に生じる問題から開放され、経営組織改革が容易になること等が喧伝されている。特に、分社化のようなスピンオフによる新規事業展開は既存のビジネスと新規ビジネスのカニバリズムや事業環境の違いなどから生じる社内制度のさまざまな齟齬を解消するための最良の選択肢のひとつであるとされてきたが、これについては違った見方も存在する。オライリーIII世とタッシュマンは綿密なフィールド・スタディを行った結果、

表1　既存事業と新規事業の間での対立

特性	既存事業	新規事業
ストラテジック・インテント	コスト、利益	イノベーション、成長
重要なタスク	業務遂行能力、効率、漸新的イノベーション	適応力、新製品開発、抜本的イノベーション
コンピタンシー	業務効率	起業家精神
組織構造	形式的、機械的	適応的、自由奔放
評価指標・報酬	利幅、生産性	着実な達成、成長
組織文化	効率、低リスク、品質、顧客	リスク・テンキング、実験、スピード、柔軟性
リーダーシップ	権威的、トップダウン	ビジョナリー、全員参加型

スピンオフあるいは分社化された新規事業のほとんどが失敗に終わっていたことを提示している。スピンオフや分社化でしばしば問題になるのは、新規事業と既存事業の組織が完全に分断されることによる、コミュニケーションの断絶や反目である。すなわち表1に示すように、既存ビジネスには利益率向上のために生産性や業務効率性が求められるのに対し、新規事業にはチャレンジや自由度が認められる。目的の違うこのような2つの組織の間に共通のビジョンや価値観を形成していくのは難しいというのが、彼らの主張である。彼らは、その上で、このような問題を解決するためには、トップマネジメントの卓越したビジョンやリーダシップのもとで新規事業と既存組織を独立させながら従来の管理構造のもとに置くという「双面型：ambidextrous」と名づけた組織やマネジメントの重要性を指摘している。このような「双面型：ambidextrous」なマネジメントを採用した場合には、9割以上の割合で、既存ビジネスのより高収益化と新規事業の成功を同時に達成するブレークスルーが生まれてきていたと述べている。このような「双面型」と呼ばれるマネジメントの概念は、これまでのTaKaRaが、そしていくつかの京都型企業と呼ばれている企業が採用している接ぎ木型のスピンインによる新規事業マネジメントにも通じるもののように見える。

　持株会社化したTaKaRaにおける経営形態がスピンオフ型になってしまっ

ているかどうか、そこで、表1に示すような既存事業と新規事業との間のジレンマが顕在化しているかどうかを、外部から窺がうことは難しいが、このあたりも株式市場に何らかの予断を与えていると見ることもできよう。だとすれば、逆に TaKaRa の特質とも言える接ぎ木型の多角化経営を明確に意識するとともに、それを広く世の中に宣言することも必要ではないかと思われる。この中に、TaKaRa の次への「成長と拡大」につながる道が隠されているようにも思われる。すなわち 21 世紀に入って TaKaRa が選択したタカラバイオの分社化から宝ホールディングスへの移行、さらには宝ヘルスケアの設立という一見、欧米流のスピンオフ型の多角化ともとられかねない経営戦略の中に、TaKaRa の DNA である「接ぎ木流のスピンイン経営」を株式市場にも見える形で組み込むこと。そこに、TaKaRa を構成する持株会社や各事業会社の一体感を高め、真の意味でのシナジー効果を発揮し、次の成長につながる鍵があるのではないか。

　2008（平成20）年5月13日、TaKaRa は 2011（平成23）年までの3カ年の新たな経営計画「TaKaRa グループ 第7次中期経営計画」を策定した。この TaKaRa グループ 第7次中期経営計画の中では、「食の安全・安心や健康志向の高まり、環境問題の進展や、急速に進む原材料価格の高騰へ対応するとともに、成長事業の育成を一層加速し、バイオテクノロジーを利用した革新的な遺伝子治療、細胞医療での貢献を実現する」ため、「グループ各社の独自性と自立性を尊重し、それぞれが最大限の成果を求めていくこと、そして、シナジーを追求することで、TaKaRa グループ全体の企業価値向上を目指してまいります」と宣言している。キーワードとして出てくるのは、「独自性と自主性の尊重」そして「シナジーの追求」であるが、この相反するキーワードをどのように実現するかという点についての言及は、ほとんどされていない。この新たな経営計画を見る限りにおいて、TaKaRa はマザービジネスである宝酒造と、新規事業であるタカラバイオと宝ヘルスケアを完全に独立した企業としてオペレーションしようとしている。しかし、ここには、接

ぎ木型の経営の姿はまだ見えていない。

●本ケースの論点

論点1

TaKaRa は、創業以来、自らの事業形態を積極的に革新してきた企業である。明治から大正時代にかけての焼酎事業における日本酒精との提携、昭和に入って行なった清酒事業強化のための松竹梅の買収そして、バイオ事業・ヘルスケア事業における数々の提携や M&A といった事業活動は TaKaRa の革新性を特徴づけるものであるといえよう。事業提携や M&A にはいろいろなタイプがあるといわれている[1]。

TaKaRa がこれまでに時代やビジネス環境の変化に対応するために行なってきたいくつかの事業提携や M&A の内容を調査・分析し、それらが経営学でいう分類のどれに相当するのかを考察してください。また、マザービジネスといわれる醸造系のビジネスとバイオ・ヘルスケア系のビジネスでは、提携や M&A に違いがあるのかについて議論してください。

論点2

一般に、既存事業と新規事業の間には本文中の表1に示すような対立が存在するといわれている。TaKaRa における新規事業といえるバイオ、ヘルスケアそして既存事業に相当する醸造ビジネスの間にもこのような対立が存在するかもしれない。TaKaRa における新規事業と既存事業にはどのような対

---

[1] 例えば、J. バーニー著の『企業戦略論』では提携のタイプとして以下の3つをあげている。①規模の経済を指向する対照型提携と、②低コストでの新規市場参入や競合からの学習を目的とする非対称型提携、③不確実性への対処やリスク管理とコスト分担を意図した混合型提携。

また、買収に関しても米連邦取引委員会（FTC）によるいかのような分類がある。①垂直型合併：供給者や顧客を合併、②水平型合併：競合企業を合併、③製品拡張型合併：M&A によって既存製品を補完する製品ラインを獲得、④市場拡張型合併：M&A によって新たな市場を獲得、⑤コングリマリット型合併：ビディング企業とターゲット企業の間の戦略的関連性なし。

立関係を想定しうるのか、そしてそれらを解消するにはどのようなマネジメント上の対策を考えなければならないのかを考察してください。

【参考文献】

C．A．オライリーⅢ・M．L．タッシュマン（2004）「『双面型』組織の構築」『ハーバード・ビジネス・レビュー』12月号、ダイヤモンド社。

宝ホールディングス株式会社（2006）『宝ホールディングス80周年記念誌』宝ホールディングス株式会社。

『大宮庫吉小伝』宇和島市立歴史資料館。

「たどり来し道」大宮隆インタビュー『京都新聞』1994年5月連載記事。

「日本酒精と大宮庫吉」http://tack7.hp.infoseek.co.jp/nenpyou/oomiya.html

「TaKaRaの歩み」http://www.takara.co.jp/company/history/index.html

第6章

島津製作所
科学に基づく市場の創造の事業戦略

芳賀博英

1 はじめに

京都の交通の要所のひとつである四条大宮から洛西の景勝の地である嵐山までを、京福電鉄[1]という私鉄が結んでいる[2]。四条大宮から西に5分ぐらい走ると、古都京都の風情にはあまり似つかわしくない工場群が、線路の右側に突然現れる。そのとき、嵐電の車内アナウンスが「西大路三条、島津製作所前です」と告げると、乗り合わせた観光客の中から時として「あのノーベル賞をもらった人がいる会社」というささやきが聞こえる。本ケースはこの島津製作所を取り上げる。

2 概要

島津製作所（以下島津と略称する）は、1875（明治8）年に京都市上京区（現在は中京区）木屋町二条に、理化学機器の製造販売会社として発足した。現在(2008年3月)は創業130年を超え、京都を代表する企業となっている。2007年現在で資本金約266億円、グループ従業員総数約9,000名となっている。島津は、計測機器事業、医用機器事業、航空・産業機器事業などを手がけ、とりわけ21世紀の成長分野であるライフサイエンス、環境、半導体・フラットパネルディスプレイ関連分野などに注力している。2008（平成

---

1) 通称を嵐電（らんでん）という
2) 始発駅から終点まで約20分という短い旅である。

20）年3月期第3四半期の連結業績では、売り上げ2,045億円（対前年度比13.7%増）、営業利益177億円（同16.1%増）、経常利益148億円（同17.6%増）（利益率約7%）と、堅調な業績となっている。

3　沿革

島津は1875（明治8）年に、京都市上京区木屋町二条で理化学機器の製造を始めた。この木屋町二条というのは、その当時の京都における科学技術の導入と振興の中心であった舎密局勧業工場（後に旧制第三高等学校から京都大学）のすぐ傍であった。創立者は（初代）島津源蔵である。

事業を始めた源蔵は、足繁くすぐ傍の舎密局に通い、その当時の最先端技術に触れることになった。その中でも1878（明治11）年に舎密局に着任したドイツ人技師のゴットフリート・ワグネルの存在は大きかった。源蔵はワグネルに大きな影響を受け、理化学機器への関心を深めていくことになる。源蔵はワグネルの指導を受けて、彼の実験に用いられる各種の機器類の製作・修理を行った。またワグネルも源蔵の技量と進取の気風を愛し、熱心に指導したといわれている。源蔵が創業した当初は民間セクターの理化学機器の需要などは微々たるもので、実際仕事のほとんどは舎密局の輸入機器の製作・修理であったということである。そういう点から考えると、舎密局の存在は創業当時の島津にとって、欠くことのできない存在であった。

その後源蔵は着実に理化学機器製造企業としての地歩を築いてゆき、1881（明治14）年ごろになると、ようやく事業も軌道に乗り始めた。そして翌1882（明治15）年には110点におよぶ機器を掲載した「理化学器械目録」を発行するまでに業務が拡大した。こうして創業期の島津を牽引した源蔵であるが、1894（明治29）年に他界した。

源蔵が他界したあとを継いだのが源蔵の長男梅治郎である。梅治郎は事業の継承と同時に名前も初代と同じ源蔵に改名し、2代目島津源蔵となった。2代目源蔵は初代源蔵に勝るとも劣らない才の持ち主であり、次々に新しい分野に挑戦し、現在の島津製作所および島津グループの原型を作り上げたと

いわれている。例えば2代目源蔵[3]は、1895（明治28）年に、人体生理模型や動植物・鉱物標本などを扱う標本部を島津の中に新設した[4]。これは従来の理化学機器製造とは一見まったく異なる分野であるが、理化学教育の現場である学校での人体模型などのニーズを受けたものである。さらにもうひとつの大きな出来事は、1896（明治29）年のX線写真の撮影の成功である[5]。このX線写真は、舎密局の後継である旧制第三高等学校（現・京都大学）の村岡教授の指導で行われた。村岡教授は源蔵に装置の製造を依頼し、技術指導も行った。これが後に島津の事業のひとつの柱となる医療機器事業の嚆矢であった。この実験の成功を基礎として、さらに改良を加え、1909（明治42）年に国産初のX線装置を完成し陸軍病院に納入した。その後1911（明治44）年には日本赤十字大津病院への納入などが続き、事業の基盤が徐々に確立していった。

　一方理化学機器の分野では、1897（明治30）年に京都帝国大学が設立されたことにより、大学での理化学教育ならびに研究用に多くの機器が島津に発注された。これらの製品の製作に供するために、新しく河原町工場を建設した。またこれらの製造設備の拡充と同時に、新たな市場開拓を目的として、東京、大阪、福岡などに支店・出張所・販売店を開設し、全国的な販売網を確立していった。また源蔵は1895（明治28）年に初めて蓄電池を製作に着手し、2年後に京都大学に試作品を納入した。その後1908（明治41）年に標準型蓄電池の生産を開始した。製品の名称は「島津源蔵」の頭文字を取り「GS蓄電池」と称した。この後、蓄電池事業は順調に進展し、1917（大正6年）年に源蔵は島津の一事業分野であった蓄電池の製造を専門とする会社を設立した。これが今日のジーエス・ユアサコーポレーションに続いている。

---

3) これ以降、特に言及しない場合は、「源蔵」という固有名詞は、すべて2代目源蔵を指す。
4) この事業は、その後島津マネキンという別会社になり、現在の株式会社七彩につながっている。
5) W. Röntgen によるX線の発見と論文の発表が、前年の1895（明治28）年であるから、この成功は世界的に見ても最も早い部類に属する。

このような進展を見せてきた島津製作所は、企業規模の増大に伴う組織管理、また多方面の分野でのさらなる進展を目指して、1917（大正6）年に株式会社に改組することを行なった。発足当時の資本金は200万円、総従業員数358人となっている。

　昭和に入り、国の軍事国家への体制変化にともない、徐々に島津にも軍時体制の影響が及んでくるようになる。島津の主要製品は、ごく一部のものを除き、いずれも軍需品に直結するものであった。例えばレンズに代表される光学機器、照準装置、航空機用の各種部品など、軍事に不可欠な製品を多々持っていた。そのため、島津は1938（昭和13）年ごろから相次いで旧日本陸海軍の管理工場に指定された。そして1941（昭和16）年に勃発した太平洋戦争の開戦にともない、必然的に急速に軍需工場化していった。軍需生産の伸びもあって、最終的に敗戦時には総従業員数13,000人余を数えるまでになった。

　1945（昭和20）年8月の敗戦と同時に島津ではごく少数の特命者を除いて、全従業員の出勤を停止した。そして約1カ月後、全従業員に退職願の提出を求めた。そして10月に約3,000名の従業員を再雇用という形で採用し、業務を再開した。しかし戦後の混乱期であり、何を作れば良いのか、どう売っていけば良いのか、という大きな問題を抱えていた。さらに一端再開した生産も、世の趨勢からやむなく閉鎖の憂き目を見た工場もあった。しかしこの混乱した世情の中でも、島津はそれまでの蓄積をもとにして、積極的に新製品を開発していったことは、注目に値する。中でも1947（昭和22）年の商用電子顕微鏡の開発は特筆に値する。また伝統の医療機器とりわけX線撮影装置は、活発な戦災復興需要のもと、大きく生産量を伸ばしていった。さらに1946（昭和21）年に政府の重要工場指定を受けたことによって、産業用機器の生産が伸びていった。こうして島津は戦中の軍需体制から、急速に民需体制へのシフトをおこなっていった。

　その後1950（昭和25）年あたりから始まった復興期、朝鮮戦争特需とその後の不況を乗り越えてゆき、徐々に生産・販売の体制の強化が進んでいっ

た。また昭和30年代に始まる高度経済成長期には積極的に外国技術を導入していった。この時期に導入が始まった外国技術を核として、おりしも始まった重化学工業を中心とした旺盛な産業需要に呼応して、新たな製品分野が急速に広がっていくことになった。その後昭和40年代後半の不況、昭和60年前後のプラザ合意に端を発した円高不況などで、一時的な業績悪化もあるが、その都度組織再編と合理化等の体質改善をほどこして、決定的な破綻を迎えることなく現在に至っている。2007（平成20）年3月期第3四半期の連結営業成績は売上高約2,000億円、経常利益約150億円を上げている。

4 事業の特徴

4.1 Professional to Professional

　島津の製品群を見てすぐに分かることは、その製品の大部分がいわゆる「プロフェッショナル・ユース」という分類に入ることである。主力セグメントである分析・計測機器、産業関連機器、医用機器、バイオ機器などは、いずれも純粋の意味でのエンドユーザー向け機器ではない。一時期は光触媒の技術を応用した脱臭装置や空気清浄機などのエンドユーザー向け商品も作っていたが、現在はすべて関連会社に移管されている。従って島津の製品は、売る側も使う側のユーザーも、その分野でのプロフェッショナルである。プロフェッショナル・ユーザーの興味の第1はその性能であり、機能であることを意味している。蓄積された技術力やノウハウから、島津はこの面では大きなアドバンスを持っていた。つまり各製品はハイレベルの機能・性能を誇り、またエンジニアもその性能を第1に考えるという傾向が島津の「DNA」のひとつであった。

　このことは、島津が京都発の企業であることとあながち無関係とはいえないかもしれない。京都は千年の王城の地であり、都が置かれ帝・貴族の館が建ち並んでいた。貴族とは美の鑑賞者であり、評価者であり、職人達のスポンサーであった。彼らの目は肥え、また常に最高のものを求めるという意識があった。今風にいうと、京都の職人は常に彼らに最高の仕事を要求する最

も厳しい顧客であるリード・ユーザーを抱えていた。従って職人達は常に最高の品質をめざして技を競い合った。その結果いわゆる職人気質と呼ばれる気質が育ち、最高のものをつくることが善であるという気風、分かる人間にさえ理解してもらえれば分からない人間は相手にしないという、ある意味でやや商売っ気が薄い気風を生み出した。また「良いものを作れば勝手に売れる」という気風も生みだし、それが一時期の島津の社内気風になっていたことも否めない。

　しかし、昨今のマイクロエレクトロニクスの進歩が状況を変えつつある。従来ならば使用するのに高度な専門知識や職人的な技（わざ）が必要であったものが、マイクロプロセッサを利用することによって、ほぼ自動的にパラメータや手順が調整できるようになってきた。その結果、高度な専門知識や技量の持ち主でなくても、必要なデータが入手できるようになってきた。むろんまったくの素人では使えないが、それでも以前のユーザーに比べるとスキル・知識の低いユーザーでも使用できるようになってきている。そうなると課題となるのは、これらの機器を購入する動機である。従来のように、単に性能・機能が優れているというだけではなく、使いやすさやデザインなどの、いわば副次的な要素が製品の売れ行きを決める重要なファクタとなる。つまり性能・機能よりは第1に使いやすさ、さらにはデザインが、機器導入の大きなファクタになってきた。従って従来の島津に特徴的な企業カラーである「良いものを作れば必ず売れる」という、ある種職人気質、あるいは技術至上主義のカラーが通じなくなり始めているといえる。

　そこで必要となるのが、マーケットのセグメント化と、より詳細なマーケティングである。つまり個々のユーザーのニーズを的確にとらえて、それに合致した製品をタイミングよくマーケットに送り出すことが必要になる。マーケットがセグメント化すると、必然的にひとつひとつのマーケットのサイズは小さくなる。従って相対的に小さなマーケットにおいて、どのようなモデルで利益を出すか？　単に大量生産型のビジネスモデルは適合しない。マーケットの変化のスピードも、小さなマーケットであれば速い。その点で

島津は、これまでそういった意味での「本当のマーケティング」は行なってこなかった[6]ともいえるかもしれない。また各セグメントに応じた製品を出す必要があるため、多品種少量生産を支える体制の確立が必要である。このあたりが今後の島津のひとつの大きな課題である。

4.2 マーケットの創造

島津の事業のもうひとつの特徴として、「マーケットの創造」が挙げられる。そしてその始まりはレントゲン装置にあった。

先に沿革にも述べたように、島津は日本で最初に（そして世界的に見てもかなり早い時期に）レントゲン装置を開発した。その当時、レントゲン（X線）は物理学の最先端の知識であり、装置を作ってもそれを使える人材がいなかった。つまり製品はできたがそれを使いこなせる人材、いい換えればマーケットが存在しなかった。そこで島津が行なったのは、自社の装置を使うことのできる人材の育成であった。これはある意味で必然であった。そして具体的には以下のことを行なってきた。

①レントゲン講習会（大正10年）。
②レントゲン祭（大正13年、これは現在まで連綿と続いている）。
③レントゲン技師養成施設（昭和2年、これはレントゲン技術専修学校、京都放射線技術専門学校、京都医療技術短期大学を経て、2007（平成19）年に京都医療科学大学へと発展）。

特に①と③は注目に値する。講習会発足当時、国による組織だったレントゲン技術者養成のプログラムはなく、島津が講習会や各種の施設の運営を始めると、日赤などの各種の病院や当時の鉄道省、陸海軍等の組織からも参加者が相次いだ。島津のレントゲン関連の技術のレベルは高く、その後の種々

---

[6] 2008年3月に実施したインタビューでの談話より。

の同種の講習会や養成コースの標準的なプログラムが、島津の養成コースのプログラムをもとにして確立されていった。このことは、レントゲン装置のマーケットという、その当時には存在しなかった、あるいは規模の小さいマーケットを、製品を販売している会社が創っていったともいえる。

　この思想は現在でも受け継がれている。島津が扱っている製品の多くは「売り切り」、つまり製品を納入すればそれでおしまいというものではなく、多くのノウハウや使い方に関する情報の交換、そして利用者の教育・講習が不可欠な製品である。従って現在でも社外の人間を対象とした各種の講習会や情報交換会が開催されている。このことは社内の技術者にとってみれば、ユーザーのニーズがどのあたりにあるのか、ということを知るチャンスととらえることもできる。またこれらのユーザーニーズから、新たな製品が生まれることもある。

　ただしレントゲン装置の開発・販売において講習会が果たした役割ほどの大きな役割をこれらの講習会が果たすかどうか、ということについては、少なからず疑問が残る。レントゲン装置の場合には、まず当時の日本では西欧各国の科学・技術の流入口が極めて限られていたことがある。島津の場合には技術の流入口は何度も言及している舎密局である。その限られたチャネルから情報を得て、それを消化し製品に展開することによって、ある種の創業者利益を得ることができた。またその当時の科学技術は現在のような「巨大科学」ではない。経済規模も違い、機器に対するニーズも桁違いに小さい。従って職人的な「技」を駆使することにより、ある程度の確率で「日本初」の栄誉を得ることができた時代である。しかし現代では多くのチャンネルから、さまざまな情報がまさに洪水のように流れてくる。従ってレントゲン装置開発時ほどは、情報の「独占」を実現することは難しい。新しい技術の「賞味期限」にしても、レントゲンの時代に比すと極めて短くなっている。その上、多くの科学技術はプロトタイプのレベルはまだしも、量産製品となると多額の資本投下が必要になるのが普通である。またレントゲン装置開発の時期には、「同業他社」はほとんど存在しなかったが、現在では多くの同業他

社がしのぎを削っている。そういう状況では情報の独占はほとんど不可能である。そういう点から、レントゲン装置の黎明期に果たしたほどの効果を期待することはできない。従って今後はどういう形でこの「マーケットの創造」というDNAを継承していくかが課題となろう。

5　京都企業としてのDNA
5.1 島津における京都という地の利の意味、京都発である必然性

　冒頭で述べた島津の沿革を読むと、島津発足の当時に舎密局が果たした役割は極めて大きいことが分かる。初代源蔵が業務を始めたときの仕事の多くは舎密局関連の仕事であった。また、その後も顧客として、あるいは技術の導入・指導元として、舎密局の果たした役割は極めて大きい。そういう意味で、創業当時は京都であることが非常に大きな意味を持っていた。当時の京都は幕末動乱の戦禍と明治維新による東京遷都によって、急速に住民の意欲が下がってきた。しかしこのことを憂えた明治帝は皇室下賜金を下げ渡した。また明治新政府も京都の地盤沈下には心を砕き、各種の施策を行なった。その中で最も効果が大きかったもののひとつが先に述べた舎密局の設立である。これは東京に設立された工部省とともに、近代科学技術の導入の拠点であった。島津はその拠点のすぐ傍に店を構え、足繁く舎密局に通うことによって最先端技術を導入することができた。従って舎密局は重要な最先端技術の情報拠点であった。また同時に舎密局は最も重要なリード・ユーザーでもあった。リード・ユーザーがしばしばメーカーの技術を大きく育てることは、半導体産業における裾野産業の発展を見ても分かる。そういう点からして、まさに創業当時の島津にとって、京都の地はまさに最適な場所のひとつであった。リード・ユーザーとは市場の最先端に位置しているユーザーであり、リード・ユーザーが経験していることは、後になってから市場に参入する他のユーザーの多くが経験することである[7]。従ってリード・ユーザーのニーズに応え

---

7)　ヒッペル（2006）。

てゆくことは、必然的に市場のマスのニーズの先取りをしていることになる。例えば京都大学（三高）の要請で製作・納入した蓄電池は、その直後の日露戦争の勃発と同時に、陸海軍の関係者の注目を集める[8]ことになり、島津は大量の発注を受けた。このときまでにすでに島津は京大の要請で、大容量化・高性能化の技術を蓄積しており、軍の厳しい要求にも即座に対処することができた。軍事技術はコスト度外視で極限的な性能を要求する場合が多い。厳しいリード・ユーザーである京大の要求にこたえていくプロセスの中で、島津の中にぶ厚い極限技術の蓄積がなされていたといってもよい。これは京都の企業のひとつのDNAと呼べるかもしれない。4.1にも述べたように、京都は昔からリード・ユーザーが集まっていた街であり、そこで生き残るためには、最高の技術を磨く必要があった。そのDNAが島津にも脈打っていると考えられる。その点で一般大衆を相手にしている仕事とは違うという意味で、松下電器や三洋などに代表される他の関西系企業とは違う、いかにも京都らしい企業といえる。

　さらにもうひとつ、島津が京都でスタートしたことの意義がある。島津は現在に至るも旧財閥系のバックグラウンドを持たない企業である。このことは、同じ先端科学技術導入のための施設が置かれた東京においては大いに不利になることである。産業が勃興する時期においては、未熟な民間産業を振興するために、政府は種々の施策を打ち出す。もちろん明治日本も例外ではない。しかしこれらの政府の施策に乗るためには、政府との強いコネクションが必要である。この点で、島津は三井、三菱、住友などに比して、大きな不利を持っている。こういうとやや奇異に感じる人もいるかもしれない。「島津」といえばまず思い浮かぶのは薩摩藩主の島津一族である。そして明治新政府は薩摩・長州を中心とした藩閥政府である。そうなると有利なのでは、と思えるが、実は島津製作所の「島津」は、島津一族の「島津」ではない。

---

[8] 日露戦争の勝敗を決したといわれている日本海海戦において、対馬沖でロシアのバルチック艦隊を発見して、連合艦隊旗艦三笠に「敵艦隊見ユ」の通報を送信した信濃丸には、島津の蓄電池が使われていたといわれる。

むろん薩摩の島津氏と無関連ではないが島津一族の出ではない。そういう点で必ずしも新政府の懐に深く食い込むということはできなかった可能性がある。島津が東京で創業していれば、おそらく三井・三菱・住友などの財閥との競争に疲弊し、大きくなることは難しかったであろう。その点でも初代源蔵が京都で創業したことは、ある種、逆説的な意味で大きな地の利を得たことになる。

　ただしこの利点は、その後の島津の弱点ともなった。政治の中心である東京が徐々に経済・産業・情報を引きつけ、その結果多くの産業が東京および首都圏に集中した。これによって、関東地域に大きな活動拠点を持たない島津は不利であることは明らかである。また財閥系の企業でないことも、近年では課題のひとつとなっている。例えば高額の機器[9]を顧客が購入する場合、グループ企業に金融関連の企業がある場合には、導入経費の工面を含めてグループとしての営業活動ができる。しかし島津はそういうグループ企業が存在しないため、どうしても営業面で不利になることは否めない。例えば医療機器であれば、現在世界の巨人として GE（General Electric）があるが、GE には GE キャピタルという巨大金融企業がある。そして GE の機器を導入するにあたって、GE キャピタルが顧客に購入資金の面倒を見るというサービスが可能である。これらの観点を考えると、島津として京都発であることは多いに意義があったが、それが現在の企業活動にどれくらいメリットがあるかということについては、必ずしも明確な意味を見出せない。京都は国内外の多くの観光客を魅了する国際観光都市である。そのことが、特に外国の顧客に対して大きなアピール力になることは間違いない。しかしそれだけで商売が成立するような「甘い」世界でないことも明らかである。今後は「京都発・京都地元」の企業活動をどう組み立て行くか、それを注意深く見守る必要がある。

---

[9]　例えば医療機器の場合には、価格が億単位になることも、さほど珍しいことではない。

5.2 他企業への島津の影響力

　島津は近代科学技術を基盤とする京都発の企業としては最初期に発足した企業のひとつである。1875（明治8）年に創業している。むろん京都にはこれ以前に創業している企業が多々あるが、いわゆる近代科学技術に立脚した企業としては、最も早い時期に創業した企業のひとつであることは間違いない。その意味で島津には「お手本」となる企業がなかった。逆にむしろ島津がお手本とされる立場であったといえる。いわば常にトップランナーとして疾走していた。また島津の中にも先覚者としての自覚が根強く残っている。これはひとつには2代目源蔵のキャラクターも影響しているであろう。2代目は常に先端を走り、お手本のない世界を切り開いてきたという点でまさに島津そのものであった。その2代目源蔵のキャラクターを色濃く受け継ぎ、今の島津の技術者も独立独歩の気風が強い。それが時には良い面に出、また時には悪い面にも出る。良い意味でも悪い意味でも、島津はフロンティア精神にあふれた企業風土であるといえる。

5.3 サイエンス型企業としての島津の特質

　現在はサイエンス的知見が、これまでの「長期的に蓄積される社会的資本財（ストック財）」から、「短期的に消費される消費財（フロー財）」に変質していっているということがいえる。この場合、サイエンス的知見をいかに活用できるかのひとつのポイントは、フローの速度と太さ、つまり流れてくる情報の鮮度と量である。従来のストック財としてのサイエンス的知見の活用の場合には、この速度と太さは地理的な影響が比較的少なかった。しかし現在のようにサイエンス的知見がフロー財となっている状況では、速度と太さは本質的であり、これがポジティブ・フィードバック（大量の情報の流通・活用可能性が、さらなる情報の集積を促す）を起こす。このサイエンス的知見の特性の変化に対応できる体制作りが、島津に必要なひとつの方策であろう。それは島津の扱っている商品全般が、基礎科学に大きく立脚しているからである。

「サイエンス・リンケージ（science linkage）」という用語がある。サイエンス・リンケージとは、一般的には「基礎研究と産業の結びつきを示す指標」という意味で使われるが、ここではさらに広い意味にとって、科学技術の最先端と商品を深く結びつけることと定義する。島津が扱っている製品分野は、主力商品である分析装置にしろ、医療関連機器にしろ、航空産業にしろ、いずれも最先端の科学技術と密接な関係を持っている。科学技術の新しい知見が新製品に密接に関連している。そのひとつの典型的な例が、島津といえば必ず話題に上る田中耕一氏（以下敬称略）のノーベル賞受賞である。田中の受賞業績は、タンパク質などの高分子化合物（分子量の多い、つまり「重たい」化合物）をイオン状態にする技術である。イオン化すれば、そこから核磁気共鳴（Nuclear Magnetic Resonance: NMR）などの技法を使って、構造の同定や解析を行うことができる。この技術の内容は、分光化学あるいは質量分析化学の最先端の知見である。これに代表される最先端の科学的知見を製品に結実することが、島津の今後を左右する。

　自動車メーカーがなぜF1レースに参戦するのか？　F1レースというのは自動車あるいはそれを構成するパーツの限界を競う活動である。市販車にその技術が直接活かされることは必ずしも多くはない。しかしそれでも自動車メーカーは参戦を続けている。それもばく大な経費をかけてである。それは広告効果という面も否定できないが、極限における知見の獲得がひとつの目的であると思われる。極限における知見は、科学的な裏づけが必要である。より早い車を作る、より強い材料を作る。そのためには流体力学や材料科学などの物理学に代表されるサイエンスが不可欠である。そしてそこで蓄積された知見は、やがてサイエンス（科学）がテクノロジー（技術）になりスキル（技芸）になることによって、日々の生活の中にフィードバックされていく。自動車などの産業は、サイエンス（科学）とテクノロジー（技術）の間の距離が比較的遠いが、この距離の近い産業がいわゆる「サイエンス型産業」と呼ばれる産業群である。例えば半導体産業、バイオ・医療産業がその代表といえる。そして島津が事業の中心としている計測・分析分野などもサイエ

ンス型産業である。測定・計測・分析のためには、新しい科学的知見が不可欠である。新しい科学的知見が新しい測定手法を生み出し、新しい分析手法を生む。ただし科学的知見だけでは産業にならない。科学的知見を制御し統制して、所望の結果を得る、また均質に高品質の商品を継続的に生産してゆく技法を開発する、これが技術の役割である。アインシュタインが相対論を発表し $E=mc^2$ の式により、物質とエネルギーの相互変換の可能性を示してから、実際のモノに結実する[10]までに約30年の時間がかかっている。それは科学が技術に消化(あるいは昇華)されるために必要な時間であった。しかし現在の産業界はそれだけの時間を待ってはくれない。半導体産業、バイオ・医療産業ではサイエンスの知見がすぐにテクノロジーに消化される。そしてサイエンス型産業の最も重要な特徴のひとつが、島津が元来DNAとして持っていたはずの「新しいマーケットの創造」である。サイエンスの知見はそれまでにない知見であり、それだけに新しいマーケットを作るパワーを持っている。田中の研究(タンパク質のイオン化のためのソフトレーザ脱離法)も、新しい計測・分析機器を生み出し、バイオ・医療系の研究に新しい分野を生み出し、その結果そのための製品のマーケットを創り出した。先の沿革のところでも述べたように、島津は元来サイエンス型産業としてのDNAを持っていた。源蔵はレントゲン博士のサイエンス的知見に基づきX線装置を開発した。また蓄電池を国産化することによって、従来の海外から輸入された製品に頼っていたマーケットのリプレースだけでなく、蓄電池を用いたイルミネーションなどの応用、それに伴う新しいマーケットを創造した。また日本で初めてCTを製作したのも島津である。これらはいずれも高度なサイエンス的知見に基づいて、それを技術に消化(昇華)した結果である。これらのことを考えると、今後の島津はサイエンスとのリンケージをさらに深め、既存のマーケットを奪うのではなく、新たなサイエンス的知見に

---

10) それが原爆という悲劇的な結果になってしまったことは、一人の日本人として痛恨の極みである。

基づいた新しいマーケットを作り上げていくことこそ、次世代の島津に求められるアクションのひとつであると考える。

5.4 島津の今後

京都には大きな企業が少ない。特に島津の製品の顧客となる先端科学技術をベースとする大企業が少ない。むろんオムロン、京セラ、ローム、村田製作所、村田機械、あるいは任天堂など、日本や世界に名の知られた企業は存在するが、やはり関東圏に比べると、顧客の少なさは否めない。また島津はその会社規模に対して、扱っている製品のバリエーションが極めて広い。それこそ飛行機[11]から天びん秤まで作っている。このことは選択と集中という、昨今の企業の中心的な経営方針からはやや逸脱している。しかし島津は現在のところ、選択と集中の経営に大きく舵を切ってはいないように思える。例えば、2008（平成 20）年度 3 月期の決算短信によれば、全社の売上高に占める各事業分野（セグメント）の比率は、計測機器が 57％、医療機器が 19％、航空・産業機器が 22％、その他が 2％となっている。一方利益はセグメントごとに 76％、6％、12％、6％となっており、明らかに利益の大部分を計測機器セグメントが出している。一方で従業員比率を見ると、計測機器が約 59％であるのに対して、医療機器は 19％、航空・産業機器分野は 14％である[12]。島津の伝統ともいえる医療機器分野は、売り上げこそ約 20％を確保しているが、利益では 6％しか貢献していない。つまり従業員比率に対して、利益は約 1/3 ほどしか貢献していないことになる[13]。また医療機器を取り巻く事業環境を見ても、GE（米国）、フィリップス（オランダ）、シーメンス（ドイツ）などの国際的超大企業との競争にさらされている。最近は MRI 等の

---

11) 正確にいうと、航空機のパーツおよび関連機器であり、航空機そのものを作っている訳ではない。
12) この比率は、島津の有価証券報告書のうちの「145 期半期報告書」のデータから、間接要員と思われる数を除いた値で計算した。
13) 平成 20 年度決算短期資料より計算した。

画像診断装置は、これらの外国メーカーからの輸入の比率が上がっている[14]。こういう厳しい経営環境と業績を考えるならば、常識的に考えて、例えば医療機器分野は整理する必要があると思われる。しかし島津は切っていない。なぜ切れないのか？　むろん島津もバブル崩壊後の不況乗り切りなどのために、いくつかの事業を整理した。この過程でしばしば現在の島津の幹部の口から出るのは、先代社長である矢嶋英敏氏（現会長、以下敬称略）の名である。矢嶋は、歴代社長とはかなり毛色の変わった経歴の持ち主である。そのひとつがいわゆる「生え抜き」でない、つまり途中入社の人物であるというところ、さらに矢嶋は島津の本城ともいえる分析機器の事業部出身ではなく、航空機関係の事業部の出身であることである[15]。この矢嶋の社長就任とともに、島津は事業の整理に着手した。事業を切り分け、ある領域の事業は放擲した。例えば医療機器分野であれば、CT（コンピュータ断層診断）については、現在は基本的には自社で開発することはしていない。現在は競合他社からのOEMによって製品を販売している。一方PET（ポジトロン断層法：Positron Emission Tomography）については、島津は部厚い技術の蓄積を誇っており、逆にOEMとして他社に提供している。これによって、経営資源の集中を行なっている。また他社の技術を取り入れることも徐々に行なってきている。従来のようにすべての技術を自社の中で蓄積するということは、現在の進歩した科学技術の状況では、島津程度の規模および製品領域の企業では極めて困難である。従って必要とあれば、島津の伝統すらも場合によっては断たなければならないかもしれないし、自前主義を捨てて外部の知恵を大いに利用することが必要である。そしてコア・コンピタンスに経営資源を集中することが常道である。島津の歴史を考えるならば、例えば医療機器分野を切ることはできないのかもしれない。確かに医療機器は、島津が

---

14)　JETRO ジャパニーズマーケットレポート（2004）『JMR』「日本の医療機器市場調査」No.69、8月より。
15)　矢嶋は島津入社前には、国産旅客機のYS-11を製造していた日本航空機製造株式会社に所属していた。

今後の事業の柱としようとしているライフサイエンスに関連する事業である。しかし現実の事業構造を考えるならば、非情の決断、つまり医療機器事業を捨て去るという決断が必要になるときが、そう遠くない未来に巡ってくるかもしれない。歴史と伝統、会社としてのアイデンティティとの相克が起こりえるかもしれない。そのときに島津がどう行動するかは、大いに注目に値する。

　先に述べたように島津は京都が中心である。関東にも神奈川県の秦野に工場が、東京の神田と茨城県のつくばに研究組織を持つが、最も規模の大きなのは、本社がある京都の三条工場である。これらのことが島津にとって今後どう影響するか。これについては良い面と悪い面の両方があり得るであろう。1877（明治10）年に東京に日本初の（帝国）大学が作られた。そして次に1897（明治30）年に作られたのが京都であった。この意味はいろいろと考えられるが、よくいわれていることは「政治・経済の奔流の渦の中心である東京から離れて、サイエンス[16]を行なうための大学」という京都大学の位置づけである。そしてそれを証明するかのように湯川・朝永のノーベル賞受賞や、西田幾多郎・田辺元に代表される京都学派哲学、高田[17]―青山[18]―森嶋[19]と続く理論経済学の系譜など、京都大学（あるいは京都という地）は、多くのサイエンス的知見を生み出してきた。しかしその「神話」もこのところやや神通力を失っている感が否めない。それはやはり東京への情報の集中現象であろう。現在の科学技術は、昔と異なり多大な人的・物的・情報資源を必要とする活動になってきている。その面で人的・物的・情報資源の集積地としての東京には、圧倒的なアドバンスが存在する。したがって東京に拠点を持つことは、今や欠かせないものとなりつつある。事実、関西を出自とする多くの企業も近年、活動の本体を続々と東京に移動している[20]。島津は

---

16) ここでいう「サイエンス」とは「自然科学」という意味ではなく「純粋科学」という意味である。従って哲学・文学等の人文科学や（理論）経済学・法哲学・社会学などの社会科学もサイエンスの範疇に入れる。
17) 高田保馬。元京大教授。理論経済学者、社会学者。
18) 青山秀夫。元京大教授。理論経済学者、社会学者。
19) 森嶋通夫。元ロンドン大学名誉教授。理論経済学者。
20) 松下電器産業、日清食品、住友金属工業など、仮に名目上の本社を関西に残しても、実質的に本社を東京に移した企業もある。一方で京セラ、オムロン、ワコールなどの

現在のところ、明確な形での東京シフトの計画はないようであるが、そのことが吉と出るか凶と出るかについては、今のところ答えは出ていない。むろんインターネット等の情報通信技術の進歩が距離を克服するということは、一面で事実であるが、それでも技術者同士の face to face のつながりというのは、目に見えないところで、ボディーブローのように効いてくる可能性がある。筆者が昔英国にいたころ、強くうらやましいと思ったのは、ヨーロッパの研究者・技術者の間の濃密なネットワークである。彼ら・彼女らは軽々と国境を越える[21]。ヨーロッパの地理的中心のひとつであるパリからだと、ヨーロッパ地域のどこの街まででも、飛行機でおおむね2時間で到着する。東京と京都は新幹線で2時間半弱、それと比べると時間的距離はさほど違わないが、ヨーロッパと日本（国内）の最大の違いは、情報の集積の度合いである。ヨーロッパはある種の分散処理的な様相を呈しており、ひとつの都市あるいは国に情報が圧倒的に集中しているということはない。それに比べて同じ時間距離を持つ京都と東京では、集積の密度にかなりの違いがあるので、比較することはできない。この不利をどうするかが、島津のひとつのポイントであろう。むろん京都大学創設時の理念的な意識を持ち、時流に流されない研究を蓄積してゆくのもひとつの行き方かもしれないが、サイエンスを目指す大学とテクノロジーあるいは営利を目指す企業では、その理念に大きな違いがあり、はたしてそれ（「栄華の巷下に見て」的な意識）がうまくいくかどうか[22]。

　その一方で、例えばインターネットベンチャーとして著名な"はてな"が、2008（平成20）年4月を期して、2004（平成16）年に東京に移した本社を

いわゆる京都企業では、この東京移転の動きは少ない。このあたり、さらに詳しく調査する価値があるかもしれない。ちなみにオムロン幹部は「京都は国際的に知名度が高く、ブランド力があるため」という、島津と同種の発言をしている（MSN産経ニュース、http://sankei.jp.msn.com/economy/business/080303/biz0803032156015-c.htm）。
21) 以前オランダのフィリップスの研究所にいたときは、小さな研究チームにデンマーク人とスペイン人がいた。フィンランドの大学ではイタリア人の大学院生がプロジェクトを引っ張っていた。ケンブリッジの同室の人間はオランダとドイツの研究者であった。
22) むろんこのことは、現在の島津がこういう意識を持っているという意味ではない。

再度京都に移転した[23]。これは昨今の雪崩を打ったような関西企業の東京への移転とは逆の道である。ましてや"はてな"が属するIT業界では、情報、人材、企業のどれをとっても、東京への集中が突出している。ではなぜ"はてな"はあえて世間の常識とは反対の行動をとったのか？　代表取締役の近藤淳也氏は、自社のホームページで「開発に専念するには東京は情報過多」という趣旨の発言をしている。同様に2008（平成20）年6月の朝日新聞紙面でのインタビュー[24]で、オムロンの立石義雄会長（京都商工会議所会頭）が「社会の全体像、未来像はちょっと離れていた方がよく見えます」「京都から見ると（東京は）情報基地・巨大な消費市場でしかありません」という発言をしている。こういう一見相現在の社会動向と矛盾すると思われる発言や行動をとることも京都企業のひとつの特徴かもしれない。そういう点から、現在の島津の姿勢も、あるいは島津の深部に眠る京都企業のDNAのなせるわざかもしれない。

● **本ケースの論点**

論点1

　先に述べたように、島津はその規模に比して取り扱っている製品分野が広い。創業以来の伝統を持つ医療分野、現在の主力製品である計測器分野、半導体や航空機関連の事業などである。技術進歩が極めて急速になされ、市場の動きの速いこれら先端技術分野では、経営資源の選択と集中は、今や常識となっている。今後、島津は現在持っている事業分野の整理・統合が必要な場面に直面することも大いにあり得る。

　これまで島津が行ってきた事業整理（新規事業の立ち上げ、既存事業の分社化、既存事業の整理・廃止等）を調べ、それぞれの時代背景と島津の技術

---

23) "はてな"は2001（平成13）年に京都で創業し、2004（平成16）年に東京に本社を移転した。さらに2006（平成18）年にはシリコンバレーのパロアルト市に米国子会社のHatena Inc.を創設した。

24) 2008（平成20）年6月2日付『朝日新聞』記事。

戦略について議論してください。また、次にもし何か現在の事業分野を廃止しなければならないことになった場合、どの分野を遡上に挙げるべきかを議論してください。

論点2

島津の本社移転の是非を論じてください。島津の本社機構は創業以来、現在まで、ずっと京都に置かれている。しかしその是非はともかく、現在の日本では東京に多くのフローが集中している。よって東京に頭脳部分がないということは、ある意味大きなハンディになるはずである。にもかかわらず、島津はいまだに京都に居を構えている。このことの是非を、他の関西（非関東）系企業との対比で論じてください。

【参考文献】

エリック・フォン・ヒッペル〔サイコム・インターナショナル訳〕（2006）『民主化するイノベーションの時代』ファーストプレス。

第7章

任天堂
その成功と失敗 [1]

蔵　琢也

1　はじめに

　任天堂は世界のゲーム機市場を実質的に創造し、そこにおいて数々の競争を勝ち抜いてきた企業である。任天堂の成功と失敗に焦点をあてた本ケースは、3つの時代に対応した節に別れる。ファミコンの成功まで、1995（平成7）年のゲーム機戦争前後、ソニーに覇権を奪われた後の再逆転の時代の3つである。

　第2節と第3節は、本ケースの最も重要な含意を持つ部分である。それは、会社の浮沈に決定的な役割を果たす会社のリーダーが存在するという事実である。現在の経営学では、それほど重視されなくなったが、リーダーの果たす役割を重視する考えがある。それに対して組織や技術要素、会社をとりまく全体的なシステムを重視する考えもある。とりわけ、最近は前者のような素朴なリーダー礼賛の論者は少なくなった。しかし、任天堂はまさに前者の実例なのである。

　具体的には、なぜ任天堂は1980年代にゲーム機市場を創造することができたか、そして1995（平成7）年頃に新興勢力のSCE（ソニー・コンピュー

---

[1]　本ケースは同志社ビジネススクールのケース・スタディをもとに、後半を大幅に書き加えたものである。本ケースは任天堂とそれに関係する人々、争った企業の成功と失敗を、筆者の視点からではあるが忌憚なく書くことを心がけた。よって学会やケースを作成するときにさまざまな談話をしていただいた方々には大きな謝辞を述べたい。なお、本文のすべての責任は筆者にある。

タ・エンターテイメント）に敗れ、一時的にゲーム機のリーディングカンパニーの地位を明け渡したかについてである。

また、先のゲーム戦争でソニー敗れて苦境に立った任天堂が、10年後に奇跡の逆転をした過程と要因も示唆に富む。ゲーム機市場は本質的に玩具市場なのであり、任天堂はその原則に忠実に守ったのに対し、ソニーは家電やコンピュータの市場のやり方を行なってしまったのである。

本ケースは任天堂やそのライバルたるソニーの成功だけでなく失敗にも焦点を当てている。そのため彼らのめざましい成功についての記述が少なくなり、手ひどい失敗にも多くの記述を割いていることを予め断っておく。

2 ファミコンの誕生
2.1 前史

京都は単なる地方の一都市ではない。古くからの京都人には、明治維新後に東京へだまし討ちのように遷都され、朝廷を相手にした商売が成り立たなくなったという恨みがある。そして、それに生き残るために今までにない新しい商売を始める必要があったのである。それは必然的に文明開化の影響を強く受けたものであったという。また、太平洋戦争で日本の主要都市が空襲によって焼き払われた中、京都は唯一戦災が軽微だった都市である。これが戦後の物資不足のときに、京都近辺の企業に有利に働いた。これを踏まえた上で、まずこのケースの対象である任天堂の歴史を述べよう（「任天堂のフィロソフィー」）。任天堂は明治22年に京都の名工であった山内房治郎が、花札の製造と販売を始めたことが起源である。その3代目の社長が山内博である。このような任天堂の由来を考えると、京都の伝統的な産業にその原点が存在する。

山内は1927(昭和2)年生まれで、早稲田大学を中退して22歳で社長になった。山内博は、1977（昭和52）年に改名して「溥」となる。その理由は電話帳を見ていると同姓同名の人がたくさんいるのを発見したからだという。そこで同姓同名がほとんどいない名前の「溥」にした。

山内の性格と手法は信長型である。社長就任そうそう、それまでの社員との激しい軋轢が生じたとされる。一方、日本初のプラスティックトランプを作ったことや、ディズニーのキャラクターを使ったトランプをヒットさせるなどの社長就任当初から果敢で有能な面を持っていた。このような訳だから、任天堂は山内博社長就任当初から退任するまで、トップダウン型で決断が早いのが特徴であった。また、山内は独創を重視し、日本人がとかく陥りがちな右にならえという行動を蔑視していた。先に述べた「溥」への改名の逸話がそれを典型的に表している。そして「天才主義者」である。特に面白くてヒットするオモチャの製作では、天才の才能が必要であり、機械の性能は重要ではないと公言してはばからなかった。この指摘の正しさは、後年のソニーとの戦いではっきり証明されることになる。

　1956（昭和31）年、山内は渡米し、世界最大のカード玩具メーカーのUSプレイングカード社を視察するが、その小ささに愕然とする。トランプ、カルタや花札などのカード市場の限界を肌で感じることになったのである。そして高度経済成長の波に乗ろうとして、多角化に邁進する。ラブホテル経営、タクシー会社、インスタント食品の会社などである。このインスタント食品は、現在のインスタント食品群の先駆けとなるコンセプトだったが、当時の技術では早すぎて（またそもそも任天堂は食品会社でもないから技術もなかったので）惨敗、撤退する。これらの分野は任天堂の本業とは何の相乗効果（シナジー）もない分野であり、失敗は当然ともいえる。

　さらに1964（昭和39）年、トランプなどのカード市場が飽和状態になり、売上げが突然落ち、株価が下落する（図1）。その結果、やはり任天堂のコア・コンピタンスに近い玩具市場に活路を見出そうとする。しかし、カードに特化していた任天堂には、既存の機械式玩具と競合する分野でのシェアの獲得は難しかった。例えば当時ブリキの玩具で有名だったバンダイ等には対抗できなかったのである。

　そんなところ、うまい具合に急激にエレクトロニクスが発達してきた。山内は、既存の企業がまだノウハウを持っていないエレクトロニクス玩具の分

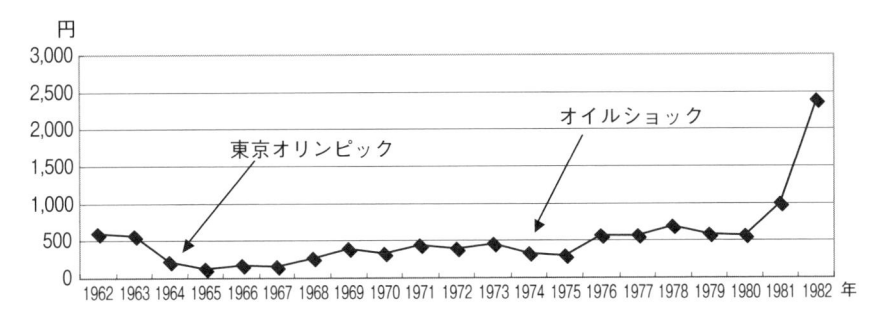

図1　ファミコン発売直前までの任天堂の株価

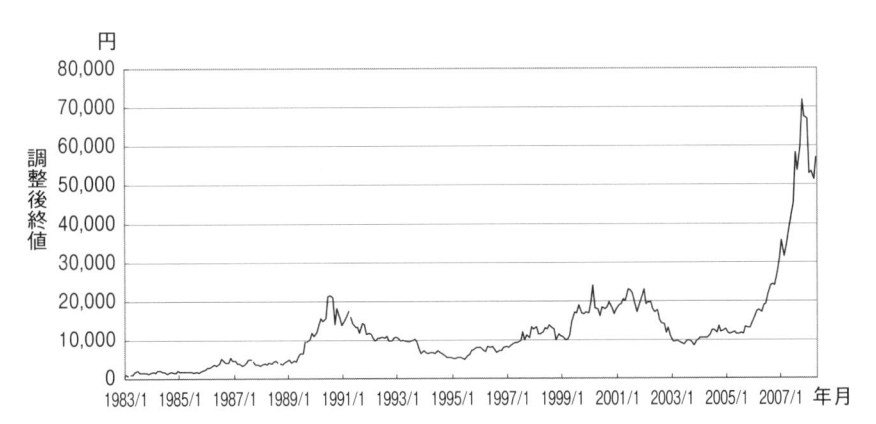

(参考図)　任天堂の1983年以後の株価

注：現在の価格を基準に株式分割による調整が入っている。任天堂の株価は45年で300倍を越える価格になった。

野に力を入れることを決意する。

　ここまでの歴史において重要な点は、社長、山内の圧倒的な個性と他分野に進出しようという精神である。

　当初、地方のカードメーカーである任天堂には技術者の確保は難しかったが、不退転の決意での努力の結果、少しずつ技術者が増えていった。そして社内に思わぬ人材がいたのである。機械の保守・整備を担当していた横井軍平である。山内は横井を開発部門に抜擢、横井軍平はさまざまな独創的なオ

モチャを開発し、任天堂を徐々に本格的な総合玩具メーカーへと脱皮させていく。そして1970年代から多くのエレクトロニクス玩具が発売されることになる。しかし、このころ、簡易コピー機、文具、ベビーカーなど、オモチャ以外の分野の製品も発売するが、やはり失敗、経営を圧迫する。さらに、レーザークレーを開発する。これはレーザー光線でクレー射撃をするというアイデアであった。それを本格的なレジャー施設として展開しようとしたところ、石油ショックにあって、途轍もない負債を抱えることになる。1970年代は任天堂の苦境の時代であった。

前述のように1977（昭和52）年に、山内博は「溥」と改名する。一般的に最も多い改名理由は、これまでの人生の流れを変えようと名前も変えることである。山内の改名の理由は同姓同名の人間が数多くいたからだと自称しているが、このころの任天堂の苦境など、内心期するものがあったのだろう。また、昔も今も財界活動のような社交活動には余り積極的ではない。山内の発言（山内、1990a、1990b）から見ても、そのような「仲良しクラブ」が嫌いなのである。

1970年代、エレクトロニクスがますます発達し、テレビを使ったゲーム

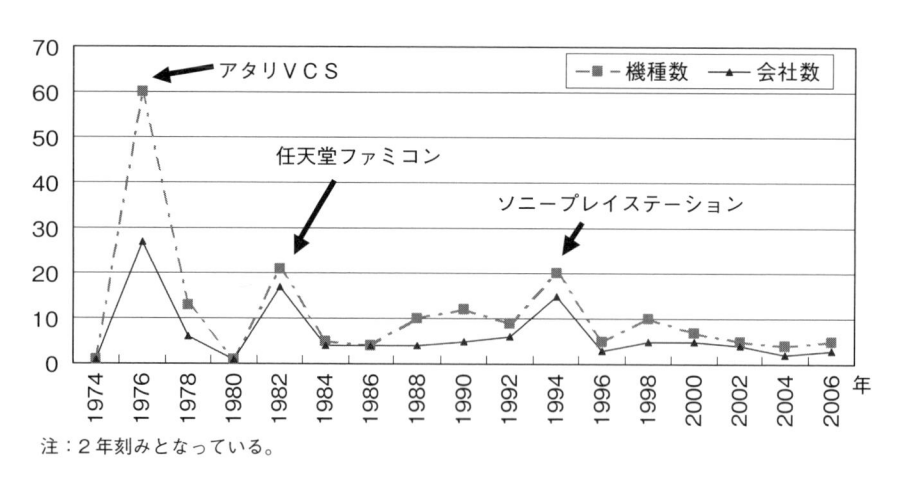

図2　ゲーム機発売機種数と会社数

が発売可能になり、実際各社から大量に発売される（図2）。任天堂も多くの機種を発売する。

　さらに、1978年、アーケードゲーム（ゲームセンターなどの店頭で据え置かれるタイプのゲーム機）のスペースインベーダーがタイトーから発売され、大ヒットする。任天堂もその類似品を量産し、経営危機を脱出する。その後、さまざまなアーケードゲームを作っていく。このとき、ポパイの版権を取れなかったことから、ポパイとキャラクターの類似するマリオが生まれる。さらに、1980年、横井軍平が携帯型の単機能ゲーム機「ゲーム＆ウォッチ」を開発、大ヒットさせたことにより、財務体質が大きく改善、一転、優良企業になる。

　ここで、横井軍平の色々な意味で蘊蓄のある言葉を借りよう（横井、1996）。

「私が辞めた瞬間、『山内社長のワンマン体制に嫌気がさした』ととる人が大勢いました。しかし、私は任天堂がここまで大きくなったのは、実はワンマン体制のおかげだと思っています。

　ワンマン体制＝悪という感覚でとらえる人は多いのですが、商品開発の場合そうともいえません。

　例えば任天堂の転機となった、『ゲーム・アンド・ウォッチ』。これは私が開発したものですが、ワンマン体制だからこそ生まれた商品だといえるのです。あれは私が、38歳の時でした。電卓タイプのゲームで、大人向けの手の中に隠れるような薄っぺらいものを作りたいという提案をしたのですが、社長が興味を示して『すぐにやれ』ということで開発がスタートしました。

　しかし社内の声は冷たいものでした。営業も宣伝も半数以上が『そんなもの売れるものか』という否定的な意見なのです。

　つまり、普通の会社組織のように私が『ゲーム・アンド・ウォッチ』を提案し、営業会議で検討して、重役会に諮ってという手続きを経ていたら、

必ずどこかで潰されていた商品だったのです。

　ところが社長がやれと言っているものだから、誰も反対できない。

　私は財務面のことはよく知らないのですが、『ゲーム・アンド・ウォッチ』の発売前、任天堂は 70 億とも 80 億とも言われる借金があったそうです。それが『ゲーム・アンド・ウォッチ』を売り出して一年後には借金を全部返済し、40 億ぐらいの銀行預金ができました。発売前は開発者の私ですら 10 万個売れたら多少は会社の足しになるかなという程度の考えだったものが、結果的には 5000 万個近く売れてしまった。

　ところが、社長はこのわずかに溜まったプラス分をファミコンにドーンと投資した。それが成功したのですから、勝負師といえるでしょう。私だって、最初それを聞いた時は、せっかくプラスになったのにそこまでしなくても……という気がしたほどです。

　つまり、馬券を 1 枚買ったらわずかに儲かった。それを全部次の馬に注ぎ込んだらまた当たったということが何度も起こって、任天堂が世界に名前を轟かすような企業になったのですから、これは社長のワンマン体制抜きには語れません」。

横井のこの回想に、山内の信長的な性格が端的に現れている。

ここでは引用しなかったが、上記の回想には横井の哲学として、最新の技術ではなくて枯れて安くなった技術を使うべきだとの考えが述べられている。これは後に紹介する山内の講演（山内、1993）にも感じられるが、今に続く任天堂の基本的なスタンスであった（小橋、1993）。

ともあれ、これらのさまざまな玩具の製作の経験の結果、単なるカード会社だった任天堂が、ゲーム分野においてエレクトロニクスのハードとソフトのノウハウを確実に身につけていくのである。そして、1983 年にファミリーコンピュータ（以下ファミコン）が生まれる。

山内は上村雅之をシャープから引き抜き、ファミコンの開発にあたらせる。上村は転勤の辞令に迷っていたところ、山内の誘いを受けたという。

この直前、ちょっとした事件が起こる。駒井徳造取締役がゲームセンター事業にも積極的に進出すべきであると主張したが、社長の山内はその意見を採り入れなかった。それがもとで駒井は1982（昭和57）年任天堂を退社し、その後、ライバルのセガに移籍する。そして任天堂はゲームセンター事業からほぼ全面的に撤退するのである。この件によって、任天堂がゲームセンター用の機材やソフトを開発しなくなったことは、1994（平成6）年以降に起こったゲーム機戦争の直前まで任天堂が3Dポリゴン技術を軽視し、3Dポリゴンを搭載するゲーム機のハードとソフトの開発に手間取った原因のひとつになったことは疑いない。

2.2 ファミコンの成功

既出の図2はゲーム機発売の2年区切りの変化を現している。これを見れば、1983（昭和58）年頃に家庭用ゲーム機ハードの発売にピークがあることが分かる。ファミコンもその中の一機種である。ファミコンは、ゲーム機の先駆者である米国のアタリ社のVCSと同様、ハードとソフトを分離するタイプの商品であった。

ここでひとつ逸話を述べよう。ファミコンを開発した上村は次のように述べている（武田、1999）。

「ファミコンの開発にとりかかるんですが、そのときは正直いって自信はまったくありませんでした。そのときの僕のノートには、はっきりと『これは売れない機械や』と書いてあるぐらいですから。当時はゲーム＆ウォッチが隆盛を極めていましたので、その持ち運べるという長所ばかりが目立って欠点は見えてこない。だからテレビゲームのほうは意外と欠点が目立って長所が見えてこない……というふうにウルトラ弱気な感じでね、着手していたと思いますね（笑）」。

要するに開発者でさえ、成功を確信できなかったことが分かるが、社長の

山内はやる気満々であった。そして、実際に大成功をおさめる。類似的な商品に対してファミコンの特徴は、

①ある程度の機能を持ちながらも、徹底した低価格化。
②パソコン的な機能を排除し、TVゲーム機能に絞ったこと。
③ソフトの重視。

である（山内、1993；横井、1996；小橋、1998）。①と②は強い関係があるから、まずこれを解説しよう。設計に当たって高度な機能や高い部品ではなく、十分量産されて安くなった枯れた部品を使う、そして余計な機能は省いて徹底して安く作るという思想が横井や山内にはあった。競合商品がコンピュータの要素を持っていたのに対し、ファミリーコンピュータは最もその要素が少なかったのである。しかし、8ビットCPUを使い、名前にコンピュータがついている通り、またプログラム言語とキーボードを使うファミリーベーシック等を翌年発売しているように、はじめから完全にコンピュータ路線を捨てていた訳ではなかったのである。しかしである。当時の8ビットパソコンはアップル2にしても、PC8000にしても、MSXにしても値段はファミコンの10倍以上しているにもかかわらず、実際に使われているのはだいたいゲームでしかなかったので、この路線は最も市場のニーズに近かったといえる（蔵、2005a）。

ともあれ、最先端の高価だが高性能の装置や部品を使うより、安い装置や部品を使おうという任天堂のやり方は10年後の敗因のひとつになり、また20年後の勝因にもなった。

このように部品自体に最高性能を求めないだけでなく、その部品を作る各企業との激しい営業のやりとりの末、量産を保証する代わりに値段を極限まで下げて貰うという大きな賭けに出たのである。これは大量に売れなければ大損害を受ける戦略である。前述の横井の回想にも出てくる「40億ぐらいの銀行預金をファミコンにドーンと投資した」のである。そして定価は、ハー

ド自体を売ってもまったく利益が上がらない 14,800 円に設定した。これは同時期の類似した機能の他社製品の 60％から 30％程度の値段である。安く作ったといっても性能もそれなりに高く、ライバル会社のバンダイの技術者の試算では 3 万円の値段になるほどの製品だったという（赤木、1992）。

　この値段ではゲーム機自体ではまったく儲けが出ないどころか、下手をすれば赤字である。しかし、ハードで儲けられない代わりに、ソフトで儲けるというのが任天堂の新たなビジネスパラダイムであった。任天堂は安くてゲームに絞った性能のファミコン本体とともに、それまでゲーム＆ウォッチやアーケード機で培ってきたノウハウを使って、面白いソフトも次々と出す。その結果、ファミコンは猛烈に売れ始める。すると、任天堂のライセンス下でゲームソフトを作るサードパーティの数も増えてきた。それらのサードパーティの出す数々のソフトと相俟って、ファミコンとそのソフトの市場自体もさらに大きくなっていき、任天堂の覇権が成立する。

　この成功に続いて 1989 年には携帯可能で、ハードとソフトが分離型の白黒液晶を使ったゲーム機、ゲームボーイを発売する。これはゲーム＆ウォッチの携帯性とファミコンのソフト分離型の長所を合わせたような機種であった。これもファミコンとほぼまったく同じパラダイムを採用して大ヒットする。それも「70％の流通問屋はゲームボーイは『売れない』と言った（山内、1990b）」にもかかわらずである。問屋は最新のカラー液晶でないから、今さら白黒では売れないといったそうである。これは一見して至極当然の理由ではあるが、しかし山内や開発に関わった横井は、携帯性や値段を考えてあえて白黒にして発売した（山内、1990b；横井、1996）。マーケティングの教科書通り、問屋のいうことを良く聞いて製品開発の指針にする会社ではあり得ない話である。そして成功した。このゲームボーイの成功も、最新技術を使った製品を批判的に見ること（ついでに他社のいうことは聞かないということ）の「成功体験」となる。

　さらにゲームハードの業界全体にとって重要なことは、このとき、ファミコンとゲームボーイの間で市場のセグメンテーションが成立したことであ

る。携帯用にはゲームボーイ、家庭のテレビで遊ぶのにはファミコンというように市場が分化したのである。この家庭用ゲーム機と携帯用ゲーム機のセグメンテーションは現在に至るまで存在する。

　任天堂は自らもソフトを発売する一方、サードパーティにはロイヤリティ徴収だけでなく、数々のきつい制限を課した（内海、1991；赤木、1992；馬場、1993）。

①ファミコンのロムカセットの生産を任天堂に無条件に委託させること。
②任天堂がソフトの「品質」を検査し、それに合格しないと発売させないこと（これは任天堂が難癖をつければ、ソフトが思った時期に発売できなくなるという強力な統制策になりうる）。
③ひとつのソフトハウスが年間に製作できるソフト数は5本以下であること（次世代機のスーパーファミコン時代には、さらに少なく3本に制限される）。
④他機種への移植や、他機種からの移植を暗黙の圧力で制限したこと。

などである。

　これらの統制政策には、つねにアタリショックを防ぐという名目があった。米国でのアタリ社が他社に自由にソフトを作らせた結果、乱造粗製になり、1982年に突然、市場が崩壊したとされる前例である。このようなわけで、この統制政策は、消費者や問屋の利益を考えた品質管理、少数精鋭主義という立派な名目があったのだが、実は任天堂の利益に奉仕するという意味のほうが遙かに大きかったといえよう。繰り返すが、任天堂がハードで儲けるビジネスパラダイムではなく、ソフトで儲けるパラダイムを採用したのである。これこそが、ファミコンが、アメリカで5年以上も先行したアタリ社や、日本の数ある類似商品を圧倒した最大の要因であった。山内は1994年のゲーム機戦争が起こる直前まで、常々「一強皆弱がゲーム業界の秩序維持のためにも消費者のためにも良い」と公言していた。

ソフトで儲けるためにサードパーティに課したこれらの数々の締め付けは、ソフトハウスの少なくない反発を買っていた。例えばパックマンなどのキラーソフトで、ファミコンの覇権確立に大きく貢献したナムコとは、1989（平成元）年に犬猿の仲になった。ナムコはファミコンの最も初期に味方して参入したので、数々の特権を与えられていた。しかし 1989 年の契約更新で、これらの特権を剥奪されたのである。ナムコはこれによって大幅な減益になっただけでなく、面目も潰された。ナムコは後にソニーのプレイステーション陣営につく最初の有力ソフトハウスになる。

2.3 スーパーファミコンの発売

任天堂の大成功を見て、これに習おうとする企業は少なからずあった。例えば、セガ、NEC などである。これらのメーカーは 8 ビット CPU を積んだファミコンとの争いでは事実上、勝負がついてしまっていたので、より高機能な 16 ビット CPU を積んだ次世代機を出して対抗しようとした。この 16 ビット機は、当時パソコンやオフコンなどに使われている最新鋭の CPU に比類する能力を持っていた。むろん、製品の価格自体が何十分の一なので総合能力ではパソコンやオフコンには及ぶべくもなかったが、ゲームをするためだけで考えれば比類してきたのである。それに対して、任天堂も遅れて 1990 年に次世代ゲーム機、16 ビット CPU を使ったスーパーファミコンを発売する。使った部品の 7 割程度がソニー製であった。

この直前、1990 年の年頭に業界雑誌に載った山内のインタビュー（山内、1990b）は興味深い。この中で山内は高性能主義への懐疑を述べ、サードパーティがファミコンソフトの乱造粗製するのを戒め、任天堂によるソフトのチェック（事実上の検閲）の強化を述べているのだが、ついでに「こういうビジネスの場合、ハードウェアの普及は初年度が一番肝心なんですよ。成功したと云うためには、初年度にハードが 300 万台普及することが目安になるんです。仮に初年度は 30 万台しか売れなかったら、これは大失敗なんですよ」と述べて、もうすぐ発売になるスーパーファミコンに対する自信のほ

どを示している。さらにスーパーファミコンはファミコンの後継機種ではなくて「上位機種」であると位置づけている。つまり、ゲームボーイとファミコンにおいて成立した製品のセグメンテーションを、テレビにつなぐ家庭用ゲーム機においてもファミコンとスーパーファミコンの間のセグメンテーションを意図、あるいは期待していたのである（内海、1991）。

　スーパーファミコンは1990（平成2）年夏に発売されたが、値段は25,000円であり、ファミコンの初期の定価に比べて1万円も高かった。当時はファミコンが1万円以下で売られていたようだから、値段が倍以上違ったのである。その上、スーパーファミコンはファミコンと互換性がなかった。ソフト産業で最も重要な資産ともいえる過去の資産を活用しなかったのだ。なぜか？　それは互換性を付けると余計なコストがかかるから、その必要性がないと判断したと小橋（1998）は書いているが、前に述べた任天堂の徹底した低価格路線から考えるとあり得る話である。また、低価格機はファミコン、少し高い機種としてスーパーファミコンという市場のセグメンテーションを意図したこととも関係あるのかもしれない（内海、1991）。スーパーファミコンはファミコンの後継機種ではないのなら、ゲームボーイとファミコンには互換性がないように、互換性は必要ない。

　しかし、このセグメンテーションは上手くいったとはいえない。スーパーファミコンが発売されるとファミコンのソフトの開発と売り上げは急速に落ち込んだのである。スーパーファミコンはファミコンに比べて価格が倍以上も高かったにもかかわらず、市場は移行した。

　前述のように任天堂の新しいビジネスパラダイムはハードではなく、ソフトで儲けるというパラダイムである。新製品の初期にはハードを売ってもまったく儲からないどころか赤字であり、長く売れば少しずつハードでも利益が出るようになるパターンを持つ。だから、任天堂はファミコンの頃から、なるべくハードの寿命を長くしようという考えもあったようだ（小橋、1998）。事実、任天堂の新しいハードを出すサイクルは他社より少し長く、常に他社の製品が発売される前に新機種のアドバルーンを上げ、他社を牽制

しつつ、他社の製品が出た1、2年ほど後に新型機を出しているように見える。このやり方はスーパーファミコンのときだけ成功した。

　ともあれ、任天堂はセガやNECとの激しい競争の末、16ビット機のスーパーファミコンでもやはり業界でのリーディングカンパニーの座を守る。それに対して、セガやNECは16ビット機にCDロムを付けることで対抗しようとするが、任天堂の優位は揺るがなかった。この状態が1994（平成6）年まで続く。

　ファミコンの頃から、1990（平成2）年中頃まで任天堂は「玩具屋」ではなく「ソフト思考のゲーム屋」であると称していた。先にゲーム＆ウォッチが任天堂を救ったことを述べたが、この商品は5,000円前後もし、当時の玩具としては高かった。それでも売れたのである。ファミコンもコンピュータとしては破格に安かったが、それでも幼児や小学生が買うにはかなり高い値段設定15,000円である。よって任天堂は日本の玩具協会にも加盟しなかったのは有名な話である。ファミコン当時の任天堂は「大人をねらえ」が合い言葉だった。

　実は、任天堂は日本では少ない典型的なファブレス企業であり、生産工程のほとんどを下請けに出していた。それだけでなく、主要部品や基盤の設計でさえ、さまざまな他のエレクトロニクス企業に下請けに出していた。そしてなるべく正社員を置かない方針であった。これは人件費や工場維持費などの固定費を削減しようとするバブル崩壊以降の流れの先駆けといえる。

　一般的に言えば玩具にはブームがあり、一時ものすごく売れても、あるときからパッタリ売れなくなる。このときに、余計な自社工場や人員を抱えていると会社の危機になる。他社への委託生産やパート社員なら、生産調整も比較的容易である。このような玩具業界の特徴から、任天堂が巨大企業になっても人員や工場を増やさず、ファブレスを積極的に進めたと考えられる。この余分な設備や人員を持つことの弊害は1993年の山内の講演（山内、1993）の中でも明言されている。

　現在、無借金経営なのも、任天堂が急速に成長し巨大な利益を出したこと

もあるが、銀行などの影響力を排除し自由度を保つだけでなく、玩具の業界は浮沈が激しく、利益の変動幅が大きいことが影響している。後年、任天堂はソニーに敗れたときに消え去らず、そのあとに再逆転できたのも、巨大な内部留保が効いたのである。他の有力玩具・ゲームメーカーは、吸収合併を繰り返しているのと対照的である。

　ファブレスなだけでなく、任天堂は主要な部品の設計も外注していたので、研究開発部門も小さく、大変に身軽であった。これも玩具業界の常識に従っている。玩具業界では製品に最高性能の部品を使って最高の機能を目指すのではなく、枯れた安い部品でそこそこの性能のものを安く作って商売をするのが基本である。玩具は子供が主な対象だから値段が高すぎては売れない。技術力を競うのではなく、アイデアを競うのである。そして、この設計の委託は単に研究開発部門の経費が節減できるだけでなく、多くのエレクトロニクス企業を秤にかけて、最も条件の良い企業と契約を結べるという長所があった。

　しかしながら、この方針は任天堂自体のハードの開発力が玩具業界の低いレベルのままということであり、主要エレクトロニクス企業に比べて劣ることも意味したのである。

　以上のようなさまざまな要因が良い方向に働いて、1990（平成3）年に入ると任天堂の利益はすさまじく、1991年度には経常利益1,000億円を超え、1993年度にはエレクトロニクス関連企業の中で最高の利益を上げるに至る。営業利益率や正社員一人当たりの売り上げでもダントツでトップになる。一株当たりの株価も日本企業で最高になった。これを見た多くの巨大企業はゲームの市場の大きさを実感した。そして国内だけではなく、世界に進出した「Nintendo」は世界的なブランドになったのである。

　また、バブルの頃、ファミコンを家庭の通信端末に使おうという動きが数多くあった。これらはいずれも失敗したが、当時、家庭用通信端末とCDロムはマルチメディアのキー要素であると考えられていたこともあり、松下やソニーといった大企業に家庭用ゲーム機がマルチメディアの中心になる可能

性を想像させるに十分であった。そして1994年にはゲーム機戦争が起こるのである。

3 ゲーム機戦争と任天堂の敗北
3.1 ゲーム業界の特徴

　テレビゲームも歴史上の新しい文化と同じように好奇心旺盛な若年層から普及した。テレビゲームの歴史は、マンガの発展の歴史と似ている。マンガはやはり最初、子供がもっぱら見る娯楽であった。しかし、その子供が大人になるにつれて、大人向けのマンガも増えてきた。また、最初は男の子向けが多かったが、女性向けも急速に増えてきて現在に至っている。このようにマンガを読む対象が増えるにつれて、マンガ自体が多種多様化してきた。つまり、隙間（ニッチ）が数多く発生してきたのである。ゲームの歴史でもこれが起こった。いや、最近のニンテンドーＤＳは高齢層も取り込むことに成功したという意味でそれ以上である。

　一方、違いもある。マンガでは技術革新がほぼ起こらなかったが、ゲーム界ではエレクトロニクスの発展の影響で、技術革新が頻発したのである。

　さらにゲーム機市場の顕著な性質として、シェアが高いこと自体が競争力になること（ネットワーク外部依存性）が挙げられる（新宅・田中・柳川、2003）。つまり普及したゲーム機ほど、対応するソフトも増え、ますます有利になるという性質である。この結果、一人勝ちの独占になりやすい性質を持っているのである。先に引用した山内の言葉、発売初年度に300万台売らなければ成功したといえないという言葉は、初期のシェアの大切さを明快に物語っている。

　また、ゲーム機には世代サイクルもある。エレクトロニクスの急速な発展は、数年でゲーム機の外部依存性を凌駕する効果を持っていた。そのため、外部依存性があるにもかかわらず、主要なゲーム機が変遷するのである。その平均間隔は、主要なゲーム機をアタリのＶＣＳ（1977年）、ファミリーコンピュータ、スーパーファミコン、プレイステーション、プレイステーショ

ン2、Wii（2006年）の6世代とすると、平均6年弱である。これからするとファミリーコンピュータからスーパーファミコンの7年以上の間隔は、少し長かったといえる。

このことをふまえた上で1994年前後のゲーム機戦争の頃を見ていこう。

3.2 CDロムの普及

CDが音楽用として成功したことが確実になった1980年代末になると、これをＰＣ用に使用することが一般的になってきた。CDロムである。ゲーム機にもこれを採用しようという考えが広がるのは自然な流れである。

CDロムは600Mバイトを超える容量を持ち、半導体ロムカセットのゲームの百倍以上の容量があった。例えば、スーパーファミコンのキラーソフトであった、スクウェアのファイナルファンタジー（以下FF）シリーズの容量の変遷を見ると、FF4は8Mビット＝1Mバイト、FF5は16Mビット＝2Mバイト、1993年発売のFF6は24Mビット＝3Mバイトに過ぎない。CDロムの大容量は、クリエーターにとって大きな魅力であった。

また、半導体ロムに比べて生産コストが圧倒的に安いという特徴がある（だいたい原価は数十倍から100倍の違いがあると考えられる）。事実、プレイステーションのソフトはファミコンのソフトの半額程度の定価で販売された。

さらに半導体を調達してロムに焼き、それを組み立てるという複雑な行程を持つ半導体ロムカセットに比べて、原盤からプレスするだけのCDロムは需要にずっと柔軟に対応できたのである（だいたい2、3カ月と2週間の違いがあった）。これはソフトハウスにとっても流通にとっても魅力であった。

このように素晴らしい可能性を持つCDロムに、ほとんどの主要なゲーム機メーカーが乗ったのである。それが図2の1994（平成6）年のゲーム機発売のピークなのである。しかし、任天堂はこの流れに乗らなかった。なぜなのだろうか。

実はソニーのプレイステーションは、元来、任天堂と提携してスーパーファミコンのCDロム機として開発が始まっている。しかし、この提携は最終的

にうまくいかなかった。そこでソニーは独自にゲーム機を開発することに決める。また、任天堂はCDロム付きゲーム機を、ソニーと共同でCDを規格したフィリップス社と提携すると発表し、試作機まで製作したが、これも販売されなかった。

そして驚くことに、任天堂がソニーのプレイステーションやセガのセガサターンに対抗すべく1年半遅れて発売された次世代機、ニンテンドー64はCDロムを搭載せず、相変わらずに半導体ロムカセットを採用したのであった。これは任天堂がまったくCDロムを評価していなかったことに他ならない。

このCDロム軽視の原因を考える上で、前に紹介した1993（平成5）年の任天堂社長、山内溥の講演はたいへん重要な資料である（山内、1993）。この年は1983（昭和58）年のファミコン発売から丁度10年目に当たり、この1～2年後、各社入り乱れてのゲーム機戦争が起こる。このような歴史的な事件の直前に行われたこの講演には、任天堂の当時の考えのすべてが凝縮されているといって良い。過去と未来の成功と失敗のすべてが、である。引用しよう。

3.3 マルチメディアについて

「昨今の流行許の一つに、マルチメディアというものがあります。このマーケットに、巨大企業が、みんな鵜の目、鷹の目で参入をはかろうとしています。

　しかし、参入せんとしている企業もマスコミも、その体質はソフト体質ではありません。ハード体質です。完全にソフト論議が抜け落ちてしまっているのです。

　たとえば、CD-ROMゲーム機だとか、あるいはバーチャルリアリティーだとか、あるいはマルチメディアとか。今論議されているのは、すべてことごとくハード側に立っての論議です。(中略)大容量、高速大量というハード的なものと、独創的な楽しさ、面白さの創造とはほとんど関係がありま

せん。いかに大容量を駆使しても、ソフトをになう才能、そういう人々のきわめてユニークな発想、それが大衆の心をとらえられなければ、高性能なものも全く宝の持ち腐れであります。独創的な楽しさがなければ、高性能な娯楽機というものは、値段ばかり高くなって売れるはずがない、と私は考えています。

　(中略) 高性能を目指した競争は、まさにハードメーカーの独断と偏見としかいいようがありません。また、ハードメーカーは、娯楽のマーケット、いわゆるソフトウェアの何たるかをご存知ありません。繰り返し申し上げておりますように、体質が違うのです。だから、どの会社も同じようなことを考えてしまうのです。

　大容量化は、ソフトの開発に深刻な影響を及ぼします、ソフト的にいえば、大容量を使いこなし、その能力をつかいきって、楽しい素晴らしいソフトを作ろうとすれば、今と比べて、いったいどのくらいのパワーがいるのか、はかりしれないのです。開発の日数も、何倍になるか分かりません。

　いま CD-ROM のゲームを大いにやりますといっているのは、(中略) マスク ROM や SRAM に比べてデバイスが安いからです。だから、大容量を使いこなしていないのです」。

　下線部は筆者が付けた。本文はかなり長いため、字句を変えずに要約してある。この講演は山内の意識や考え方を知る上で大変に重要であり、かつゲーム市場の本質を表している名言である。解説を加えながら説明して行こう。

　この講演の中での「バーチャルリアリティ」というのは、3D ポリゴンのことだと考えて良い。また「マルチメディア」とは、CD ロムを中心とする機器のことであり、当時のマルチメディアの中核と考えられていた。そして来るべきゲーム機戦争はマルチメディアの覇権をかけて争うと広く一般にとらえられていたのである (赤木、1992；馬場、1993；「任天堂のフィロソフィー」)。しかし、山内はこのマルチメディアをまったく評価していなかったのである。

山内とは反対に、同じ時期セガの中山社長は、あるインタビューの中で次のように明言している（赤木、1992）。

「——これからの事業展開では、やはりマルチメディアが最も重要になりますか。
中山　これからの技術を考えるうえで、私はマルチメディアとバーチャルリアリティ（仮想現実）がキーになると思うんです。
　　　マルチメディアはまず、コンシューマー用として発展してゆく、これにたいしてバーチャルリアリティはまず、ゲームセンターなどの業務用から発展する。業務用で開発が進んで、それからコンシューマー用へ応用が図られていくでしょう。
（中略）
　　　このマルチメディアとバーチャルリアリティという二つがセガの今後の事業展開の基本的な方向になります」。

　中山と山内とではマルチメディアの評価が正反対であることに注目すべきである。ちなみに赤木（1992）には、任天堂の山内社長へのインタビューも載っているが、やはりCDロムに対しては好意的ではない。むしろ、スーパーファミコンのロムカセットにロムだけでなくコプロセッサを付ける方向が主流になるという意見を述べている。
　この山内社長の見解は、結果的に外れたとはいえ、確かにひとつの有力な見解とはいえた。実のところ、マルチメディアの中核たるCDロムにも次のような欠点があった。

① CDロムは読み込みが遅く、プレーヤーをイライラさせる。
② CDロムを搭載すると値段が5,000〜10,000円程度高くなる。

　このようなゲームとしての欠点は確かにあったのだが、後から考えると決

定的ではなかったのである。

　また、CDはロムカセットの100倍程度の容量があるので開発費が高騰するという山内の意見は、確かに正しかった。CDロムと3Dポリゴンの時代になると、ゲームソフトひとつ当たりの開発費は概して高くなった。ファミコン時代は300万円程度だったのが、プレイステーションの時代になると1億円以上になった（例えば赤木、1992参照、これは私が聞いたゲーム制作者の共通意見でもあった）。ただし先述の山内の講演内の発言にもあるように、質を落として安く作ろうとすればできる。事実これ以後、乱造の時代になった。

　しかし、CDは無理に使い切らなくても良いし（実際多くのパソコン用ゲームでは使い切っていない）、ロムカセットでは不可能だった映像を入れればすぐに一杯になる。その上、任天堂は、そもそも開発能力の低くて低質なソフトを乱造する可能性があるという理由で、資金の少ない企業の参入を阻止していた。つまり、ある程度開発力と資金のある企業しかファミコンには参入していなかったのである。本当に資金力のないソフトハウスはパソコンでゲームをつくっていた。

　山内の言葉とは裏腹に、現実には多くのクリエーターたちはスーパーファミコンのロムの容量の少なさや性能の低さに不満を感じていたのである。これについては後に述べる任天堂を支えた有力ソフトハウスのスクウェアが任天堂を離反したときの理由として、はっきりと述べている。

3.4 高機能化への批判的態度

　先の山内社長の講演では3Dポリゴンを使ったバーチャルリアリティも批判している。

　任天堂はアーケードから撤退しており、ＰＣ関係企業でもなかった。そして今まで2Dゲームによって十分に成功してきていた。だから、任天堂には3Dポリゴンゲームを大衆が求めているらしいというニーズをつかみきれなかったし、自力で3Dポリゴンゲームを作る技術も十分になかったことが、

この発言につながっている。しかしライバル企業である松下、ソニー、セガは時代の流れとして 3D ポリゴンの重要性を認識していたし、実際にゲーム機に実装したのである。

しかし、1994（平成 6）年までの任天堂、NEC、バンダイは認識していなかった。とりわけ NEC は CD ロムの重要性を認識していて、いち早く導入し、16 ビット機では業界 3 位の地位をキープしていたにもかかわらず、3D 化の流れをまったく認識していなかった。

さらに、この山内の講演で分かることは 32 ビット化や 64 ビット化にも否定的なことである（当時の任天堂のスーパーファミコンは 16 ビットであった）。

要するに、この講演では CD ロム、3D ポリゴン、CPU の高ビット化（あるいは通信機能も暗に含んでいるのかもしれない）などの高機能優先主義をハード思考として、家庭用ゲームで成功するのに必要なソフト的な思考ではないと切って捨てているのである。この講演時、山内は松下、セガ、ソニー、NEC などのライバル企業が、これらの新技術を使った次世代ゲーム機を開発中であることは知っていた。このマルチメディアと高機能ハード批判は、それらの企業の方向に対する批判の意味があった。そして、ハード思考の他社（松下、ソニー、NEC はいうに及ばず、たぶんセガも含む）では、任天堂に匹敵する面白いソフトを作れないという強烈な自負が感じられる。

繰り返しになるが、この高機能ハード批判は注目に値する。任天堂はファミコンの開発に当たって徹底した低価格化を目指した。機能を絞り込み、さらに高性能の最新技術ではなく、十分に使われて安くなった「枯れた技術」を使うという玩具メーカーならではのパラダイムを持っていた（小橋、1993；横井、1996）。それがゲーム＆ウォッチ、ファミコン、ゲームボーイの大成功につながったのである。その延長上に高価格の CD ロムを搭載しないという考えがあったといえる。

ファミコンは、枯れて量産化された技術でなるべく安くつくることで成功した。ファミコン自体も PC の市場の下限という位置づけであった。しかし、

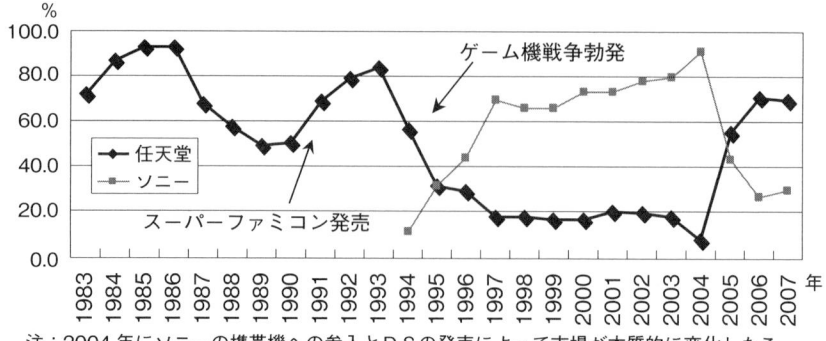

注：2004年にソニーの携帯機への参入とDSの発売によって市場が本質的に変化したことに対応して、2005年以降はそれ以前に含めなかった携帯機もシェアに含めている。

図3　任天堂とソニーの家庭用ゲーム機のシェアの推移

2世代後のソニーのプレイステーションをはじめとするゲーム機は、3Dポリゴンや MPU の高ビット化において、パソコンよりはるかに進んだ機能を持っていた。さらに2006（平成18）年に出たプレイステーション3ではブルーレイディスクの採用など、多くの点でパソコンの機能を凌駕している。それにつれて値段も倍以上にもなってきて、パソコンの価格帯に接近してきている。このように約20年間で、ゲーム機をつくる技術は移り変わり、枯れた技術から最先端の技術をふんだんに使うものに変化してきたのである。

3.5 プレイステーションの台頭とニンテンドー64

話を戻すと1994（平成6）年にゲーム機戦争が始まる。主な参加企業はCDロムの長所を生かすことのみに特化したバンダイのプレイディア、アメリカの3DO規格を採用した松下と松下に関係の深かった三洋電機、セガのセガサターン、セガと協力関係にあった日立、日本ビクター、ソニーのプレイステーション、NEC の PC-FX である。しかし PC-FX やプレイディアは CD ロムを搭載していたものの3Dポリゴン対応ではなく、話にならなかった。

実際には松下の3DO、セガのセガサターン、ソニーのプレイステーションの3つの争いになった。これらのゲーム機の特徴は32ビット、3Dポリゴン能力、CDロムである。値段もスーパーファミコンの60％増しから、倍

以上するものまである。

　その中で、3DO シリーズが早々に脱落し、1994（平成 6）年末に発売されたセガサターンとソニーのプレイステーションは激しい争いを繰り広げた。1995（平成 7）年はまだスーパーファミコンが健在であり、任天堂はソニーとセガとの三つ巴を演じていた。しかし 1996（平成 8）年も中頃になるとソニーの優位が確定したのである（図 3）。プレイステーションの初期定価は 39,800 円であり、スーパーファミコンの定価より 60％程度高かった。実売価格は倍以上だった。それでも市場を支配したのである。

　ソニーが、任天堂はいうに及ばず、松下、セガ、バンダイ、NEC などを圧倒して成功した理由については、この任天堂のケースの範疇というよりも、SCE（ソニー・コンピュータ・エンターテイメント）のケースといえる。ただ最も流通の改革やソフトハウスの勧誘が上手かったことだけは述べておく。

　ゲーム機戦争の起こった 1994（平成 6）年から 2 年遅れた 1996（平成 8）年、任天堂はスーパーファミコンの後継機であるニンテンドー64 を発売した。

　このように発売が遅れた原因を簡単にいえば、スーパーファミコンを長く売ろうとするあまり、ゲーム機の世代サイクルを読み間違えたこと、他社の新機種にはロムカセットに 3D 用のコプロセッサを積むような改造で対抗できると考えたことである。しかしソニーやセガの次世代機の売り上げを見て、急遽、ニンテンドー64 の発売を決めた。

　ニンテンドー64 は後から出たハードだけあって、ポリゴンの能力は 1994（平成 6）年に出た先行ハードより高かった。さらに他社のゲーム機がせいぜい 32 ビット CPU なのに対し、ニンテンドー64 の CPU は 64 ビットであり、それが名前の由来になっている。定価はスーパーファミコンと同じく 25,000 円であった。プレイステーションの初期の定価より圧倒的に安い価格である。

　しかし、このようして前倒し気味に出したニンテンドー64 には大きな欠点があった。それは CD ロムを搭載しなかったことである。これは致命的であり、後述のようにスクウェアが、これを理由にソニー陣営に移籍したのである。

3.6 委託生産料

任天堂がCDロムに終始消極的だったのは、高額な委託生産料を維持するためだったという見解も多く聞かれる（いや、ほぼこれのみが理由だとしている著作や記事も多い）。任天堂は、前述のようにファミコンやスーパーファミコン時代、サードパーティが独自にロムカセットを作ることを基本的に許さなかった。ロムカセットの委託生産費用はゲームのロムの容量にもよるが1本当たり2,000円以上だったといわれている。そして、ソフトが売れようが売れまいが、最低1万本を作らねばならなかった。任天堂はそのロムカセットの製造を下請けに丸投げして、少なくない利益を上げていた。それは一本当たり最低500円から1,000円以上であったといわれている。ちなみに携帯用ゲーム機であるゲームボーイでは、ロムの容量もカセットの大きさも小さいので、任天堂の利益も小さくて500円以下であったらしい。そして赤木（1992）の推定によれば、1991（平成3）年頃は営業利益の7割、約1,000億円を委託生産費で稼いでいた。

このような高い製造費がかかる半導体ロムカセットに対して、CDロムの製造コストは1,000円以下で、量産すれば包装を含めて100円を切る可能性もある。これを考えると半導体ロムカセットからCDロムに媒体を変えた場合、製造委託費用から、今まで通りの利潤の上げることは常識としてできなくなる。だから、時代遅れの半導体ロムカセットにあくまでこだわったというのが通説である。つまり、ハードで儲けるのではなくて、ソフトで儲けるという任天堂が作り出したビジネスパラダイムにとっては、CDロムでは今まで通りの製造委託料を取り難かったのである。

この製造委託料の件は任天堂がCDロム化の流れに決定的に乗り遅れる理由のひとつであったことに違いない。しかし、今まで何度も述べてきたように、任天堂には抜きがたい高機能化不信、とりわけ大容量化に対する批判的な目があった。これは後に発売されたニンテンドー64の拡張システム64DDの容量がCDロムの10分の1しかなかったことや、その次の世代の機種ゲームキューブでもDVDの3分の1の容量しかない標準規格から外れたディス

クを採用していることにも色濃く反映されているのである。

　それと同時に、機能を削ってでもゲーム機の価格をなるべく安く上げようとする体質も、任天堂がエレクトロニクスを使った玩具を発売した当初から綿々と続いていた。すると、CPU は量産効果が大きいので、大量に買うから値段を下げろという交渉ができたが（ファミコンのとき、最低 300 万個買うから 1 個 2,000 円にして欲しいとリコーに迫ったという）、機械的な駆動部がある CD ロム装置では最低生産価格に下限があり、それ以上には下がらなかったのである。セガが最初に CD ロムを採用した 1980 年代末の段階では最低 5,000 円は値段が上がったと述べている（大下、1996）、ＣＤロムは当時から枯れた技術なので、その後の値段の下落は小さい。1996（平成 8）年当時も最低 2、3,000 円程度は原価が上がったと想像される。このようなことから、ニンテンドー64 は CD ロムを採用しなかった。

3.7 スクウェアの離反

　1996（平成 8）年 3 月、それまで任天堂を支えてきた有力ソフトハウスのスクウェアが離反し、ソニーに付く。スクウェアはファイナルファンタジー（FF）シリーズで、ファミコンの時代から任天堂のドル箱ソフトを出し続けてきた企業であった。移籍の理由は、CD ロムが搭載されていないニンテンドー64 では、スクウェアが理想とするソフトが作れないからであると副社長がマスコミとの会見で明言した。さらに、任天堂の待遇に比べて破格の条件をソニーがスクウェアに出したことも原因のひとつだといわれている。ともあれ事実上、この瞬間にニンテンドー64 がプレイステーションに勝てないことが確定した。ニンテンドー64 が発売される 3 カ月前のことである。ニンテンドー64 は失敗の約束をされたハードであった。

　さらに翌 1997（平成 9）年 1 月、FF シリーズと並んで、任天堂を支えてきたドラゴンクエストシリーズを持つエニックスが、次回作をプレイステーションのソフトとして出すと発表する。この 2 つの大ソフトハウスの移籍により、ゲーム機ハードのリーディングカンパニーは任天堂ではなくソニーに

移ったことが誰の目にも明らかになった。

　任天堂はCDロムに類する技術を取り入れることに決定的に乗り遅れたが、ようやく2001（平成13）年に新型機種のゲームキューブに松下の開発した特殊なDVDもどきのドライブを搭載したのである。ゲームキューブ向けのソフトもどちらかといえば低年齢向きのものが多くなった。

　このように1990年代の中盤から2000（平成12）年頃にかけて起こったゲーム機戦争において、日本市場でリーディングカンパニーの座をソニーに明け渡した任天堂だが、これはある意味では最悪の結果とはならなかった。ソニーと市場がまともに競合した松下、セガ、NECは完全に破れて、ゲーム機ハードから撤退せざるをえなかった。マイクロソフトのXboxも、正面からソニーと激突している。それに対して任天堂はソニーより低年齢で低価格向けのニッチで、ソニーと直接ぶつからずに共存して生き残ったのである。先に任天堂が1990（平成2）年頃「大人をねらえ」と叫んでいたことを書いた。この言葉とは反対に大人のユーザーは1990年代の後半にソニーに奪われてしまった。そして任天堂は、子供向けのゲームに活路を見いださざるを得ない状況になったのである。さらに開発力の違いからハードの性能を求めず、より原点に戻ってソフトに力を入れざるを得なかった。皮肉なことに、これが数年後の逆転につながる。

　しかし、ゲーム機では携帯型と家庭用据置型という市場のセグメンテーションが成立している。そして任天堂は、元来ゲーム＆ウォッチやゲームボーイといった携帯型ゲーム機に強かった。その長所を活かして継続的に利益を上げた。据置型ではニンテンドー64の次世代機であるゲームキューブは、プレイステーション2（以下PS2）との競争をあきらめ、むしろ、低年齢層をターゲットにした携帯用のゲームボーイシリーズと連携を強めていこうとした。しかしゲームキューブの売れ行きは日本で2位、アメリカでXboxに抜かれて3位であり、ふるわなかった。株価は低迷し、マイクロソフトが買収するという噂が飛び交っていた。山内は2005（平成17）年6月に55年間務めた取締役を退任し、相談役となった。

4 ソニーとの戦いと奇跡的な逆転

4.1 株価の推移

図 4 は任天堂の最近の株価である。2003（平成 15）年ごろに最低になっていることが分かる。同年 5 月には 8,000 円を割り込む気配すらあった。

当時、任天堂が家庭用ゲーム機での起死回生を狙って 2001（平成 13）年に発売したゲームキューブが思ったほど売れなかったため、据置型でＰＳ２に決定的な差がつき、大幅な減益に見舞われていた。かつて常に 1,000 億円程度あった営業利益が、2003（平成 15）年度で 300 億円の利益に縮小。「ゲーム脳」という言葉が 2002（平成 14）年に発明されて、ゲームバッシングに使われ、大人が子供にゲームをさせない、買い与えないというような悪影響が出てきた。そして、全体的な少子化からゲーム需要が冷え込むという予想も株価に好ましくない影響を与えた。とりわけこれらの影響は、ソニーより購買層の年齢が低い任天堂にはダメージが大きかった。

さらに今までソニーが参入しておらず、任天堂の独占だった携帯ゲーム機へも、ソニーが高い性能を持つ新製品ＰＳＰ（プレイステーション・ポータブル）で参入することが 2003（平成 15）年 5 月に発表された。これが株価の底に対応している（図 4 の最初の↓）。

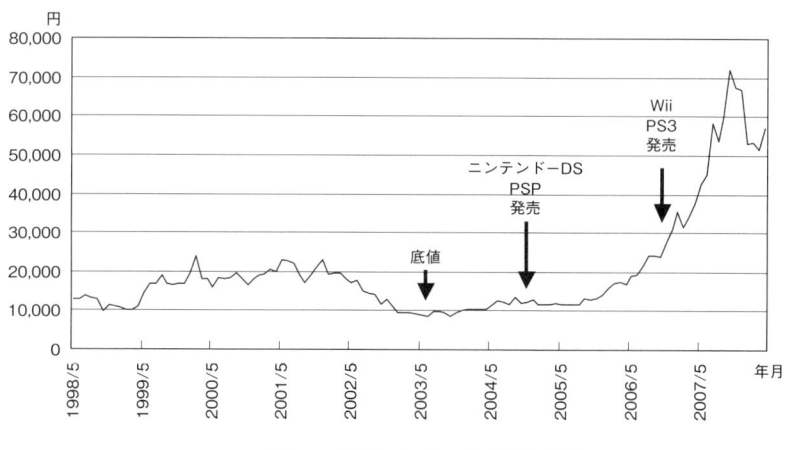

図 4　最近 10 年の任天堂株価

当時、セガのように据え付け型の家庭用ゲーム機からの撤退もあり得ると思われていた。このころ、盛んにマイクロソフトの買収の話が持ち上がったことは前節で述べた。
　だが、据置型ゲーム機で劣勢でも、すでに携帯ゲーム機と据置型ゲーム機の間にはセグメンテーションが成立していた。そして、低年齢向けの携帯ゲーム機の市場ではゲームボーイシリーズがまだ圧倒的なシェアを持っていた。この分野は、かつてのゲーム＆ウォッチの時代から任天堂が得意としてきた分野である。
　この携帯ゲーム機市場でも敗北すると存続の危機である。任天堂は、ソニーのＰＳＰの発表に対抗せざるをえず、なりふり構わず８月に次世代携帯ゲーム機の計画を発表する。現役のゲームボーイアドバンスＳＰの発売が同年２月だから、半年程度という異常に早い発表であった。ソニーの発表したＰＳＰの性能が圧倒的に優れていたので、新機種発表で現役機種の買い控えが起こることなど構ってはいられなかったのである。
　このようにＰＳＰに対抗すべく慌てて開発されたニンテンドーＤＳだが、実際に2004（平成16）年末に発売されると、同時期に発売されたソニーのＰＳＰを圧倒して利益は大きく盛り返し、逆境は去った。
　続いて、2006（平成18）年に平均５、６年に一度必ず起こってきた次世代据置型ゲーム機の戦争が起こった。やや早く発売したマイクロソフトのXbox360と、年末に発売されたソニーのＰＳ３、任天堂のWiiの戦いである。この戦争に日本市場でもアメリカ市場でも任天堂は勝ったのである。
　とりわけ、任天堂とソニーの関係は重要である。日本市場では携帯型でのニンテンドーＤＳとソニーのＰＳＰ、据置型での任天堂のWiiとソニーのＰＳ３は１カ月以内というほぼ同時期に発売している。図４の後の２つの↓がその時期である。クリスマスや年末年始の商戦を見込んだこともあるが、意識して対抗している。任天堂がこの２つの争いに勝利したことは決定的な意味があった。2003（平成15）年５月には9,000円を割り込んだ株価が、４年半後の2007（平成19）年10月には７万円を越えるなど、８倍も上昇した

のである。これは特筆すべき事例といえる。

　ゲーム機市場は「Winner takes all」である。Wii の勝利が分かると、かつて離反したサードパーティが次々と任天堂のもとに帰参してきた。例えば、スクウェア・エニックスのファイナルファンタジーシリーズが典型的な例である。

　逆にソニーのゲーム部門の子会社にあたるＳＣＥは株式を公開していないが、単独での評価は逆転しているといって良い。

4.2 設計思想の違い（ニンテンドーＤＳ対ＰＳＰ）

　それではなぜ、任天堂はこれらのゲーム機戦争に勝てたのだろうか。

　最大の要因は、母体となる企業がメインとする設計思想と目標とする市場のちがいにある。任天堂は純粋な玩具メーカー出身だが、ソニーはエレクトロニクスのハードを基礎とし、世界的な規格をいくつも生み出してきた名門企業だった。これが設計思想にも現れる。

　ソニーはそれまで、据置型よりずっと玩具に近い携帯型ゲーム機に参入していなかった。しかしＰＳ２の成功で２世代続けて据置型ゲーム機の覇権を握ると、ＰＳＰ（プレイステーション・ポータブル）を出して、この市場でも覇権を握ろうとする。

　それに任天堂も対抗する製品を出す形で、2004（平成16）年末にニンテンドーＤＳとＰＳＰが相次いで発売された。両者の特徴を対比すれば、外見も性能も「玩具と携帯情報端末」の違いである。両製品の仕様を見てみよう。

　ソニーのＰＳＰは、高度なポリゴン処理の回路を入れ、高画質の液晶ディスプレイ、そしてＵＭＤという小型の1.8ギガバイトの容量を持つ独自のディスクドライブを採用している。ソフトはこのＤＶＤを小型化したようなディスクで供給する。ＰＳＰはビデオ・ウォークマンとも揶揄された。つまり、それ以前に発売されていた任天堂のゲーム機よりＡＶやＰＣ寄りの製品なのである。コンセプトは据置型ゲーム機であるＰＳのゲームを移植できる性能ということである。

値段は 19,800 円である。比較のために書くと、任天堂の初代ゲームボーイの価格は 12,800 円、ニンテンドーＤＳの前世代機であるゲームボーイアドバンスＳＰの値段は 12,500 円であった。6 割程度高いのである。これでも原価 3 万円以上と予想されていたより下げたのである。

しかし 2004（平成 16）年に入ってＰＳＰの仕様が分かるにつれて、重量が重い、全体が大きい、ロムでなくディスクで供与、稼働時間が短いなど、疑念視する声が上がってきた。とりわけ、半導体ロムをなぜ採用しなかったかは、大きな疑問点である。回転型ディスクドライブの採用は重量を重くし、値段は高く、稼働時間も短くなったのである。ＤＶＤ規格で東芝に負けた穴埋めとしての映像市場も念頭に入れたというのが、「合理的な解釈」だが、そうだとすると虻蜂取らずになった。

それに対してゲームボーイシリーズの後継機であるニンテンドーＤＳは、液晶二画面やタッチスクリーンの採用、ワイヤレス通信を付けるほか、ゲームの供給媒体は従来通り軽量化に有利な半導体ロムであり、それ以前の携帯ゲーム機を踏襲するオーソドックスな作りである。直前の世代のゲームボーイアドバンスシリーズのソフトとの互換性も維持するためにわざわざＣＰＵとスロットを 2 つ積んでいる。つまり二画面、タッチスクリーン、ダブルＣＰＵ、ダブルスロットなど、安くあげようとする任天堂の伝統からすると全体的に豪華な作りであり、真剣性が伺える。だが、この性能の余り高くないものを 2 つ搭載するという思想は「ソニースタイル」とは大きくかけ離れた製品でもある。ＤＳはソニーでは出しえない思想の製品なのである。

そして値段は 15,000 円である。初期のファミコンと同じ値段であり、既存の機種よりも少しだけ（2 割程度）高い。

この値段もソニーに対抗する戦略的な価格である。発売の 2 カ月ほど前の 2004（平成 16）年 9 月 21 日、ソニーのＰＳＰの詳細発表の数時間前に、任天堂はＤＳの値段を発表した。それもソニーのＰＳＰではあり得ないほど手頃な値段を出してきたのである(そのおかげでソニーの発表会は混乱した)。

ゲームソフトでも任天堂はソニーと正面衝突を避けた。高い性能が必要な

マニア向けのゲームではなく、だれもが気軽に楽しめるソフト、たとえば『脳を鍛える大人のDSトレーニング』『やわらかあたま塾』『おいでよ どうぶつの森』などを多く用意し、女性から高齢者までをもターゲットにした。

2004（平成16）年になると、これらの前評判が徐々に任天堂の株価に反映してきていた。発売されると、やはりニンテンドーＤＳがＰＳＰを圧倒し、爆発的に売れた。任天堂は携帯ゲーム機市場を守りきったのである。

携帯ゲーム機市場を創造した最初の製品が、任天堂ゲームボーイであることは第2節で書いた。このとき、問屋の多くが「最新のカラー液晶ではないので売れない」という意見だったが、任天堂は値段を考えてあえて白黒にして成功した。これが玩具市場の特徴である。ニンテンドーＤＳのほうが、ＰＳＰよりこの事例に近い製品であることはいうまでもない。

さらに特筆すべきことは、それまでまったくゲームに取り込めなかった女性や高齢者層をも取り込んで、市場を拡大したことである。ソフトを工夫することによって、彼らにも受け入れられるゲームがあり得ることを示したのは、玩具の市場を変えた快挙である。また、やはりこれまで大きな可能性が指摘されていながら、さまざまな試みをはねつけてきたエデュテイメント（ゲームを使っての教育）についても『もっとえいご漬け』などで成功を収め、新しく切り開いた。これは、ある閾値を越えると新しい購買層や市場が開くという好例でもある。

4.3 革新的であったＰＳ３

これらのニンテンドーＤＳとＰＳＰの特徴の違いがいっそう極端に出たのが、据置型であるWii対ＰＳ３の戦いである。

据置型のゲーム市場では、2001（平成13）年にセガが撤退した代わりに2002年にマイクロソフトが参入し、三つ巴の戦いが演じられている。

ソニーがＰＳＰを発売するずっと以前から、設置スペースが大きくて移動しがたい据置型ゲーム機の未来は限界に直面していると考えられてきていた。そして現在、個人で楽しむ性質を持つゲームは携帯型ゲーム機に主軸を

移しつつある。したがって据置型はＡＶや通信、ＰＣなどの別の方角へ主軸を移すという予想があった。これはソニーにとって願ってもない未来であるし、マイクロソフトが据置ゲーム機へ参入したのもこれを念頭においたものだ。実はかつての松下の参入理由もそうなのだが、初めからソニーも純然たるゲーム機を狙っていないのである。ＰＳの原初のプロジェクトでは「ＣＤロムを搭載したスーパーファミコン」になるはずであった。だから、ソニー色はほど良く押さえられていたのである。しかし、2000（平成12）年に発売されたＰＳ２から色濃くソニーの雰囲気が出てくる。それはＡＶとの融合や新しいコンピューティングへの野心である。

　ＰＳ２は、ＤＶＤ再生機能の搭載や、高度なポリゴン能力を持つＣＰＵ「エモーションエンジン」を搭載していた。そしてこのＣＰＵは単なるゲーム機だけに使われる以上の可能性があることを強調しており、外販も考えていたのである。これは成功しなったが、ＰＳ２の成功もあり、一定の評価は受けた。

　さらに次の世代であるＰＳ３のＣＰＵには東芝やＩＢＭと共同開発した野心的な９（＝１＋８）コアの「ＣＥＬＬ」を採用し、かつ次世代ＤＶＤであるブルーレイディスクを採用するなど、野心的な試みが満載だった。目指すところは、ゲームのみならず、世界的なネットワークと融合し、ＰＣや映像を扱う家電を包括した製品であった。

　だが、このＣＥＬＬによる新しいコンピューティングの試みは裏目に出た。ＣＰＵの設計を未来志向に大胆に変えるということは、ゲームソフト会社にとり、これまでのノウハウが使えず、ＰＳ３では開発しにくいことを意味していた。これはソフトが余り出ないことにつながった。とりわけ、15年前の山内の講演（山内、1993）のときから、ゲームソフト会社は開発費の高騰に悩んでいたのだから、ＣＤの50倍大容量のブルーレイと新しい思想のＣＰＵでゲームを組むことをソフト会社は嫌うのは当然である。

　この点、マイクロソフトは自社の据置型ゲーム機Xboxや後継機Xbox360で、ウィンドゥズのプログラムのノウハウが流用できるなど開発費用が低い

ことを長所として宣伝していた。少なくとも北米市場ではこれが効き、ＰＳ３は Wii はおろか Xbox360 にも負けた。

　ちょうど同じ頃、ソニーの主導するブルーレイ規格と、ＤＶＤの規格を作った東芝が規格した「ＨＤ　ＤＶＤ」での次世代ＤＶＤ戦争が起こったことも災いした。このときマイクロソフトはＨＤ　ＤＶＤを支持した。ソニー本体にとっては、これに何をしても勝つ必要があった。ちょうどうまいことに、ＰＳ２がＤＶＤを採用したことが結果的にＤＶＤの普及に貢献したという事例があったので、ＰＳ３にもブルーレイ搭載を考えるのは自然である。ソニーグループの完全子会社であるＳＥＣには、この方針に抗しがたい。製造原価が高すぎるからといって、ブルーレイの採用を見送る選択肢はなかったのである。同じようにマイクロソフトのゲーム部門も、負けることが明らかだったＨＤ　ＤＶＤを支持するなどという会社全体の戦略に翻弄されており、同じようにハンデがある。しかし、任天堂にとってはゲーム部門がすべてであり、さらに玩具業界を出自に持つ任天堂の身軽さは、ソニーやマイクロソフトのような複合型巨大企業に比べて、今後も決定的に有利な要因であり続ける。

　そして発売前からＰＳ３の製造原価が高すぎるというのはゲーム業界での多数意見になっていた。ＰＳＰの失敗によってソニーのゲーム業界での威信は揺らいでいたので、ソニーは苦戦するという前評判がすでに経っていたのである。その結果、ソニーは直前になって販売価格を約１万円下げるという迷走をする。ＰＳ３の最下位モデルの日本市場での値段は最初 59,800 円だったのを 49,980 円に値下げしたのである。49,800 円とするのが常識なのだが、この微妙な値段は百円でも高く売りたかった苦悩の現れである。

4.4 防衛的なコンセプトで成功した Wii

　このようなソニーの野心的な試みに対して、任天堂は素晴らしい防衛作戦で応じた。

　本ケースの最初に書いてあるとおり、任天堂は十分に枯れた技術を使って、

全体的にコスト・パフォーマンスを上げるやりかたを得意としてきた。これが玩具市場の定石なのである。繰り返すが、この市場を創始したファミコンは、当時発売された「ＰＣ」の中で最も安くて、ゲーム機よりの機種だったのである。

　ニンテンドーＤＳやWiiはこれを踏襲している。とりわけ、Wiiはその極致といえる。

　Wiiの性能はＰＳ３やマイクロソフトのXboxに対して大きく劣っていて、概ねあまり売れなかった前世代機のゲームキューブを少し改良した程度である。そしてゲームキューブのソフトが走るという互換性を持つ。ニンテンドー64やゲームキューブにおいて背伸びして高機能を取り入れたことの反省から、性能の向上ではなく使い方やゲームの面白さに力を入れた機種であった。技術ではソニーやマイクロソフトに敵わないことからターゲットとする市場を変えた防衛戦であった。と同時に、まさに前に長く引用した山内の言葉通りのソフトの面白さで対抗する戦略をとったのである。一例を挙げると、加速度を感知する新型リモコンコントローラとその使用方法、過去に発売されたゲームソフトのダウンロード販売、日常生活に役立つようなゲームコンテンツの発売、インターネットを利用したさまざまな機能やサービスがWiiの大きな特徴である。

　Wiiの値段は、25,000円であり、スーパーファミコン以来の値段を堅持している。

　それに対してＰＳ３は最低モデルで５万円弱であり倍以上もした。プレイステーションやＰＳ２よりも約１万円高い。これでも値段を押さえた方である。ＰＳ３の原価推定については幅があるが、８万円以上かかったと考えられている。それに対して、Wiiは不必要な性能を押さえており、逆ざやがないと推測されている。設計も前のゲームキューブの流用に近いので開発費も多くはない。性能だけから見ると実に力の入ってない機種のようにさえ見える。

　しかし、ＰＳ３の半額という値段が決定的に重要になった。Wiiは、デファ

クト・スタンダードを獲るため初期の赤字覚悟で大量に売るというパラダイムを放棄したにもかかわらず、成功を収めた最初の据置型ゲーム機となったのである。

　低価格と斬新なソフトの効果で、ニンテンドーＤＳもWiiも任天堂の予想より売れに売れて品薄になることが頻発した。それでも任天堂は大幅な増産に慎重だったが、これは典型的な玩具メーカーの行動である。

　また、WiiのＤＶＤもどきのドライブからしても、任天堂にはまったく家電市場を狙う意志がなく、むしろ安くあげたいという伝統に従っていることが見てとれる。

　この勝負の結果、任天堂のWiiがソニーのＰＳ３を日本とアメリカ市場で上まわり、ゲーム業界の指導権をソニーから取り返した。図４における任天堂の株価の急上昇はWiiの勝利が明らかになった2007（平成19）年初めから起こっている。

　これは任天堂のオーソドックスな玩具路線の勝利だと結論できる。ゲーム機は玩具だったのであり、コンピュータやネットワーク家電の中心に進化することはできなかった。家電やＰＣとゲーム機の中間的な市場は、今までどの製品も成功しておらず、いまだに大きいものではないのである。

　本ケースではあまり取り上げなかったが、同じころマイクロソフトがXbox360を発売している。Xbox360の設計は概ね、ソニーほど野心的ではないが、任天堂ほど保守的ではないという意味で中間的である。Xbox360は、日本市場以外ではＰＳ３に勝り、Wiiと互角に戦っている。

　このケースの最初に述べたように玩具市場というのは浮沈が激しい市場である。バンダイが1997（平成9）年のヒット商品「タマゴッチ」を作りすぎて、翌年には苦況に陥ったように流れが激しく、先が読みくい。バンダイは2005（平成17）年ゲーム会社のナムコと合併した。あらゆる意味で身軽な任天堂に比べて、ソニーやマイクロソフトのゲーム部門の独立性の低さは、この市場ではかなり不利な要素である。

4.5 ゲーム機市場と任天堂の未来

　この任天堂のケース全体が示していることは、使用される基礎技術が似ているにもかかわらず、ＰＣの市場、家電市場、あるいは携帯電話市場とは大きく異なった特性を、ゲーム機市場が持つことである。さらに、ゲーム機市場の最初期から今に至るまで、エレクトロニクスやソフトウェアの技術よりも玩具・遊技市場の特性に慣れている企業が有利であった。これが、任天堂がこの市場で主要なプレーヤーであり続けられたことの最大の理由である。よって、ゲーム機市場が隣接する市場と独立したものである限り、任天堂の有利さは揺るがない。

　任天堂は、山内社長時代に中小企業から世界的な大企業になった。給与や福利厚生も同じように中小企業レベルから一流企業にふさわしいものになっており、関西の人気企業のひとつである。

　一方でこのことは、往年のパイオニア精神が薄れ、大企業病になりかねない要因でもある。はたして、任天堂の技術や企業文化・伝統の継承について問題はないのだろうか。

　この答えは、山内社長が引退した後に、任天堂がソニーに再逆転した4.4の経緯に現れている。山内時代に遜色がないほど任天堂の伝統が活かされた結果、再び首位に立ったのである。ソフト指向といったゲーム造りのノウハウや、ハードの仕様も山内時代から一貫して受け継がれているだけでなく、より洗練されている。さらに過去の大小さまざまな失敗にも学んで、教訓しているように見える。

　任天堂はシアトルマリナーズのオーナーになったように、いち早く世界的な企業になった京都企業のひとつでもある。任天堂の未来は過去の株価の変遷が示すように判らないが、このような長所を失わない限り、任天堂が今後も厳しい競争に勝ち残って行けることは疑いないだろう。

●本ケースの論点
論点1

1970年代に入るころからエレクトロニクスが急激に発達し、それを使った玩具やホビー用途のコンピューターが作れるようになった。この新興市場には、従来の玩具・ホビー企業のみならず、エレクトロニクスを背景とする巨大企業も参入しようとした。任天堂は1960年代まで、玩具・ホビー用品の中でも花札・カードという必ずしも当時のハイテクとはいえない分野での企業であったが、この市場に早くから着目して参入した。そして、激しい競争の末に、世界で最も成功をおさめた企業になったのである。

　このような新しい技術によって開かれた新興市場へ参入しようとするとき、その企業の持つ強みと弱みについて議論してください。大雑把にいえば、任天堂は高度な技術は持たない反面、玩具・ホビー市場はよく知っていたのに対し、ソニーはその逆であったが、それぞれにもっと細かい強みや弱みがあった。これらを踏まえた上で、結果的にはこの市場で敗退した他の有力企業（バンダイ、セガ、松下、ＮＥＣ等）に、どのような勝機があり得たのかを考察してください。

論点 2

　山内社長の時代の任天堂は、必ずしもマーケティングの教科書通りの経営判断を行なってきていない。とりわけ、どのような製品を作るか、協力企業にどのような政策をとるかなどにおいて、中庸でもなければ、常識的な多数意見を聞かないこともしばしばあった。むしろ、自分が正しいと信じた決断を全体的に貫いている経営といえる。代表的な例は、ファミコンの開発、ゲームボーイの開発、サードパーティへの統制政策である。

　このやり方は、いくつもの大成功を収める反面、1994（平成6）年に起こったゲーム機戦争で敗れ、ソニーに一時的にリーディングカンパニーを奪われるなどの大きな失敗の原因にもなった。このようなやり方の長所と短所を議論してください。

論点 3

任天堂は1994（平成6）年に起こったゲーム機の戦争において乗り遅れ、かつ最適とはいえない対応をとり、リーディングカンパニーの地位を失った。逆に2004（平成16）年からのソニーとの争いでは、任天堂は市場を的確にとらえ、製品においては防御的な対応をとった。一方、ソニーの野心的な製品は市場を的確にとらえられず、任天堂は再びリーディングカンパニーに返り咲いた。「戦いはミスの少ない方が勝つ」とはよく知られた名言だが、これらのゲーム戦争にも、この言葉は当てはまる。

　一方、工業製品では何か革新的な要素を持っていなければ新しい市場を作り出すことはできず、従って大成功もしない。この二律背反的な難しさについて、他の工業製品の例と比較して議論してください。

論点4

　ゲーム機市場は玩具・ホビーの大きな部分を占め、ＰＣ、ＡＶ、携帯電話市場などと隣接している。今までの競争相手は、いずれもここからやってきた。市場の創生期を越えて成熟期に入った現在、もはや手強い新たな競争相手は出現しないようにも見える。

　しかし、エレクトロニクス関連分野は技術革新と市場の変化が最も早い場所でもある。もし、新たな挑戦者が現れるとするなら、どのような技術革新や市場環境の変化が起こったときに、どの分野から参入が可能かを検討してみましょう。

【参考文献】

　山内溥（1990a）「任天堂山内溥社長に訊く」『トイジャーナル』1月号、pp.12-22。

　山内溥（1990b）「ゲームソフトとは何か!?」『トイジャーナル』3月号、pp.46-49。

　内海一郎（1991）『任天堂・ガリバー商法の秘密』日本文芸社。

　赤木哲平（1992）『セガvs.任天堂：マルチメディア・ウォーズのゆくえ』日本

能率協会マネジメントセンター。

小橋麗香（1993）「家庭用テレビゲームソフト産業の戦略と組織」『Business Insight』Autumn、pp.74-90。

馬場宏尚（1993a）『ソニーが任天堂に食われる日：ソニー、松下を利益で抜いた任天堂と世界のソニーの虚々実々戦』エール出版社。

馬場宏尚（1993b）『ソニー vs. 任天堂マルチメディア戦争の内幕：陰謀と裏切りに満ちたその裏側』ぱる出版。

山内溥（1993）「任天堂のソフト化戦略」『Business Insight』Autumn、pp.58-72。

大下英治（1996）『ゲーム戦争：遊びを創造する男たち』光文社。

横井軍平（1996）「なぜ私は任天堂を辞めたか」『文藝春秋』11月号、pp.372-380。

小橋麗香（1998）「ソフトのイノベーション〈任天堂のデファクト・スタンダード形成とソフト開発〉」『ケースブック 日本企業の経営行動 第3巻』pp.334-361。

武田亨（1999）『任天堂の法則：Digital Entertainment 2001：キーマン6人が初めて明かす！』ゼスト出版事業部。

新宅純二郎・田中辰雄・柳川範之編（2003）『ゲーム産業の経済分析：コンテンツ産業発展の構造と戦略』東洋経済新報社。

蔵琢也（2005a）「各種計量指標から見るゲーム機ハードの歴史」、ITEC Working Paper Series, Vol.6, No.05-06。

蔵琢也（2005b）「ゲーム機ハードの歴史と未来」6月11日、ゲーム学会第三回合同研究会、大阪電気通信大学。

Farthest Guru「任天堂のフィロソフィー」http://www.geocities.co.jp/Playtown/4007/phy00.html

コシヌケ1040「64DD研究所」http://ksnk.sakura.ne.jp/ddlab/（に失敗作64DDについて忌憚のない意見が書いてある。一方、任天堂のキーパーソンにインタビューした武田（1999）はこの大失敗作について好意的に書いてある。これは、直接のインタビュー記事が資料としては概して相手の失敗に極めて甘くなることを示す良い例である。）

ゼットン金子「任天堂雑学」http://www5a.biglobe.ne.jp/~ninten/（このホームページは任天堂を良く研究している。しかし余りにも任天堂を贔屓しすぎているきらいがある。）

第8章 村田製作所

マトリックス経営の進化

浅田拓史・中川　優[1]

1　はじめに

　京都に本拠地を置くこの世界的な電子部品メーカーについて、あなたはどれほど知っているだろうか。名前を聞いたことがあるというあなたは、そこで実践されている「マトリックス経営」という仕組みをご存じだろうか。ここではこの知られざる超優良企業の経営の秘密に迫りたい。

2　創業

　村田製作所におけるマトリックス経営は、その歴史なくしては語れない。村田製作所の歴史は、清水焼に代表される京焼の風土のもと、1944（昭和19）年、創業者の村田昭が京都市四条大宮北に工場をかまえたことにまで遡ることができる。その後「不思議な石ころ」と呼ばれるセラミックスにまつわる技術を基礎として、コンデンサを中心とする多様な電子部品の製造・販売へと展開していく。まずはその社史をひもといていこう。

2.1　創業と分社経営

　村田製作所は、1947（昭和22）年ごろから始まったラジオブームを背景として、ラジオの部品となるチタンコンデンサの製造によって急成長を遂げた。1951（昭和26）年には、製品需要の増大に対応するため、また、福井

1）　執筆分担：1～4：浅田拓史、5：中川優。

県窯業試験場からの熱心な勧誘と土地の無償提供などの地元の協力にこたえて、福井県に工場進出した（現・福井村田製作所）。以降、1960（昭和35）年には武生工場（1959年操業開始）を分離独立し武生村田製作所とし、1965（昭和40）年にイワミ電子工業（現・イワミ村田製作所）、1966（昭和41）年に能登電子工業（現・ハクイ村田製作所）、1969（昭和44）年には氷見電子製作所（現・氷見村田製作所）など北陸に多数の子会社工場を次々と設立し、急成長をとげていく。

　村田製作所ではこのように増設された工場を、創業初期から独立採算の子会社として運営する「分社経営」が行われた。分社経営とは、社長は本社社長などが兼務しつつも、これとは別に各社の管理者（事業所長）を配置し、事業所長に工場の管理等に関する権限委譲を行うものである。このような分社経営が採られたのは、「人材管理力等の面から経営能力が不足していたので、それぞれを小さな独立会社にして子会社単位で経営を完結するほうが経営しやすかった」ためであるとされる。より具体的には、「別法人なら経営の不効率は資金不足で表面化し、問題が早く顕在化する」（泉谷、2001、p.30）などの管理上の利点を追求した必然的な結果であった。他方で、「従業員のモチベーションの観点からも、売上や利益の拡大には自らの成果が明確になり、それぞれの子会社での競争意識も生まれて全体の業績向上に貢献した」（泉谷、2001、p.30）というような効果も表れた。このような理由からか、子会社工場群を中心とする生産体制は、当時の電子部品企業一般の特徴でもあった。

　この分社経営は、社長の直下に事業所長（子会社の管理者）が配置されるという構造であり、当時はひとつの子会社がひとつの製品製造事業部に対応していた。後にこの分社経営は、「マトリックス経営」の基盤を提供することになる。

2.2 経営危機と経営理念の確立

　ラジオブームは1953（昭和28）年にラジオの生産が戦後最高を記録し、ピー

クに達する。翌1954(昭和29)年には朝鮮特需後のデフレ不況が深刻となり、電子部品業界も大不況に見舞われ、同社も資金繰りの悪化から経営危機に陥る。給料の遅配や分割払いが生じ、同社は苦境を打開するために大幅な人員整理を行った。

　そして、この不況期の苦い経験の反省をもとに「技術を練磨し 科学的管理を実践し 独自の製品を供給して 文化の発展に寄与することにより 会社の発展と協力者の共栄をはかり これをよろこび感謝する人々とともに運営する」(なお、創業35年をむかえた1979（昭和54）年に、「文化の…」の部分を「文化の発展に貢献し 信用の蓄積につとめ」と変更している）という社是が生まれることとなる。社是にいう「科学的管理」の思考は、生産現場のみならず、他の分野も含んだ包括的な「科学的経営管理」を意味するものであり、景気循環に適応し安定的に企業が存続していくために、全社的観点から「安定性」を重視した経営管理を行なうことが必要とされたのである。

　その後、1955（昭和30）年からの神武景気、1958（昭和33）年からの岩戸景気の到来を受けて、白黒テレビやトランジスタラジオが活況を呈し、その電子部品を供給する同社も順調に売上高を増加させる。このように、創業から1960年代までの村田製作所は、需要の増大という市場環境を背景に事業規模を順調に拡大していったが、景気循環の狭間で幾度の資金難や労使闘争などの経営危機を経験し、それが後の経営の基盤となる経営理念や管理コンセプトの形成に影響を与えることになる。

2.3 経営管理手法の導入と確立

　このような成長と経営危機そしてさらなる飛躍を経験する中で、同社では「科学的管理」を実行するために、多くの経営管理手法の導入と開発に意欲的に取り組んできた。

　1959（昭和34）年には、生産規模の拡大と製品品種の増加、工程数の増加を伴った生産プロセスの複雑化を受けて、損益の工程別管理が導入された。後に、同社の経営管理システムの礎を築いた泉谷裕氏（同社元副社長）は「マ

トリックス経営は、このときに製造部門の工程間取引に一定の内部振替価格を設定し、工程ごとに細分化して損益管理をはじめたのを原型としている」（泉谷、2001、p.31）と述べている。生産技術の変化や製品多様化は、管理対象の拡大と複雑化を引き起こし、このような経営管理手法の変化をもたらした。

また、社内金利制度が、1960（昭和35）年頃にすでに導入されており、1970年代には製品別事業部制採用時に社内資本金制度を導入した。社内資本金制度は、松下電器産業が1954（昭和29）年に導入しているが、「この時代の社内金利制度の主目的は売上債権の過度の増大防止と早期回収、棚卸資産の圧縮など、資金管理におかれた」（櫻井、2004、p.79）というように、同社においても、極めて厳しい資金制約の中で、貴重な資金が流動資産に滞留することを防止する目的があったと考えられる。いずれにせよ、その導入は当時の最先端の経営管理手法を積極的に取り込んだたまものであったといえる。同社ではその後、紆余曲折を経て、1977（昭和52）年に同制度を廃止し、資本期待利益を考慮した社内金利制度を導入することとなる。

後に述べるが、費用の三分法による現在の利益計算構造においては、社内金利のうち設備金利と棚卸金利は「加工費」（同社特有の表現であり、いわゆる加工費とは異なる）の項目とし、間接部門の設備等に係る社内金利は間接費に含めて製造原価に含められる。このように金利を製造原価としたのは、製造部門の責任原価とすることで、現業管理者に資金や金利への意識づけを行なうことが目的であったと考えられる。当時、社内金利を営業外損益とせずに製造原価としたことは、当時から「原価計算基準」が財務費用を非原価項目としていたこと（企業会計審議会、1962、「原価計算基準」五(一)3）を考えれば、革新的な発想であった。

この他、同時期に、見積原価計算制度が導入された。見積原価計算制度は、導入当時は、生産技術依存的に積み上げ方式で決定される見積原価に対して一定の利益を付加するというようにして、製品の価格決定に利用された。現在ではさらに、1990年代に導入された「許容原価管理」に組み込まれて、

開発段階から見積原価と許容原価を比較し、フェーズ管理に利用されるようになった。また、生産段階では、見積原価は「標準原価」としての意味を持ち、実際原価と比較することで差異分析が行われ、不良率や人件費などの管理に特に利用されている。

この時期には他にも重点項目予算制度などの経理制度が導入され、来るべき 1,000 億円企業への脱皮へむけた基盤が着々と整備されていった。

3 1,000 億円企業へ

企業が採用する経営管理制度は、その経営環境と密接に関連している。村田製作所の経営の根幹をなす仕組みは、1970 年代から 80 年代前半にかけて、同社を取り巻く厳しい経営環境に適応するようにしてその基礎が形成され、その後、漸進的な進化を遂げて現在に至っている。

3.1 北陸、山陰地方へ

1970（昭和 45）年前半には、カラーテレビ用部品の需要増が著しく、同社においてもこれに対応すべく積極的な増産施策が採られた。カラーテレビのセラミックコンデンサの使用量は 1 台当たり 100〜150 個と、白黒テレビの 1 台当たり 50 個より多く、このようなカラーテレビの増産は、これに用いる電子部品の需要を飛躍的に増加させた。そのようなカラーテレビブームに伴う需要拡大に対応すべく、北陸、山陰を中心に多くの国内子会社工場が建設され、生産設備の増強が行なわれることになる。一般的に、このような地方への工場進出は消費者物価の低い地域における生産が労働賃金面で優位となることがその理由とされる。しかしながら、当時は、傾斜生産政策下で同社に対する資金が劣後していたため、日本開発銀行からの地域開発融資や、中小金融公庫等からの融資、これにともなう都銀・地銀からの協調融資などにより、資金調達を容易にするという同社の個別の事情も関係していた。

1960 年代にかけて部品メーカーの多くが賃金の安い韓国、台湾、香港などに工場を移転させる中で、同社のこの当時の生産体制の増強は、1972（昭

和47）年シンガポールに生産・販売会社を設立したことを除けば、ほぼ国内を中心としたものであった。当時は、国内需要はもとより海外需要も国内生産によってまかなっていた。これは、海外の低労務費によるコストダウンの限界を考慮し、国内において生産合理化を行うという経営方針によるものであった。現在においても依然として、海外売上高は75％に対し、生産が20％に到達していないが、それはこのようなコストダウン方針に基づくものである。またこれは、同社が「市場のあるところで生産し、供給する」ことを生産の基本政策としていたためである。同社の本格的な海外進出（海外生産、海外販売）が始まるのは1970年代後半からであった。

3.2 コンピュータ化と組織改革

1970年代前半には基幹業務のコンピュータ化が推進される。「昭和40年代後半というのは、当社が基幹業務のコンピュータ化に力を入れた時代でもあった。人員の増大、業務の複雑化によって、もはや事務も思い切った機械化をしなければならない時代に入っていた」（村田製作所、1995、p.129）とあるように、組織の大規模複雑化への対応が重要な課題として認識されるようになった。これを受けて、1970（昭和45）年5月、管理部を中心としてMASCOT（Management Activity Systems Controlled by On-line Total）PLANが立案され、これに検討を加えたニューMASCOT PLANが1971（昭和46）年11月経営会議の承認を経てスタートする。この狙いは「(1) 在庫を圧縮する、(2) 納期を短縮する、(3) 間接費を削減する、(4) 管理水準を向上させる」（村田製作所、1995、p.130）ことにあった。

この後も同社においては全社一元的なコンピュータシステムの導入へ向けた取り組みが積極的に行われた。このような一元的なコンピュータシステムの存在は、マトリックス経営推進の強力な基盤となっている。

他方、1972（昭和47）年には、大幅な組織改編が行なわれた。いわゆる「5本部1支社制」の導入である。これは、需要増に対応して増設された子会社群を統合し、社長の直下に各部門を機能別（職能部門別組織）に配置したも

のである。具体的には、管理本部、技術本部、商品事業本部、営業本部、海外本部、東京支社を設置している。この組織再編は「長年硬直化していた基本組織とトップマネジメントの配置を変え、若い力を活用して社内にバイタリティをみなぎらせ、スピーディで創造的な多国籍企業として世界を相手にできる力をたくわえようとするのが、その狙いであった」（村田製作所、1995、p.128）とされる。この後も、村田製作所は過去の成功体験に甘んじることなく、不断の組織改革を断行していくことになる。

3.3 資金不足と海外証券市場への上場

　上述のような華々しい成長と経営革新とはうらはらに、このような旺盛な投資を背景とした資金不足問題は同社の経営陣の頭を悩ませていた。「戦後の成長過程の中で、当社が常に頭を悩ませてきた問題として資金不足がある。成長のテンポに資金が追いつかず、常に後手後手の設備投資となり、ビジネスチャンスを失ったことも少なくない」（村田製作所、1995、p.119）とあるように、同社の経営において資金問題は常に重要な課題として認識されてきた。

　特に、1973（昭和48）年に生じた第1次石油危機に端を発する不況のあおりを受け、同社は第38期（1974年9月～1975年3月）と第39期（1975年3月～1975年9月）の2期連続で、創業以来初の赤字決算を経験する。このような状況下で、資金調達も困難を極めた。昭和50年度経理部方針において当時経理部長の泉谷裕氏は「39期は億を越える赤字決算をさけることはできません。これは実質的に当社は、少なくとも今年度は増資ができないことをさします。（中略）借入金も、銀行は赤字会社に貸付することに当然消極的になり、従来に増して担保要求等の条件はきびしくなり、調達量もおのずから規制されることは覚悟しなければならない」（『機関誌ムラタ』、1977年6月、通巻第6号、p.18）と述べている。

　このような旺盛な資金需要とそれを受けた資金管理の必要性の増大は、毎期の年度社長方針をはじめ随所で強調された。このような制約条件は経営上

の足かせとなった側面もあるが、他方で社内金利制度をはじめとする経営管理制度の形成を促し、大企業へと成長していく同社の強みの源泉ともなった。1976（昭和51）年、同社はさらなる資金調達のために、泉谷氏の発案でシンガポール証券取引所に上場し、DRS（シンガポール預託証券）を発行した。シンガポールで資金調達が行なわれたのは、同社の知名度不足や企業規模などの点から、国内市場で十分な資金調達が行なえなかったためである。加えて、1977（昭和52）年にルクセンブルク証券取引所、1978（昭和53）年にフランクフルト証券取引所に相次いで上場し、1979（昭和54）年にスイスで転換社債を私募形式で発行するなど、続々と海外市場で資金調達を行なった。これ以降、このようにして調達された資金を元手に、積極的な海外進出が展開される。また、このような資金問題の改善を受けて、おおよそこの時期から、資金管理の目的が資金繰りから資金の効率的活用へと徐々に軸足を移動していくことになった。

3.4 成長ゆえの問題

この1970年代には、成長過程でいくつかの問題が顕在化したという。泉谷（2001）によれば、①子会社の増加によって、村田製作所グループ全体としての損益管理の必要性が増大し、また②製品種類が増加し、それらの製品には共通工程があり品種別損益管理ができない、③販売部門は粗利益率で管理されると安い価格での販売を躊躇する、の3点が挙げられている。これらはいずれも組織の規模拡大と複雑化によるものであり、同社が大企業へと脱皮する上で避けては通れぬ問題であった。

このような問題に対して、村田製作所ではさまざまな取り組みがなされた。具体的には、①連結決算書の作成（同社が連結財務諸表（日本の連結財務諸表作成基準（草案）による）を作成したのは1968（昭和43）年からである。1973（昭和48）年には国際資金調達のため、米国基準に変更し現在に至っている）、②製品別事業部制の導入、③工場の操業水準向上を意図した販売部門の販売手数料収入と営業費用での損益管理、④研究開発費を各製品に負

担させる（製品別損益作成のため）、⑤一般管理費および販売部門費は用役基準をベースとする製品別配賦基準を用いて配賦するなどである。

①の連結決算書類の作成は、経営管理上の必要性から生まれたというよりは、同社の経営の根幹をなす分社制度を維持しつつ、東京証券取引所への上場を行うために必要な条件であった。当時は子会社を用いた粉飾決算や株主の参加しないところでの利益処分を防止する観点から、子会社を有するままでの上場は認められていなかったが、粘り強い交渉の結果、連結財務諸表を作成・開示することで上場が認められた。連結財務諸表作成基準（草案）に基づく開示第1号であった。このような連結計算書類の作成は、全社的な損益管理を行なう素地を育んだが、海外子会社も含んだオールムラタでの製品別損益管理までは、情報技術の進展と情報システムの整備を待たねばならなかった。

②の製品別事業部制の導入は、具体的には、開発と製造、営業を一貫して製品単位ごとの経営を強化する「商品別経営」として行なわれた。まず、1974（昭和49）年10月に（通称）商品事業部別の組織運用方針が制定され、社内的に商品別経営が推進されることとなる。これは、「オールムラタを商品別に縦割りにし、市場競争に打ち勝つために市場ニーズに基づいて、つくることと売ることを統合し商品経営を推進していく体制をめざしたものであった」（村田製作所、1995、p.128）というように、市場ニーズへの対応力の強化を志向するものであった。とはいえこれはあくまで社内での「通称」にすぎず、各事業部の経営を担う人材が整ったのち、1983（昭和58）年5月にようやく正式に制度化し、対外的にも公表された。これによって、場所別経営と商品別経営という2つの指揮命令系統を持つマトリックス組織が誕生した。

その他、この時期には経営管理制度についていくつかの大きな変化があった。具体的には、重点項目予算から全項目予算への転換、上記のAIS（会計情報システム）の導入・展開などである。このうち全項目予算への転換は、文字通り、管理体制の充実を意味するものであり、主として資金管理体制の

強化が図られたものである。AISの導入・展開はこのような管理体制の強化を下支えするものであり、管理業務の効率化をめざすものであった。

また、現在も用いられている費用の三分法が導入されたのも1970年代であるとされる。費用の三分法とは、製造原価を主として原価発生態様の観点から、変動費、加工費、間接費の3つに区分する方法である。ここで加工費（直接固定費的なものが多い）は設備費用と棚卸金利など、間接費（間接固定費的なものが多い）は間接材料費、間接労務費、間接経費、間接社内金利などから構成される（泉谷、2001、pp.112-125を参照）。この導入は、生産プロセスの資本集約化を背景として、合理化により低減できた労務費と増加した加工費を比較し分析することをめざしたものである。いざなぎ景気下で生産体制の増強のために行なわれた生産ラインの機械化、自動化によって増加した設備費用と、これにより減少した労務費とを比較することにより、安易な設備投資を抑制し、「科学的管理」を実践しようとするものであった。

4　世界のムラタへ
4.1　海外進出の時代

村田製作所は1970年代後半以降、国内はもとより海外における生産販売活動を本格化する。シンガポールに生産販売会社を設立し海外現地生産を開始したことを皮切りに、アメリカ、ブラジル、メキシコ、タイなど、この時期以降に各国への海外展開を行なった。「市場のあるところで生産し、供給する」ことを海外生産の基本政策として、人件費の低い海外現地生産を行なってこなかった同社も、セットメーカーからの海外進出要請に応えるかたちでシンガポール進出を決断するに至った。

その後、1973（昭和48）年、GMとの取引のため、米国のジョージア州に工場進出し、現地生産を開始する。「進出の理由としては、GMのバイ・アメリカン政策に対応することが第1であったが、アメリカ国内に工場を持つことにより、現地の得意先に満足のいくサービスができ、より多くの得意先を確保できること、周辺の先進技術を習得するチャンスがあること、技術

動向の見極めができること、営業上の重要な情報をより多く入手できること、アメリカ流の経営方式を直に学べること、世界の動きについて、より迅速にその情報を収集できること、など多くのメリットが考えられたからである」（村田製作所、1995、p.115）。

1978（昭和53）年には、Murata Corporation of Americaがガラストリマや積層コンデンサを製造する米国JFD社を、そして、台湾のセラミックコンデンサ製造会社を相次いで買収する。1980（昭和55）年には、カナダに本社を置くセラミックコンデンサ製造会社のErie Technological Products Ltd.（以下、エリー社という）を買収する。エリー社はセラミックコンデンサのメーカーとして、当時の米国市場において高いシェアを有しており、特に村田製作所が目指していた産業用電子機器市場への進出を行なう上でこの買収は重要な意義を有していた。「エリー社の買収は、その技術とならんで、販売網の活用を狙いとする」ものであった（佐藤、1982、p.145）。

その後も1986（昭和61）年ブラジル、1987（昭和62）年メキシコ、1988（昭和63）年タイ、1993（平成5）年マレーシアにそれぞれ製造会社を設立し、積極的に海外展開を進めていく。ブラジル（Murata Amazonia Industria E Comercio Ltda.）、メキシコ（Murata Electronica Mexicana S.A. de C.V.）、タイ（Murata Electronics (Thailand) , Ltd.）、マレーシア（Murata Electronics (Malaysia) Sdn. Bhd.）などの子会社は、主として現地の企業誘致政策によって展開していたメーカーからの部品供給要請にこたえて進出したものであった。

他方、国内子会社についても、次々と子会社や事業所を設立あるいは買収することになる。1976（昭和51）年金津電子工業（現・金津村田製作所）、1977（昭和52）年村田貿易、1979（昭和54）年七尾電子工業（現・ワクラ村田製作所）、1981（昭和56）年小松村田製作所をそれぞれ設立し、1982（昭和57）年には電気音響に資本・経営参加、富山村田製作所を設立、その後も1983年（昭和58）出雲村田製作所、1984（昭和59）年金沢村田製作所、1985（昭和60）年東北電機音響（現・ハサマ村田製作所）、松本電器音響（現・

トヨシナ村田製作所）をそれぞれ設立、1987（昭和62）年野洲事業所を開設している。

　このようにして進出した国内外の工場において、同一製品の複数地域生産を行うことは、リスク分散や内部競争による効率性向上を目的とする側面もあった。

　他方、1980年代は製品の複合化が大きく進展した時代でもあり、この傾向は今日に至るまで続いている。これについて、同社では1986（昭和61）年に「プロジェクトMR21（21世紀に向けての経営管理体制の改革プロジェクト）」を発足させた。MR21では、21世紀に向けての課題と対策について15のテーマが選出され、このうち6番目のテーマである「長中期商品開発計画及びシーズ開発計画の策定」を緊急優先解決策として、1989（平成元）年にMR21-6がスタートする。MR21-6では同社の事業領域について、①現在の事業を機能複合商品に展開していく、②センサと通信分野で機能複合商品を志向する、③一般汎用電子部品の充実を図るという3つを推進することが決定された。

　そのような拡大戦略の結果、連結売上高は1980（昭和55）年から1989（平成元）年までの10年間で約4.5倍の急成長を遂げ（その間の工業製品物価指数の上昇率は14.5%）、さらに、この間の自己資本経常利益率は31%という驚異的な数字を記録している。この躍進の背景には、電子機器のインテリジェンス化の進展がある。電子機器に搭載されたコンピュータに必要な発振子の需要が増大したが、同社では従来の水晶を利用したものよりも安価で優れた特性を有するセラミック発振子（セラロック®）を開発し、かかる市場が急成長を遂げたのである。これによって同社の成長は加速した。

4.2　組織基盤の確立

　1980年代後半は、情報システムの統合化が推進された時期でもある。かかる情報システムの再構築は、費用に約4億円を要する大規模プロジェクトであった。このような情報システムの整備は、中堅企業から同社が目標とす

る売上高1兆円の大企業への脱皮をめざして、①基幹業務の集中化、②全社データベースの確立、③固有業務の分散処理化を基本方針のもと推進された。

このような積極的な投資を資金的に支えたのは、国外における資金調達、とりわけ転換社債や預託証券の発行による返済不要の自己資金の調達であった。1978（昭和53）年にはドイツで株式と同時にドイツマルク建無担保転換　社債を発行し、1979（昭和54）年スイスフラン建転換社債を、1980（昭和55）年ヨーロッパ預託証券、1981（昭和56）年米ドル建無担保転換社債、1983（昭和58）年スイスフラン建て転換社債と第2回ヨーロッパ預託証券、1984（昭和59）年第2回と第3回米ドル建無担保転換社債を発行している。国内では、1973（昭和48）年に物上担保第1回転換社債（10億円）を起債したことをはじめとして、1981（昭和56）年に第2回無担保転換社債、1985（昭和60）年に第3回無担保転換社債、1987（昭和61）年第4回無担保転換社債を発行している。そして、1987（昭和61）年の転換社債の発行により、現在も続く借入金に依存しない経営が確立することとなる。

そして、1980年代はじめごろには、上述の商品別経営の正式導入に伴い、「三次元目」の本社機能スタッフが確立した。これは、場所別経営と商品別経営が同時並行的に推進されるようになった結果、スタッフが重複し固定費が増加する危険が生じため、これを回避する必要が生じたことに起因する。また、場所別経営のもとで発展した子会社別場所別経営から、事業別製品別経営を組み入れたマトリックス経営へと移行する上で、子会社別に分化していたレギュレーションの統一・実効化という観点からも、本社機能スタッフの存在が必要となっていた。このような本社機能スタッフ組織の確立により、同社の特徴的な組織構造である「三次元マトリックス組織」が誕生したのである。

4.3 三次元マトリックス組織

「三次元マトリックス組織」は、事業本部を最大単位とする製品別事業部別組織（タテの組織）と工場ごとの生産工程別場所別組織（ヨコの組織）、

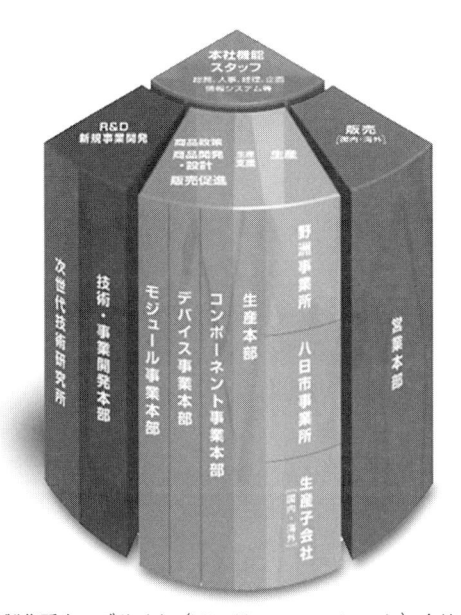

出所：村田製作所ウェブサイト（http://www.murata.co.jp）より。
図1　三次元マトリックス組織の概念図（2007年12月現在）

そして本社、子会社、事業所の管理部門やR&D部門を含んだ機能スタッフの3つの組織によって構成される。

　事業本部は、さらに事業部、商品部、品種というように細分され、それらの長によって、その品種に関する研究開発、製造、販売に至るまでのすべてのビジネス・プロセスが管理される。各事業本部は、本社R&Dとは別に、独自のR&D部門を有している。また、営業本部とは別に、各事業本部には販売促進を担当する部門が存在する。

　他方、事業本部とは独立の組織として場所別組織が置かれる。場所の管理者（事業所長）は、自工場に存在する製造工程を管理する責任を負っており、工場の効率的な運営を確保する。例えば、生産管理における技術革新を主導したり、場所の有効利用のために、一部の品種が生産を縮小することにより空きスペースが生じた場合には、そこに、増産の必要な品種の製造工程を誘致したりというようなことが行なわれる。

機能スタッフには、図にもあるように、総務、人事、経理、企画、情報システム等のスタッフが含まれる。本社機能スタッフは、子会社や事業所の機能スタッフを指揮統制し、事業本部長と事業所長の水平的調整を図るとともに、本社との間の垂直的調整を図る役割を担っている。

　これを、下位組織の視点から見れば、ある下位組織はその品種の属する事業本部長の指揮下にあると同時に、工程の存在する事業所長の指揮下にあり、2つの指揮命令系統に所属することになる。多元的命令系統がマトリックス組織の本質であるとするならば、村田製作所の組織構造は、まぎれもなくマトリックス組織であるといえる。

　しかしながら、「三次元目」とされる本社機能スタッフの位置づけは他と並列ではない。この本社機能スタッフは各担当役員によって管理されているが、基本的には社長の直轄下にあり、ローテーション制度を通じて子会社スタッフも含めて一体として機能している。そして、タテ・ヨコの組織で両者の担当領域や業際が問題になる場合には、本社スタッフ（企画部、経理部等）が助言者、調整役としての役割を担うものの、交点組織の管理者に対する命令権はなく、またこの管理者はこれらのスタッフ組織に所属しない。

　それにもかかわらず、「三次元目」の本社機能スタッフの役割が強調されるのは、マトリックス組織を構築する経緯と大きく関連している。すなわち、上記のように、マトリックス組織は場所別経営（分社制）の下で発展してきた同社の組織構造に、研究開発や製造から販売まで一貫した商品別の経営を組み込むことにより生じたものである。そのような過程の中で、従来大きく権限を掌握していた事業所長の指揮下にあったスタッフが、新設された商品部長からも指示を受けることとなった。このような指揮命令系統の変更は、必ずしもスムーズに行なわれたわけではない。例えば、同社の有力製造子会社である福井村田製作所については、1977（昭和52）年から1979（昭和54）年の間、後に代表取締役副社長となる泉谷裕氏が本社から出向し、徹底した意識改革、手続・規定類の統一を断行している。つまり、本社の意思決定について、それが確実に実行される仕組みを構築することが行なわれた

表1 マトリックス損益計算の計算例

	工場1（工程1）		工場2（工程2）		営業（本社）	
	A製品	B製品	A製品	B製品	A製品	B製品
売上高	300	600	600	1600	1000	2000
変動費（前工程費）			300	600	600	1600
変動費（自工程費）	50	200	80	400		
加工費	50	200	80	150		
正味利益	200	200	140	450	400	400
間接費	50	150	20	60		
売上総利益	150	50	120	390	400	400
販管費	−	−	−	−	200	100
営業利益	−	−	−	−	200	300
使用資本	1000	2000	1000	2000		

	事業別損益		場所別損益	
	A製品	B製品	工場1	工場2
売上高	1000	2000	900	2200
変動費（前工程費）			0	900
変動費（自工程費）	130	600	250	480
加工費	130	350	250	230
正味利益	740	1050	400	590
間接費	70	210	200	80
売上総利益	670	840	200	510
販管費	200	100	−	−
営業利益	470	740	200	510
使用資本	2000	4000	3000	3000

のである。一見、当然に見えるレギュレーションの統一であるが、多くの企業で十分に行なわれていない中で、同社ではこの三次元目の本社機能スタッフの存在がこれを可能としているのである。

4.4 三次元マトリックス組織と経営管理

　村田製作所では、上述のような組織構造のもと、これに即した経営管理制度が構築されている。以下では、その代表例としての品種別損益計算と部門別損益計算について概観しよう。

　製品別組織では、製品の品種別に損益計算が行なわれ、これが随時トップやミドル・マネジメントによりモニターされる体制が構築されている。具体的には、原価計算の最小単位である原価部門を基礎として、その上に損益の管理単位（プロフィット・センター）を設けている。これらの損益管理単位間では、内部振替価格により取引が行われる。なお、販売や製造のライン部門がこのような損益管理単位として把握され、スタッフ部門はコスト・センターとして費用対業務成果の最大化を目的とした管理単位とされる。このような製品別損益計算は、開発、製造、営業を一貫して損益計算を行なうというものであり、戦略計画を重視する考え方から導入された。現在では、各損益管理部門の自律性や責任感を生み出すという機能も認められている。

　他方、場所別の組織では部門別損益計算が行なわれる。ここでいう部門別損益は、子会社を含めた法人としての責任会計を達成するための制度であるとされる。すなわち、職能部門別組織を意味する場所別の組織構造のもとで行われる損益計算であり、「コストダウンの企画や実行管理」などのオペレーション効率化の観点で特に用いられる。

　例えば、連続工程1と2を経て、製品AとBが生産されるような場合を仮定しよう。上記の計算例によれば、工場2の管理者はより利益率の高い製品Bの増産を望むかもしれない。しかし、全社的には製品Aの投資利益率のほうが高い。あるいは、工場2が製品Aのボトルネックとなっており、機会損失が発生しているような場合も存在する。他の条件を無視すれば、このような状況においては、全社的観点からは製品Aの増産を行なうべきである（実務では、投資利益率だけでなく利益額や市場シェア、他の定性的な条件などの要素も考慮されて最適な生産が決定されている）。この場合には、社長直轄の機能スタッフによって、両者の調整が図られ、例えば振替価格の

改定や、目標利益の変更など、なんらかの解決策が提案されることになるのだ。

4.5 投資評価制度の確立

　すでに述べたように、この時代は多大な設備投資を行なった時代であり、同時に上記のように会社の財務基盤が安定したことから銀行に依存しない投資意思決定を行なわなければならなくなった。すなわち、従来は借入時の銀行審査が実質的に同社の投資決定を左右することとなっていたが、そのような制約がなくなり、自律的な投資意思決定が求められるようになったのである。

　さらに、三次元マトリックス組織の生成など管理体制が概ね整い、全社的に統一した基準としての投資評価制度が確立した。またこれは、データベースの蓄積に伴うIE技術の基盤整備によって可能となったものであった。この時期に確立した強固な投資評価制度は、現在に至るまでその姿を大きく変えてはおらず、多額な投資を必要とする同社の事業の性質上、その後の収益性ある成長を下支えしている。

　同社の投資評価制度である「正味投資利益計算」（上總・浅田、2007）は、投資案は、原則として4つの経済性指標（投資利益率、増分資産利益率、投資効率、回収期間）によって判定され、これらについて3つ以上の基準値について目標水準を満足することが要求される。経済性指標では、設備投資によって増加する加工費と逆に投資効果として減少する変動費に注目し、両者の純減少額を意味する正味利益、およびこれから製造間接費や販売費・一般管理費等を控除した営業利益の純増加額を用いて投資計画の良否が判定される。この計算の特徴のひとつは経済性指標の計算において比率（割引率）ではなく、絶対額としての資本コストを加減するところにある。

　ただし、このような経済性指標による定量評価はかなり高いハードルが課されている。これは、投資案の淘汰をめざしたものではなく、あえて高い目標を課すことにより、これに達しない投資案について定性的な経営判断を行

うための仕組みである。

　投資案の採択後、村田製作所では事後的に計画が予定通り進んでいることを、一定の期間を設けて報告する義務を課している。そして実際値が目標水準に達しない場合は、改善計画を提出させ、改善されるまで報告を要求するという厳しい事後管理制度を設けている。このような事後報告システムは、事後的な進捗管理はもとより、安易な事前計画を防止するという機能をも担っている。投資案の事前稟議と事後評価によって、管理者の注意を事後的な進捗管理における不利差異へと限定することにより権限の委譲を可能とし、ひいては決裁スピードの向上をもたらしているのだ。

4.6 さらなる海外進出と成長

　1985（昭和60）年のプラザ合意後、円高の進展に伴い、電子機器産業の東南アジアを中心とする海外進出が加速する。これに合わせて同社も、上述のように海外現地生産を推進することになり、販売拠点も世界各地に相次いで新設した。

　1990年代ごろからは自動車電話や携帯電話、無線呼び出し、コードレス電話などの移動体通信事業が急速に拡大する。この流れは現在に至るまで続いており、特に携帯電話の第3世代端末やBluetooth®搭載端末向けの市場が活況を呈している。他方、自動車の電装化にともないカーエレクトロニクス市場も拡大しており、ノートパソコン市場なども順調に推移している。2002（平成14）年3月期と2003（平成15）年3月期は、いわゆるITバブルの崩壊にともなう一時的な低迷期を迎えたが、それを除いては主要な財務指標もおおむね堅調に推移している。

　1990（平成2）年には、再び全社的な組織再編が行なわれる。そこでは事業部組織の再編と統合、営業組織の見直しと再編が行なわれた。ここでは、従来の9つの事業部（コンデンサ、複合、抵抗器、EMI、圧電、可変商品、映像部品、原材料、特磁の9事業部）をコンポーネント、ファンクショナルデバイス、原材料の3事業部に再編統合し、営業組織については、管理統括

部、業務部、第1営業推進部、第2営業推進部、第3営業推進部、市場開発部を廃止し、新たに管理統括部、営業統括部、営業推進部、第1営業統括部、第2営業統括部を設置した。このような組織再編は、「複合化の進展、業際商品の展開への迅速な対応」と、「グローバルな市場志向型組織の構築」「セクショナリズムの除去」「事業部再編に対応した営業の強化」を目指したものであった。

その後、事業部組織はマテリアル事業部、第1コンポーネント事業部、第2コンポーネント事業部、第3コンポーネント事業部、デバイス事業部、回路モジュール商品事業部の6事業部に再編された。2005（平成17）年には、再び大きな組織改編が行われ、現在のモジュール事業本部、デバイス事業本部、コンポーネント事業本部の3本部制に再編された。このような大規模な事業区分の再編のみならず、同社では小規模な再編が頻繁に行なわれている。

1990年代以降の村田製作所においては、先に述べた許容原価管理や世界連結ベースの品種別損益管理などの導入を除いては、他に大きな経理制度の変化は起こらなかった。その要因は、収益性が安定したことが考えられる。しかしながら、データベースや情報システムはこの間、大きく発展した。オールムラタで共通化した情報システムを構築し、業務の標準化と基準の統一、意思決定の迅速化によって、企業競争力の向上が図られた。また幾度となく行なわれた組織再編は、必ずしも大きな経理制度の変化をもたらさなかった。これは、経理制度や会計情報システムが、電子部品という事業の性質上、必然的に生じる頻繁な組織再編に柔軟に対応できるように構築されていたためである。

5　新たな展開

村田製作所の歴史は華々しい高業績に彩られている。それは、その時々の厳しい事業環境に適応すべく日々進化してきた経営管理制度によって下支えされている。構築された経営システムは必ずしも、その時の経営課題に答えるだけでなく、将来を見据えたものであったことはいうまでもない。

しかしながら、そのような状況適合的な経営管理制度は、事業環境の大きな変化が生じたときには劇的な変革が求められ、これに乗り遅れた企業は市場によって淘汰されるかもしれない。何が進化しなければならないのか、どのように進化していかなければならないのか、「変わらなければならない」と考える経営者は、日々このような問いに答えていかなければならない。

　しかし、そのような進化は単にランダムな変化のみではない。既存のシステムを利用して、新たな時代のニーズにこたえていく経路依存的な変化もあるだろう。村田製作所のケースで見られたものの多くは、まさにこのような進化であった。また弱み（ピンチ）を強み（チャンス）へと変える怪我の功名型の進化も多い。ただし、このような進化は、同社の成長が主として内生的成長によってきたことと関係しているのではないだろうか。グローバルに活動する企業にとって、全社的に統一されたシステムを維持することは極めて難しいといえるだろう。

　スピード経営が求められる時代において、M&Aは現代企業の経営の重要な部分を占めつつある。同社の海外売上高は年々増大しており、さらなる成長のためには外国企業の買収も増加する可能性がある。（組織）文化の異なる国内外の企業の買収、その後の統合が問題となってくるだろう。このような環境変化は、同社の経営管理制度にどのような影響を与えることになるだろうか。

　こうしている今も、村田製作所の経営管理制度は進化し続けている。

6　まとめ

　以上、村田製作所の三次元マトリックス組織と管理会計を中心とした経営管理システムについて、その背景と仕組みについて検討してきたが、ここにも京都企業に共通する要素が見られる。

　第1に限られた事業ドメインの中で、トップを目指すということである。村田製作所は、現在では完成品にも進出しているが、依然として事業および収益の中心となっているのは、コンデンサを中核とする電子部品事業である。

しかも、これらの製品は、世界的にも見てもトップクラスのシェアを有している。このように、ニッチ的な限られたドメインの中でオンリーワン的な地位を占めるというのは、他の京都企業にもよく見られる特色である。

　第2に、限られたドメインの中で継続的に売上を拡大していくためには、その分野で常に先端的な製品を次々と開発し、ライバル企業の追従を許さないことが必要となってくる。したがって、社是にも「技術を錬磨し科学的管理を実践し独自の製品を供給して…」とあるように、新技術・新製品の開発は、競争力、収益力の維持には必要条件となっている。また、技術とは、単に新製品の開発にかかわる技術にとどまらない。開発した製品を生産に移行し、量産化するという生産技術も当然のことながら、競争力の源泉となる。村田の場合には、この生産技術の高さも独自の製品の供給に大きく貢献している。

　第3に、限られたドメインの中で利益を確保するためには、独自の製品を供給するだけではなく、精緻な経営管理の仕組みが必要となる。社是においても謳われているように、「科学的管理を実践し」というように、たとえ独自製品の供給が可能であっても、経営管理が「どんぶり勘定」では、利益の確保および拡大は見込めない。

　村田では、当初から生産が原則として子会社で行われており、より小さな単位で、売上、利益等の管理が可能なシステムが作られていた。さらに、それを高度に発展させたものが三次元マトリックス組織に基づく、管理会計を軸とした経営管理システムである。上記の独自製品の開発と精緻な経営管理システムが車の両輪となって、収益の向上、特に利益を生み出す仕組みができあがっている。社是においてこの両者が併記されている点が、まさにこのことを物語っているといえよう。筆者が面談した大手電機メーカーから転職してきた社員がいみじくも「儲かる仕組みというのは、こういうことをいうのか、というのが村田に来てよく分かりました」と語っていたのは、象徴的であった。

　精緻な経営管理システムというのは、アメーバ経営に象徴される京セラの

ように他の京都企業にも共通するものがある。村田は京都企業の強みである他の追随を許さない独自の製品の供給と、精緻な経営管理システムを併せ持つというひとつの典型的な事例であるといえよう。

●本ケースの論点
論点 1
　村田製作所の特徴である経営管理システムについて、同じく先端技術企業のオムロン、京セラ、ロームなどにおけるそれと比較し、その共通点および異なる点について検討してください。例えば、村田製作所における「マトリックス損益計算制度」と京セラの「時間当たり採算」（稲盛、2008）について比較・検討し、このような差異や共通点が生まれてきた背景について考察してください。

論点 2
　主に内生的成長によって事業拡大してきた村田製作所と M&A を多用する日本電産などの京都企業における経営管理システムを比較し、成長戦略と経営管理システムの関係について検討してください。

論点 3
　一般的に「マトリックス型」の組織は、運用が難しいとされているが、村田製作所において、マトリックス経営がなぜ必要であり、それが今日までうまく運営されている原因、背景等について検討してください。

【参考文献】
佐藤光（1982）「日本電子産業の海外進出に関する事例研究─東光と村田製作所」宮崎義一編『多国籍企業の研究』筑摩書房。

村田製作所（1995）『不思議な石ころの半世紀 村田製作所 50 年史』。

泉谷裕（2001）『「利益」が見えれば会社が見える』日本経済新聞社。

櫻井通晴（2004）『管理会計 第3版』同文舘出版社。
上總康行・浅田拓史（2007）「村田製作所のマトリックス経営と管理会計—正味投資利益計算と割引回収期間法」『企業会計』第59巻第1号、pp.150-159。
稲盛和夫（2008）『アメーバ経営』日本経済新聞社。

第9章 トーセ

縁の下の力持ちに徹し、コーディネーターへ[1]

中道一心

1 はじめに

　トーセというゲームソフト開発企業をご存知だろうか。売上高約56億2,278万円、売上高経常利益率16.4%（約9億2,274万円）という優良企業である[2]。株式市場に関心をお持ちの方やゲーム業界に強い関心を寄せておられる方ならご存知かもしれない。トーセは1999（平成11）年8月、大阪証券取引所市場第2部および京都証券取引所に上場した際、上場から4日間にわたって値が付かず、ようやく5日目に初値が付いたことで当時の株式市場の話題をさらった[3]。そして、ゲーム業界においてトーセは「縁の下の力持ち」というポジションを築き、ゲームソフトメーカーから信頼を集めている。トーセは、決して自らゲームソフトを販売せず、ゲームソフトの開発業務を請け負う黒子に徹しているのである。ゲームソフトの受託開発というと、「下請け」という言葉を思い浮かべてしまうかもしれないが、トーセはゲーム企画の段階から請負先のメーカーと一緒になって作業する（図1）。

---

[1] 本ケースの作成に当たり、株式会社トーセ代表取締役社長齋藤茂氏、経営企画部鈴木智子氏にたいへんお世話になった。この場を借りて感謝申し上げたい。
[2] トーセの『有価証券報告書』を参照。売上高、売上高経常利益率ともに、2007年8月期決算の連結ベースの数字である。
[3] 例えば、『日本経済新聞社』1999年8月18日、同20日、同21日、同24日、『日経金融新聞』同年8月19日、同23日、『日経産業新聞』同年8月23日や小川益宏「縁の下で支えるゲームソフト開発」『財界』第48巻、第6号、p.133、『日経ベンチャー』1999年10月号、p.58-59などを参照。なお、現在は東京証券取引所市場第1部および大阪証券取引所市場第1部に上場している。

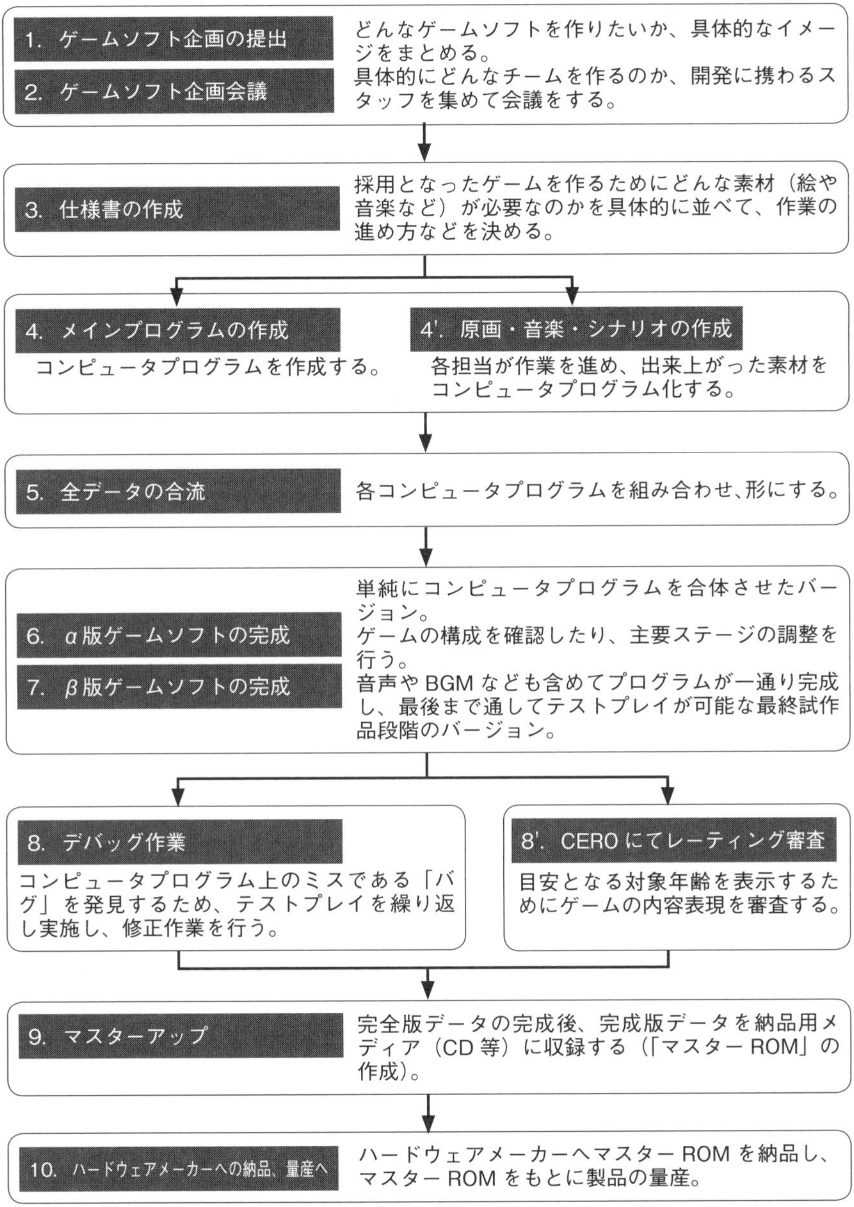

1. ゲームソフト企画の提出	どんなゲームソフトを作りたいか、具体的なイメージをまとめる。
2. ゲームソフト企画会議	具体的にどんなチームを作るのか、開発に携わるスタッフを集めて会議をする。
3. 仕様書の作成	採用となったゲームを作るためにどんな素材（絵や音楽など）が必要なのかを具体的に並べて、作業の進め方などを決める。
4. メインプログラムの作成	コンピュータプログラムを作成する。
4'. 原画・音楽・シナリオの作成	各担当が作業を進め、出来上がった素材をコンピュータプログラム化する。
5. 全データの合流	各コンピュータプログラムを組み合わせ、形にする。
6. α版ゲームソフトの完成	単純にコンピュータプログラムを合体させたバージョン。ゲームの構成を確認したり、主要ステージの調整を行う。
7. β版ゲームソフトの完成	音声やBGMなども含めてプログラムが一通り完成し、最後まで通してテストプレイが可能な最終試作品段階のバージョン。
8. デバッグ作業	コンピュータプログラム上のミスである「バグ」を発見するため、テストプレイを繰り返し実施し、修正作業を行う。
8'. CEROにてレーティング審査	目安となる対象年齢を表示するためにゲームの内容表現を審査する。
9. マスターアップ	完全版データの完成後、完成版データを納品用メディア（CD等）に収録する（「マスターROM」の作成）。
10. ハードウェアメーカーへの納品、量産へ	ハードウェアメーカーへマスターROMを納品し、マスターROMをもとに製品の量産。

出所：コンピューターエンターテイメント協会『2007 CESA ゲーム白書』コンピューターエンターテイメント協会、2007年、65ページ、「ゲームソフトが作られる仕組み」をもとに、筆者作成。

図1　ゲームソフトができるまで

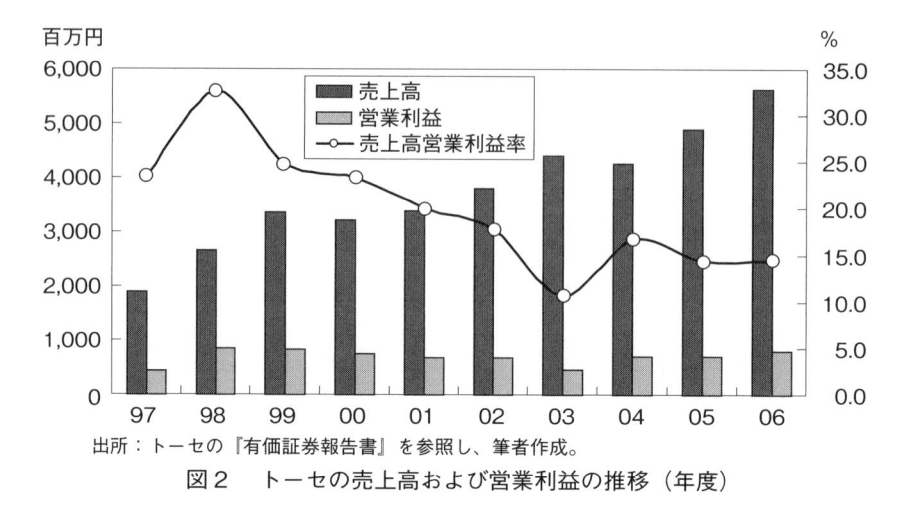

図2 トーセの売上高および営業利益の推移（年度）

出所：トーセの『有価証券報告書』を参照し、筆者作成。

　トーセの高い利益率は、今にはじまったことではない。設立以来28期連続黒字、そして、図2のような高い利益率を維持し続けているのである。そうなると、ゲームソフト業界全体として、安定的に高い利益率を獲得できるのではないか、と疑いたくなる。表1は図2と同様に本業の儲けを表す営業利益について、主要ゲームソフト企業とトーセを比較したものである。コーエー、スクウェア・エニックス、セガ・サミーホールディングス、任天堂は、毎年10％以上の売上高営業利益率を獲得しているが、カプコン、コナミ、タカラトミー、バンダイナムコは10％以下の売上高営業利益率に落ち込んだり、時には損失を計上したりしている。なお、スクウェア・エニックス、セガ・サミーホールディングス、タカラトミー、バンダイナムコのように合併したり、持株会社形態により統合した企業については、表1とは別に表2に合併前、統合前の売上高営業利益率を整理した。エニックスとサミーを除いて、どの企業も損失を計上している。しかも、セガ、トミー、ナムコはこの間、10％を超える売上高営業利益率を上げていない[4]。つまり、表1と表2からいえることは、コーエーや任天堂を除いて、通常はゲームソフトメーカー

---

4) タカラはゲームソフトの販売を行なっていないので、同列に挙げなかった。

表1　主要ゲームソフト企業の売上高営業利益率の推移（年度）　(単位：%)

	97	98	99	00	01	02	03	04	05	06
カプコン	17.9	9.4	17.6	14.6	15.5	10.8	2.7	11.8	9.4	12.9
コーエー	18.5	19.3	28.8	35.2	38.1	40.0	37.8	33.7	29.5	22.0
コナミ	8.2	14.8	21.1	22.5	11.9	−8.6	14.9	10.8	0.9	10.0
スクウェア・エニックス							30.7	35.8	12.4	15.9
セガサミーホールディングス							20.4	21.5	14.5	
タカラトミー									−0.2	2.6
任天堂	23.9	27.3	27.3	18.3	21.5	19.9	20.9	21.6	17.7	23.4
バンダイナムコ									7.9	9.2
トーセ		23.4	32.5	24.7	23.4	20.1	17.7	10.6	16.7	14.4	14.4

出所：各社の『有価証券報告書』を参照し、筆者作成。

表2　旧経営体制における売上高営業利益率の推移（年度）　(単位：%)

	94	95	96	97	98	99	00	01	02	03	04
スクウェア	24.1	24.1	−1.1	14.1	11.5	6.2	−3.9	15	31.3		
エニックス	10.8	27.0	25.3	16.3	32.7	21.1	44.9	29.8	21.0		
セガ	5.2	1.5	2.7	−0.8	0.8	−11.9	−21.4	6.9	4.7	7.6	
サミー					14.4	12.8	25.3	32.9	31.2	28.5	
タカラ	0.5	−3.9	3.4	5.2	2.8	−2.7	4.6	6.9	8.3	4.5	−11.9
トミー			5.9	7.9	8.3	9.1	6.4	−1.5	1.6	7.3	5.4
バンダイ	10.3	8.7	−1.4	4.9	−2.2	3.5	7.3	9.1	10.6	10.5	9.0
ナムコ	3.8	9.1	9.6	7.4	5.7	4.5	−2.0	4.0	6.1	8.9	8.4

注：1995〜2000年までのエニックスは単体ベース。それ以外はすべて連結ベース。
出所：各社の『有価証券報告書』を参照し、筆者作成。

が、安定的に高い売上高営業利益率を上げることは難しく、トーセが高利益率を維持していることは特筆すべき状況なのである。

　本章では、なぜトーセは高い利益率を維持することができているのか、という疑問に答えてみたい。

　結論を先取りすると、以下の通りである。トーセの経営戦略は「永遠に続く会社づくり」を目標に立案されており、それを達するために「縁の下の力持ち」に徹すると宣言している。このことは非常に重要な意味を持っていると筆者は考える。というのは、ゲーム業界のようなテンポが速い市場環境に

おいて、ゲームソフトメーカーは企画段階では常に新しいアイデアを探し、そして、作業段階では膨大な作業量の前に茫然と立ち尽くしている。このような状況はトーセのようなゲームソフト企画開発を請け負う企業が、多くの顧客を獲得するには絶好のチャンスである。とりわけ、トーセは、作業をこなす「手」としてだけではなく、先にも述べたように企画段階からアイデアを出す「脳」としての役割を担うことができ、委託元であるゲームソフトメーカーにとって非常に便利な存在である。さらに、トーセは委託元からコスト、品質、納期の面でも高い評価を受けており、委託元となるゲームソフトメーカーにとってトーセは魅力的な存在なのである。このように、トーセは便利さに加えて、足腰となる基盤的な競争力が備わっている。そして、トーセは委託元にとって便利であり続け、コスト、品質、納期においても委託元の難しい要求にこたえ続けることで、継続的な受注を積み重ねている。このことは、売上や利益の安定といった営業面の安定だけではなく、次世代ゲーム機に関する情報や新しいゲームソフトの開発案件に関する情報を常に入手できる状況にあるといえる。そして、トーセが委託元の数を増やせば増やすほど、トーセは多様な情報を入手し、それらを吟味し、中長期の事業ビジョンを考える際に活かすことで、「永遠に続く会社づくり」という経営戦略を立案することができる。その結果として、図2で確認したように売上高営業利益率をはじめとする経営指標において高位安定するのである。

　しかし、「縁の下の力持ち」に徹すると経営層が声高に叫んでも、それを実行する人材がいなければ、絵に描いた餅になってしまう。そこで、多種多様な顧客の要望に対応できる人材を育成するスキームが必要である。言葉を換えれば、第一線で活躍するような業務遂行能力の高い優秀な人材を育成することができる仕組みをつくり上げなければならない。この点、トーセは非常にユニークな人材登用システムを敷いており、この仕組みが「縁の下の力持ち」に徹することを支えていると考えられる。

　以上のような結論を導くために、①なぜ、足腰となる基盤的な競争力を身につけると、顧客を獲得できるのかということについて産業特性の観点から

分析し、②「縁の下の力持ち」に徹する戦術を支える人材登用システムとはどのようなものかについて考察する。

次節では、上記の疑問に答える前に、トーセの歴史について、簡単に振り返る。

2　トーセの歴史

トーセは株式会社東亜セイコーから分離独立して、設立された。東亜セイコーは齋藤茂氏（トーセ代表取締役社長）の父である齋藤豊氏が経営する会社である。東亜セイコーは1952（昭和27）年創業間もないころから松下電器産業と取引を続けてきたが、1978（昭和53）年ころに一斉風靡したインベーダーゲームに代表されるテーブル型ゲーム機の生産をはじめた[5]。齋藤茂氏は大学卒業後の1979（昭和54）年4月に東亜セイコーへ入社したが、同年11月に分離独立した際に経営を任され、ゲーム機の開発を1980（昭和55）年にはじめたのであった。

設立間もないトーセはヒットに恵まれる。インベーダーゲームと同じく業務用、つまり、ゲームセンターで楽しまれるアーケードゲーム「サスケvs. コマンダー」がヒットするのである[6]。その後も順調にアーケードゲームでヒット作を生み続ける。しかし、1983（昭和58）年からは家庭用ゲーム分野のソフト開発に着手し、業務用ゲームソフト開発から家庭用ゲームソフト開発へと徐々に事業を移行していった[7]。当時、タカラとソードが家庭用ゲーム機「M5」を発売しており、トーセは「M5」向けソフト開発業務を引き受け、おもちゃ業界との取引を広げた[8]。その後、アスキーとマイクロソフトが提唱し、松下電器産業やソニーなどの大手家電メーカーが発売した世界

---

5) 東亜セイコーのウェブサイト（www.toaseiko.com）および齋藤（2007）、p.34を参照。
6) 原（2004）、p.7-8を参照。「サスケvs. コマンダー」はSNK（新日本企画）の製品であり、トーセは企画開発を担当。
7) 齋藤（2007）、p.34を参照。
8) 同上。

表3　トーセの沿革

年	月	沿革
1979	11	株式会社東亜セイコーより分離独立し、京都市東山区に株式会社トーセを設立、業務用ゲーム機の生産を開始。
1980	9	アーケードゲーム機「サスケ vs. コンダー」の開発に成功。
1981	3	海外用アーケードゲーム機「ヴァンガード」の開発に成功。
1983	4	家庭用ゲーム分野に戦略変更し、パソコン用ソフトの開発に着手。
1984	4	ファミコン用ソフトの開発に着手。
1986	5	現在地、京都府乙訓郡大山崎町に本社を移転。
1988	4	業務拡大に伴い、京都市下京区に大宮分室(現・大宮開発センター)を開設。
1988	7	本社新社屋を完成。
1990	4	任天堂製ゲームボーイ、任天堂製スーパーファミコン、ソニー・コンピュータエンタテイメント製プレイステーション、セガ製セガサターン等、機器対応を拡大。
1991	5	アメリカ市場での市場調達、販路開拓、開発体制をめざし、アメリカ合衆国ロサンゼルスに米国現地法人「TOSE SOFTWARE OF AMERICA, INC.」を設立。
1993	4	海外ゲーム市場悪化に伴い、米国現地法人「TOSE SOFTWARE OF AMERICA, INC.」を解散。
1993	11	優秀なソフト開発要員の確保を目的に、中国上海市に現地法人「東星軟件(上海)有限公司」を設立。
1994	2	マルチメディア時代に備え、京都府長岡京市に長岡京CGセンターを開設。
1999	1	事業規模拡大に対応するために、烏丸CGセンターを開設し、長岡京CGセンターの業務を移管。
1999	8	大阪証券取引所市場第2部ならびに京都証券取引所(2001年3月大阪証券取引所に吸収合併)に株式上場。
2000	1	モバイルコンテンツ関連分野への事業拡大を急ピッチで進めるために、M&Aにより「有限会社日本データフロンティア」を子会社化し、株式会社化に伴い「株式会社ティーネット」に改称。
2000	9	東京証券取引所市場第2部に上場。
2001	3	新しいソフト開発拠点として、中国浙江省杭州市に現地法人「東星軟件(杭州)有限公司」を設立。
2001	8	東京証券取引所市場第1部ならびに大阪証券取引所市場第1部に指定。
2002	9	東京都渋谷区渋谷に東京オフィスを開設。
2003	3	欧米ゲームソフト市場、米国モバイルコンテンツ市場で積極的に事業を展開する拠点として、アメリカ合衆国カリフォルニア州ウエストレイクに米国現地法人「TOSE SOFTWARE USA, INC.」を設立。
2006	12	新しいソフト開発拠点として、沖縄県那覇市に「株式会社トーセ沖縄」を設立。
2007	4	新しいソフト開発の拠点として、名古屋市中区に「名古屋開発センター」、札幌市中央区に「札幌開発センター」を開設。

出所：トーセの『有価証券報告書』を参照し、作成。

統一規格のゲーム機「MSX」向けのゲームソフトの受託開発をはじめ、これを機に大手ゲームソフトメーカーから開発業務を受託するようになった[9]。1983（昭和58）年夏、任天堂が「ファミリーコンピュータ」を発売する。トーセはそれまでのソフト開発の経験からファミコンブームにいち早く乗り、人気ソフトベスト10にトーセが開発した商品が5タイトルもランクインすることがあった[10]。このような状況を受けて、家庭用ゲーム機の開発に乗り出した翌年、1984（昭和54）年から億を越える利益が出るようになる[11]。

この頃、トーセはソフトの受託開発とともにカートリッジ生産も行っていた。しかし、1987（昭和62）年に客先である任天堂がROMカートリッジの内製化に踏み切り、その方針転換を機に、それまで事業としていたゲームソフト開発とゲームカートリッジ製造からゲームソフトの受託開発に専門化した[12]。

その後、「ファミリーコンピュータ」だけではなく、「ゲームボーイ」「スーパーファミコン」「プレイステーション」「セガサターン」などに対応したソフトを受託開発し、最近では、「ニンテンドーDS」「Wii」「プレイステーション3」「Xbox 360」などありとあらゆるハードに対応している。そして、ハードの高性能化にともない、ソフトの表現可能性が高まってきているが、それにスムーズに対応するために早い時期に1994（平成6）年にCGセンターを設け、絶えず技術力を磨いてきた。また、昨今、市場が拡大している携帯電話上でプレイするモバイルコンテンツについても開発を手がけており、新たな領域にチャレンジし続けている。

---

9) 同上。
10) 原（2004）、p.8 および齋藤（2007）、p.34-35 を参照。
11) 原（2004）、p.8 を参照。なお、当時の従業員数は社員10名とアルバイト50名程度で、売上高54億円、経常利益が5億円に上ったという（齋藤、2007、p.35 を参照）。
12) 「株式会社トーセ」『調査研究報告』第102号、2000年、p.154参照。齋藤茂氏によると「任天堂など大企業がひしめく市場で生き残るにはどうすればいいか」を考えた結果、受託専業の道を選んだとのことである（『日経ベンチャー』1999年10月号、p.59 を参照）。

海外展開の面では、アメリカと中国に進出している。1991（平成3）年に米国市場での市場調達、販路開拓、開発体制をめざしてアメリカ現地法人「TOSE SOFTWARE OF AMERICA, INC.」を立ち上げ、海外展開をスタートする。この現地法人は、1993（平成5）年に一度、解散するが、欧米ゲームソフト市場、アメリカモバイルコンテンツ市場で積極的に事業を展開する拠点として、再び2003（平成15）年にアメリカ現地法人「TOSE SOFTWARE USA, INC.」を設立している。加えて、開発拠点として、1993（平成5）年に「東星軟件（上海）有限公司」を、2001（平成13）年に「東星軟件（杭州）有限公司」を設立しており、日本国内拠点と中国拠点との開発における分業体制の確立を進めている。

　では、次節ではコスト、納期において競争力を持つと、ゲームソフト業界において、なぜ顧客を獲得できるのかについて、産業特性の観点から分析してみよう。

3　ゲームソフト開発における分業とトーセのポジション

　ゲームソフトを開発し、市場で販売するというビジネスは非常にリスクを伴う。年間販売ランキングトップ100に入るようなタイトルになれば、1タイトル当たりの販売本数が30万本を超える。しかしながら、100〜200位、200〜300位、301位以下になると、それぞれ平均販売本数は8〜9万本台、4〜5万本台、1万本前後にまで落ちてしまう（表4）。このようにヒットするか否かによって、販売本数は大きく異なってくる。表5は平均販売本数であり、ゲームソフト1タイトル当たりの販売本数は37,404本（2005年）になっている。企業別にはポケモンが254,837本、任天堂が114,892本、スクウェア・エニックスが92,421本と平均値を大きく上回っており、上位10社にした場合、これらの企業の平均販売本数が組み込まれるので、上位30社や全タイトルと比較すると平均販売本数が多くなる。しかし、表4をみれば、任天堂やスクウェア・エニックスといえども、301位以下のタイトルが2005（平成17）年にそれぞれ53本、20本あり、2社が投入したタイトルの

55.2％、51.9％が301位以下なのである。つまり、当たり外れのリスクが非常に高いということもできるが、それよりもむしろ、販売本数が伸びずに市場から去っていくタイトルの方が多いという厳しい市場環境がゲームソフト企業を苦しめているのである。

さらに、開発費も非常に高い。表6はゲーム機別にゲームソフトの平均開発費を算出したものである。現在据え置き型で主流となっているWii、プレイステーション3、Xbox360に対応するゲームソフトの平均開発費（2006年）は、それぞれ1億300万円、7,200万円、1億8,700万円と高額であり、携

表4　販売順位帯別の平均販売本数（2005年）

	1-100位			101-200位			201-300位			301位以下		
任天堂	8,772,867	19	461,730	1,195,779	13	91,983	529,064	11	48,097	531,967	53	10,037
バンダイ	3,839,626	11	349,057	412,715	5	82,543	272,758	5	54,552	1,018,812	86	11,847
コナミ	2,073,354	6	345,559	1,329,567	16	83,098	395,359	8	49,420	1,277,154	96	13,304
SCEJ	2,539,355	8	317,419	902,944	10	90,294	318,217	7	45,460	325,077	41	7,929
スクウェア・エニックス	2,735,535	9	303,948	410,077	5	82,015	253,710	5	50,742	205,081	20	10,254

注：左列からそれぞれの順位帯にランクインしたゲームソフトの販売本数、タイトル数、平均販売本数であり、単位はすべて本。SCEJはソニーコンピュータエンタテイメントジャパンを指す。
出所：『ファミ通ゲーム白書2006』エンターブレイン、2006年を参照し、筆者作成。

表5　ゲームソフトメーカー別販売数と平均販売数の推移（年）

企業名	2003年			2004年			2005年		
任天堂	7,506,668	45	166,815	10,972,534	88	124,688	11,029,677	96	114,892
バンダイ	4,084,170	70	58,345	4,079,982	69	59,130	5,543,911	107	51,812
コナミ	5,340,676	194	27,529	5,484,634	158	34,713	5,075,434	126	40,281
SCEJ	3,086,763	49	62,995	2,146,820	48	44,725	4,085,593	66	61,903
スクウェア・エニックス	6,044,444	33	183,165	6,814,100	26	262,081	3,604,403	39	92,421
ナムコ	3,178,619	40	79,465	2,778,220	36	77,173	3,356,662	44	76,288
カプコン	3,522,422	86	40,958	3,168,369	59	53,701	3,298,474	59	55,906
セガ	2,427,305	55	44,133	1,558,764	58	26,875	2,765,432	68	40,668
コーエー	2,475,109	48	51,565	2,476,348	62	39,941	2,364,815	72	32,845
ポケモン	2,777,938	6	462,990	4,475,913	8	559,489	2,293,532	9	254,837
上位10社	40,444,114	626	64,607	44,202,849	578	76,476	43,417,933	686	63,291
上位30社	42,535,653	975	43,626	44,357,384	969	45,776	41,565,224	1,049	39,624
全体タイトル	54,478,689	1,487	36,637	58,486,001	1,407	41,568	55,432,026	1,482	37,404

注：左列からゲームソフトの販売本数、投入タイトル数、平均販売本数であり、単位はすべて本。
　　なお、SCEJについては表4と同様。
出所：表4と同様。

第9章　トーセ　199

表6　ゲーム機別ゲームソフト1本当たりの平均開発費（年度）

プラットフォーム	2001	2002	2003	2004	2005	2006
据え置き型						
ニンテンドー	64	60	28	-	-	-
ニンテンドーゲームキューブ	-	72	38	90	58	57
Wii	-	-	-	-	-	103
Play Staion（PS one、COMBOを含む）	20	14	5	80	-	-
Play Station 2	123	59	39	96	86	45
Play Station 3	-	-	-	-	-	72
Xbox	-	35	22	202	21	42
Xbox 360	-	-	-	-	-	187
携帯型						
ゲームボーイ(カラーを含む)	4	25	25	-	-	-
ゲームボーイアドバンス（SPを含む）	41	25	32	53	29	18
ニンテンドーDS	-	-	-	37	36	30
PSP	-	-	-	90	58	26

注：単位は百万円。
出所：コンピュータエンターテイメント協会『CESAゲーム白書』各年版を参照し、筆者作成。

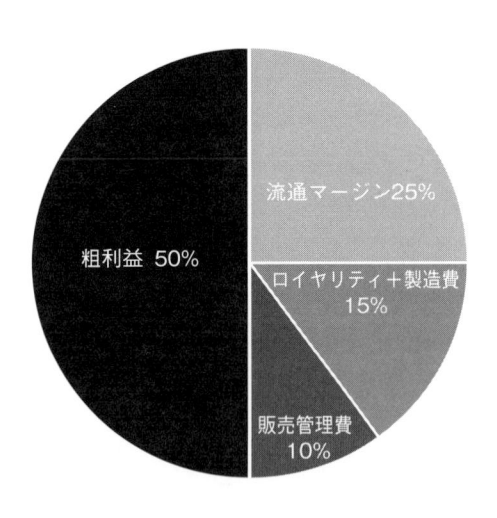

出所：橘（2006）p.75、「テレビゲームソフトの利益構造の例」を引用。
図3　ゲームソフトの1本当たりの費用と収益

（円グラフ：粗利益 50%、流通マージン 25%、ロイヤリティ＋製造費 15%、販売管理費 10%）

帯型のニンテンドー DS、PSP でもそれぞれ 3,000 万円、2,600 万円となっている。現在、据え置き型のゲームソフトの希望小売価格は 6,000〜7,000 円、携帯型のそれは 4,000〜5,000 円である。図 3 から粗利益は、それぞれ 3,000〜3,500 円、2,000〜2,500 円であり、据え置き型のゲームソフトの開発費を 1 億円、携帯型の開発費を 3,000 万円とした場合、開発費を回収するためには、それぞれ 30,000 本前後、10,000 から 20,000 本を売らなければならない。

　このように、平均的な販売本数と開発費の状況から、ゲームソフトメーカーは可能な限り、開発費を下げようとする。特に、ゲームソフトの開発費に占める人件費の割合は 90％といわれており、人件費の抑制は大きな課題になる[13]。その方向性のひとつに、臨時従業員の活用がある。大手ゲームソフト企業では、タカラトミーが 37.7％と主要メーカーの中で最も高く、カプコン、スクウェア・エニックス、任天堂が 20％台、セガ・サミーが 16.1％、バンダイナムコが 12.7％となっている（表 7）。企業ごとに臨時従業員の活用には差があるが、活用し続けていたり、ここ数年活用が進んだりしている様子が分かる。この背景には、開発費を抑制するという大きな目標があるわけだが、昨今、ゲームソフトの開発難易度が高まるとともに開発工数が増えたため、これまで以上に人手を要するようになり、正規従業員を新たに雇うよりも給与を抑えることができる臨時従業員をより積極的に活用するようになってきている（表 8）。表 8、表 9 のように、主要ゲームソフト企業の正規従業員の平均給与は、おおむね 30 代前半で 600 万台前半であり、セガ・サミーが 34.4 歳で 805 万円、任天堂が 36.1 歳で 958 万円、バンダイナムコが 37.5 歳で 1,117 万円と、この 3 社の正規従業員はさらに高給を得ている[14]。だからこそ、臨時従業員を活用するメリットがある。

　しかし、もう一度、表 9 をみると、これらの企業とトーセの間には正規従業員の平均給与（400 万円台）において大きな開きが存在する。これは、トー

---

13) 「株式会社トーセ」『調査研究報告』102 号、2000 年、p.156 を参照。
14) いずれも 2006 年度実績。

表7 主要ゲームソフトメーカーの臨時従業員比率（年度）

	1999	2000	2001	2002	2003	2004	2005	2006
カプコン	−	−	−	33.0	36.5	37.2	37.7	37.5
	−	−	25.0	26.7	27.3	25.0	26.1
コナミ	14.5	33.2	49.7	60.3	60.2	59.7	58.0	57.0
	4.4	11.9	6.8	14.8	15.6	15.7	19.9	16.1
スクウェア・エニックス	−	−	−	−	24.9	23.4	45.7	41.5
	−	−	−	−	25.4	24.2	25.1	23.3
セガ・サミーホールディングス	−	−	−	−	−	60.9	61.7	58.1
	−	−	−	−	−	10.7	13.9	16.1
タカラトミー	−	−	−	−	−	−	29.7	28.3
	−	−	−	−	−	−	−	37.7
任天堂	25.2	24.0	17.5	17.9	17.6	17.4	18.0	22.7
	−	−	−	−	−	−	−	−
バンダイナムコホールディングス	−	−	−	−	−	−	57.6	56.6
	−	−	−	−	−	−	12.4	12.7
トーセ	25.2	18.1	20.3	24.6	25.9	28.8	24.8	29.0
	−	20.4	21.4	26.0	27.2	30.0	26.3	30.4

注：上段は連結ベース、下段は当該事業ベース。単位は％である。
出所：各社の『有価証券報告書』を参照し、筆者作成。

表8 主要ゲームソフトメーカーの従業員の平均年間給与（年度）

	1999	2000	2001	2002	2003	2004	2005	2006
カプコン	5,028	5,145	5,334	5,727	5,721	5,510	6,152	6,212
コーエー	5,558	5,838	6,187	6,445	6,638	6,568	6,371	6,371
コナミ	5,827	5,947	5,990	5,936	5,993	6,039	6,809	6,238
スクウェア・エニックス	−	−	−	−	5,905	5,860	6,180	6,145
セガ・サミーホールディングス	−	−	−	−	−	3,859	8,068	8,050
タカラトミー	−	−	−	−	−	−	8,635	6,603
任天堂	7,907	8,051	8,120	8,313	8,386	8,570	8,995	9,580
バンダイナムコホールディングス	−	−	−	−	−	−	4,865	11,175
トーセ	4,927	4,254	4,224	4,354	4,325	4,784	4,589	4,629

注：提出会社の平均年間給与。単位は千円である。
出所：表7と同様。

表9 主要ゲームソフトメーカーの従業員の平均年齢と平均勤続年数（年度）

	1999	2000	2001	2002	2003	2004	2005	2006
カプコン	30.4	31.2	31.9	32.3	32.9	32.9	33.6	33.2
	5.9	6.5	6.6	6.7	7.4	7.7	8.1	7.7
光栄	30.1	31.1	32.1	32.5	32.5	32.7	33.2	33.2
	5.7	6.6	7.5	7.1	7.3	6.9	8.0	8.2
コナミ	29.9	30.0	30.3	30.9	31.3	32.4	35.9	34.0
	4.5	4.5	4.8	4.7	4.8	4.7	5.3	3.2
スクウェア・エニックス	−	−	−	−	32.0	32.2	32.5	32.8
	−	−	−	−	5.0	5.0	5.0	5.0
セガ・サミーホールディングス	−	−	−	−	−	33.8	34.8	34.4
	−	−	−	−	−	0.4	1.1	1.6
タカラトミー	−	−	−	−	−	−	37.2	37.4
	−	−	−	−	−	−	5.1	6.0
任天堂	36.9	36.8	37.3	36.7	36.3	36.5	36.1	36.1
	12.5	12.4	12.9	13.1	12.8	12.9	12.9	12.9
バンダイナムコホールディングス	−	−	−	−	−	−	37.9	37.5
	−	−	−	−	−	−	10.1	9.9
トーセ	27.9	27.6	27.7	28.7	28.8	29.2	29.2	29.3
	2.7	2.7	2.8	3.4	4.2	4.1	4.2	4.4

注：上段は提出会社の正規従業員の平均年齢、下段は平均勤続年数であり、単位はそれぞれ、歳と年である。
出所：表7と同様。

セの正規従業員の平均年齢が低いこと、そして平均勤続年数が短いことが影響していると推測できるが、トーセの視点で見ると、主要ゲームソフト企業よりも平均給与が25％以上低いため、ゲームソフト企業に対し、ゲームソフト企業と同じように開発できるとすれば、人件費面でコスト優位性を出すことができる。さらに、トーセはアルバイト（時給800円以上）を積極的に活用しており、なお一層、コストを抑制できる[15]。このような体制はゲームソフト企業に対して受注活動を進めていく上で、コスト面における十分な訴求力になる。つまり、ゲームソフト企業にとって開発費を抑制するもうひ

---

15) 『日経ベンチャー』1999年10月号、p.59を参照。なお、2004年現在、国内約600人の体制で、正社員115人、契約社員200人、アルバイト200人、外注100人である（原、2004、p.10を参照）。

とつの方向性として、ゲームソフト受託開発企業の活用という選択肢が出てくるのである。

だが、どのような業界でも同じように、低コストだけでは、外部の力の活用を踏み切れない。ゲームソフト業界では、「流行、テレビ番組の放送期間、様々なイベント時期などを勘案し、ゲームソフトの販売状況が良いと想定される時期に販売が間に合うよう」に納期を決定されることが多く[16]、これを守れるか否かで販売本数の結果が大きく異なってくる。したがって、発売延期に陥るような開発工期の遅れは避けなければならない事象であり、外部組織に委託する場合も納期遵守を強く要求される[17]。ゲームソフトの開発スケジュールはそれ自体に無理がある場合もある[18]。そのような状況の中で、納期を守ることができれば、ゲームソフト受託開発企業にとっては強みになる。トーセは納期直前の徹夜作業が続く場合でも、若い社員が多いため、体力で乗り切り、納期に間に合わせることができるようである[19]。加えて、トーセでは非常に多くの開発スタッフを抱えており、その利点を活かして、比較的業務が詰まっていないプロジェクトから繁忙期を迎えるプロジェクトに対し開発スタッフを供与することで、納期短縮を行っている[20]。

以上のように、ゲームソフト業界では、平均販売本数に比べて開発費が高く、それを抑制するために、ゲームソフト受託開発企業を活用することがひとつの方法になる一方で、発売延期を招かないように納期を遵守するが重要である。特に、前者は受託開発企業が活躍できる幅を広げさせているが、トーセは納期遵守の面で業界の要請に応えることによって、現在のポジションを確立し、維持しているのである。

---

16) 齋藤（2001）、p.40 を引用。
17) ゲーム業界以外にも、デジタル家電のように市場環境の変化が激しい業界では、納期遵守が重要である。例えば、デジタルスチルカメラの例では、中道（2004）の事例がある。
18) 橘（2006）、p.110 を参照。
19) 『日経ベンチャー』1999 年 10 月号、p.59 を参照。
20) 齋藤（2001）、p.40 を参照。

4 「縁の下の力持ち」になれる人材登用システム

　トーセが低コストと納期遵守を実現できるのは、トーセ特有の人材登用システムが存在するからである。それでは、黒子に徹する戦略を支える人材登用システムとはどのようなものか、考察していこう。

　トーセでは、正社員昇格会議が社長抜きで行われる。数十人の候補者を挙げて、十数名が社員に登用されるわけであるが、「登用」とあるように、新卒者の定期採用とは一線を画す[21]。トーセでは、365日アルバイト募集を行っており、応募者は後を絶たないという。アルバイトに採用された者は、その後、トラスターと呼ばれる個人事業主的な外注、契約社員と雇用形態が変わっていき、正社員に登用される。アルバイトから正社員まで、長い者では8年くらいかかる例もある[22]。

　このように、現場で経験を積み、能力をつけた人物が正社員になるので、「脳」の部分でも受託元の要望にこたえることが可能になる。一方で、アルバイト、トラスター、契約社員時代には、正社員に比べて給与を低く抑えることができる。しかし、これをトーセの給与抑制策の一面で見るのは誤った見方だろう。というのは、アルバイトからのスタートと承知した上でトーセの門を叩く者が後を絶たない現実がある。こうした状況が起こるのは、トーセに働く場としての魅力があるからだろう。齋藤茂氏は「うちに入ればさまざまな有名ゲームソフトの製作に関わるチャンス」を魅力のひとつに挙げているが[23]、教育面でも専門学校にひけをとらない体制を敷き、ここで教育を受けた者が現場でさらに鍛えられるので、こういったスキルアップという面も魅力になっているのではないだろうか[24]。

　いずれにしても、トーセのアルバイト、トラスター、契約社員を経た正社

---

21) 齋藤（2007）、p.38を参照。
22) 原（2004）、p.10を参照。
23) 『日経ベンチャー』1999年10月号、p.59を参照。
24) 原（2004）、p.10を参照。また、齋藤茂氏は「非正社員のうち、当社が『この人材はいい』と思い、その人が『この会社なら頑張ろう』という相思相愛の関係になった人が正社員になれる」と語っている（齋藤、2007、p.38を引用）。

員への人材登用システムは、数多くの「手」を確保し、その中から優秀な「脳」を見つけ出すことによって、受託元の要望に応え続けることが可能になっている[25]。

　さらに、人材登用システムではないが、中国上海市、中国浙江省杭州市にある開発子会社と日本国内拠点との役割分担にも触れておきたい。先にも述べたように、トーセは1993（平成5）年に「東星軟件（上海）有限公司」、2001（平成13）年に「東星軟件（杭州）有限公司」を設立している。この2拠点は、図1に示したようなゲームソフト企画の提出や仕様書の作成はしていないが、デザインやプログラミングを行なう拠点として、重要な機能を担っている。中国2拠点と日本国内拠点とのやり取りは次のようになっている。まず、日本国内拠点で作成した日本語の仕様書、スケジュールを中国に送り、中国ではその仕様書に基づきデザインやプログラミングを行い、成果物を日本に送り返す。日本では成果物であるプログラムをデバッグし、デザインやプログラムの問題箇所の修正を中国拠点に指示し、中国で修正作業が行われ再び成果物として日本へプログラムを送信し、最終検査合格後、開発完了となる[26]。つまり、企画に多くの時間がかかる創造的かつ複雑な作品は日本で企画、設計し、中国でプログラム業務を行っている[27]。

　中国拠点で働く従業員はすべて1年単位の契約社員である。毎年の給与は前年の正当な能力評価を実施して決定するとともに、優秀な従業員には日本への出向、研修、出張の機会を与えているという[28]。さらに、通常の賞与とは別にトーセの株価に連動する賞与金制度を1999（平成11）年12月より実施し、従業員ごとにトーセのある一定の株式数分の時価に相当する賞与を1年後に支払うことで、従業員自らの頑張りによってトーセの業績が向上し、

---

25) 現在は、契約社員も正社員と同様の待遇に変更されているが、人材登用システムの基本は、今も継続されている。
26) 齋藤（2001）、p.43を参照。
27) 「株式会社トーセ」『調査研究報告』102号、2000年、p.156を参照。
28) 齋藤（2001）、p.43を参照。

それに連動して株価も上がれば、自分自身に跳ね返ってくるという仕組みをつくっている[29]。この仕組みで分かるように、トーセは優秀な海外社員の確保を図っているといえる[30]。

以上のように低コストと納期遵守を実行できるのは、トーセ特有の人材育成システムが基盤にあることが分かった。加えて、日本国内拠点と中国2拠点との分業体制を構築することによって、さらに、その基盤を磐石にしているといえるだろう。

5　トーセにみる京都企業らしさと新たな展開

冒頭に示したとおり、トーセは「永遠に続く会社づくり」ための経営戦略を立案している。堅実経営とでもいうべきトーセのスタイルは、京都らしさの一端であろう。実績としては、1979（昭和54）年の設立以来、一度も赤字に陥ったことはなく、実質的には無借金経営を貫いてきた[31]。

トーセの場合、この堅実さは、「縁の下の力持ち」に徹することによって達成できている。トーセは1987（昭和62）年に受託開発専業企業になってから、「縁の下の力持ち」という裏方ポジションに徹し、断りたいと思った仕事も請け続けることによって、クライアントであるゲームソフトメーカーを支え、そして、信頼を獲得してきた[32]。「縁の下の力持ち」に徹することを公言し、実際にそれを続けることによって、ゲームソフトメーカーはトーセに対して、ライバルと脅威に感じることはなく、安心して付き合うことができる[33]。トーセにとっては、敵やライバルがいない環境を作り出せたのである。これは京都らしさである「商売のきめ細やかさ」にも関係するのかもしれない。齋藤茂氏は「ギブ＆テイクではなく、『ギブ＆ギブ＆ギブ＆

---

29) 同上。
30) 「株式会社トーセ」『調査研究報告』102号、2000年、p.156を参照。
31) 「株式会社トーセ」『調査研究報告』102号、2000年、p.155および『日経ベンチャー』1999年10月号、p.58-59を参照。
32) 原（2004）、p.7、10を参照。
33) 原（2004）、p.8を参照。

表10 モバイル・インターネット開発事業の推移（年度）

	2001	2002	2003	2004	2005	2006
累計開発コンテンツ数（本）	－104	160	263	365	436	503
開発コンテンツ数（本）	54	56	103	102	71	67
うち内蔵コンテンツ数（本）	5	12	35	30	－10	－10
運営サイト数（個）	44	56	57	59	62	－70
開発売上高（百万円）	－304	391	573	668	667	716
運営売上高（百万円）	－317	336	356	290	255	327
ロイヤリティ売上高（百万円）	－342	465	446	530	642	707
連結売上高（百万円）	964	1193	1376	1489	1565	1751
連結営業利益（百万円）	485	578	500	508	558	577

出所：トーセの『有価証券報告書』各年版および『TOSE REPORT』各年版を参照し、筆者作成。

ギブ＆テイク』という感覚で活動することを意識している。『こんなことをしたから、こんなことをして欲しい』という損得勘定を持って臨むと、お客様との本当のWin-Winの関係は築けない」と語っており、クライアント視点で何事にも臨んでいることが分かる。実際、受託開発専業として生きていく以上、不得意分野があってはいけないと、トーセはゲームの技術進歩を先取りするように、開発能力を磨いている[34]。

このようにトーセは「縁の下の力持ち」に徹することを公言し、それを実行できる「手」と「脳」を用意し続けながら、ゲームソフトメーカーの要望にこたえ続けたことによって、多くのゲームソフトメーカーから信頼を獲得している。このことは「黒子」の衣装を脱ぎ、コーディネーターとしての一面を持つことを可能にしている。といっても、トーセがゲームソフトメーカーになるわけではない。トーセは、これまでの取引で培ってきたパイプを活かし、ゲームソフトメーカーはもとより、出版社、テレビ局、通信キャリア、音楽ソフトメーカーを巻き込んで、モバイルコンテンツ、オンラインゲームなどの企画・開発・運営に携わるようになっている。そこでは、ゲームソフ

34）『日経ベンチャー』1999年10月号、p.59を参照。

トの企画・開発と同様に開発売上高や販売本数に応じたロイヤリティを得られるほか、運営にかかわる売上も得られる。トーセはゲーム機用ゲームソフトだけではなく、携帯電話を用いたり、PCを用いたりするモバイルコンテンツやオンラインゲームといったゲーム業界の新たな潮流に対応する事業システムを、これまでの人脈やパイプを用いて構築しようとしている。表10で見る限り、トーセは新しい波を見事にとらえているように見える。

● 本ケースの論点

論点1

トーセは「縁の下の力持ち」に徹することで、「永遠に続く会社づくり」を目指している。本文でゲームソフト業界の産業特性に触れたが、トーセの役どころである「縁の下の力持ち」が存在意義を失う、もしくは、トーセが「縁の下の力持ち」に徹することに価値を見出せなくなるような産業特性の変化とはどのようなものであるか、ゲーム業界全体の歴史や最近の動向を調べた上で議論してください。

論点2

トーセが「コーディネーター」として取り組んでいる事業について調べた上で、①「縁の下の力持ち」に徹してきたことがその事業において、どのように活かされているのか、②その事業の中で「コーディネーター」とはどのような役割であるのかについて議論してください。

【参考文献】

齋藤茂（2001）「ゲームソフトにおける異分野技術のコーディネーション・マネジメント」『品質』第31巻第3号。

中道一心（2004）「フレキシビリティの重要性と市場特性—デジタルカメラ産業におけるA社のケース」『商学論集』第39号第1号。

原正紀（2004）「挑戦する経営者(16) 裏方に徹して一部上場企業に成長、

ゲーム産業発展の隠れた立役者 株式会社トーセ代表取締役社長 齋藤茂さん」『企業診断』第 51 巻第 9 号。

橘寛基（2006）『図解入門業界研究 最新ゲーム業界の動向とカラクリがよ〜くわかる本』秀和システム。

齋藤茂（2007）「トーセの共存戦略 ゲームソフト業界の『縁の下の力持ち』」『Business Research』3 月号。

第10章 はてなの挑戦
京都から世界へ

河口充勇

1 はじめに

　インターネットは、1960年代末に米国で開発された軍事用コンピューターネットワークを技術的な起源とし、1980年代以降に徐々に民間（大学などを中心に）への技術移転が進められた。そして、1990年代半ば、Windows95の登場を契機として、インターネットは瞬く間に世界中の個人ユーザーに普及するとともに、インターネット関連のサービス業が急成長を遂げることになった。その象徴的存在であるYahoo！（1995年設立）やGoogle（1998年設立）は、もとを正せば、スタンフォード大学の学生によってシリコンバレーに設立されたベンチャー企業であったが、その後、劇的な拡大成長を遂げ、設立からわずか数年で世界企業となった。今やそうしたインターネットサービス業者が提供するさまざまなサービスは、我々の日常生活において欠かせないものとなっており、最早それがなかった一昔前の生活を思い起こせないほどに生活の中に深く溶け込んでいる。

　そのように今や生活必需品のひとつとなっているインターネットを用いて何かしら情報検索をしたことのある方なら、「はてな」という印象的な言葉を冠した水色基調のウェブサイト（そこには「人力検索はてな」「はてなアンテナ」「はてなダイアリー」「はてなブックマーク」といったサービス項目が並ぶ）に遭遇したことがあるにちがいない。このサイトを運営する企業が本ケースの主役、株式会社はてなである。

　はてなは、2001（平成13）年7月、ユニークな経歴をもつエンジニア、

近藤淳也（当時25歳）によって京都で設立されたネットベンチャーであり、常識にとらわれない斬新なアイデアにより早くからネットユーザーの間で注目を集めた。2004（平成16）年4月に東京進出を果たした後は、斬新な組織運営方法ならびに情報開示方法によりいっそう大きな注目を集め、メディアの露出も増えた。さらに、2006年（平成18）7月には近藤自らがシリコンバレーに移住し、そこではてなのグローバル展開のための拠点づくりを開始した。シリコンバレーでの拠点づくりは順調に推移しかけたが、その間に東京のはてな本社で近藤不在のしわ寄せが出てしまった。そのまま米国に留まって夢を追い続けるか、それともいったん日本に戻ってはてな本体の立て直しを図るかの二者択一を迫られた近藤は後者の選択肢をとり、2008年2月、帰国の途に着いた。そして、同年4月、はてなは本社を東京から京都へ移転させ、創業の地から巻き返しを図ることになった。

　一見すると、インターネットサービスのような時代の先端を行く産業分野の担い手が本社を"世界都市"東京から"地方都市"京都へ移転させるということは理に適っていないように見受けられる。しかし、そこにもやはり近藤流の常識にとらわれない、それでいて合理的な状況判断があった。そして、そこには京都という地域ならではのものづくり環境の可能性を探る上で重要なヒントが隠されている。

　以下では、ウェブ上に掲載された関連記事や近藤自身の著作、近藤へのインタビューの結果をもとに、近藤淳也という若き技術起業家、ならびにはてなという京都発ネットベンチャーの挑戦の軌跡を振り返り、最後に、京都のものづくり環境の可能性について考察する。

2　はてな誕生

2.1　近藤淳也が起業家になるまで

　近藤淳也は1975（昭和50）年に名古屋で生まれた。いわゆる「団塊ジュニア世代」である。4歳のころに父親の郷里である三重県菰野町に移り、田舎町ののどかな環境で高校卒業時まで過ごした。父親の影響で、幼少期より

サイクリングや登山に親しみ、高校時代には東海道自転車走破（三重〜千葉）や北アルプス縦走などを経験している。また、やはり父親の影響で、幼少期より「世の中は"でたらめな仕組み"で動いている」という世界観を持ち、世のあらゆる常識を疑ってかかることを常としていた。そのことを象徴するエピソードとして、中学時代に近藤は学校の制服の存在意義に疑問を感じ、生徒会長として制服反対運動を主導している。

大学は京都大学理学部に進学したが、大学時代の4年間はサイクリングや旅行、そして、後にライフワークとなるインターネット（特にホームページ作成）に熱中する。大学3年生の夏、近藤はアメリカ横断自転車旅行を敢行し、その際に重要な"気づき"を得ることになった。

「この旅からは、2つの大きな気づきを得ることができました。日本と違って、京都大学の学生なんてタイトルはまったく通用しなくて、僕はただの近藤淳也という個人でしかない。自分は何でもない存在であるということ。もうひとつは、道端でアイスクリームを売っているおじさんと出会った時。自分もアイスクリーム屋さんになろうと本気で思えばなれるんだと。まだ何もない自分だけど、自分は何にでもなれる。どうせなら、みんなから『あいつはすごい』といわれるような生き方をしてみたい。自分の人生の自由さと、生き方を選択する際の価値基準が確認できた、貴重な旅となりました」（ドリームゲート、2008）。

米国から帰国した近藤を待っていたのは就職試験という関門であった。以前より好感を抱いていたある大手電機メーカーへの就職を希望したが、採用には至らなかった。その際、近藤は、そもそもなぜ4年生の春までに内定を取らないと失敗者になってしまうというような強迫観念に苛まれなければならないのかと考えた。そして、そのような強迫観念に乗せられてまで就職することもないとの結論に至った近藤は、そこから方向転換して、大学院への進学を目指すことになる。

猛勉強の甲斐あって、京都大学大学院に合格し、測地学の研究室に加わった。当初は研究活動に没頭したが、しばらくすると、自らの進路に疑問を抱きはじめるとともに、幼少期からの夢であった自転車レースへの思いが高まる。結局、近藤は、大学院を休学し、1年だけと心に決めて、自転車レース活動に打ち込むことになる。

　自転車レースの世界に飛び込んだ近藤は、既成のレースに競技者として参加するだけでなく、新しいレース「ツール・ド・信州」[1]の企画・運営にも携わった。1998（平成10）年8月、「ツール・ド・信州」の第1回大会が開催され、近藤は大会実行委員長としてイベントを取り仕切るとともに、競技者としてレースに参加し、優勝を飾っている。その折の経験は、後年のベンチャー経営に大いに活かされることになる。

　第1回「ツール・ド・信州」の際に、近藤は、当時、自転車レース専門のライター兼司会者として活躍していた令子夫人と出会った。不運にも近藤はシーズン後半のレース中に腕を骨折するというハプニングに見舞われる。その際に救いの手を差し伸べたのが令子夫人であった。もともと写真撮影を趣味としていた近藤は、令子夫人を通じて自転車レースの写真撮影の仕事を紹介された。その後、近藤は、しばらく大学院に籍を置きながら、あるカメラマン事務所に所属して、カメラマンとして活動することになる。

　そのように、近藤が起業家になるまでの道程は2つの面において際立っている。ひとつは"移動"にまつわるエピソードが豊富であるということであり、いまひとつは"脱常識"にまつわるエピソードが豊富であるということである。幼少期より長年にわたって培われた近藤の移動志向、ならびに脱常識志向は、後のはてなの経営スタイルにも少なからず反映されることになる。

---

1) 「ツール・ド・信州」はその後も毎年8月に開催されており、2007（平成19）年に第10回を迎えた。その間一貫して近藤は大会の運営に携わっている。「ツール・ド・信州」について詳しくは、次のウェブサイトを参照されたい。http://www.tour-de-shinshu.com/

2.2 はてな設立の経緯

2000（平成12）年、近藤は、長期休学していた大学院を自主退学した。ちょうどそのころに帰省した近藤は、パソコンに不慣れな父親がインターネットの情報検索に苦労する様子を見て、多くの人々がそれぞれの得意な知識を生かして、助け合う仕組みをインターネット上につくれないものかと考えるようになった。このことが、はてな最初の事業である人力検索サイトサービス（サイトに知りたいことを文章で質問すると、別のユーザーが教えてくれるというサービス）の発想につながっていく。

そうして、新しいインターネットサービス事業の創出を企図するようになった近藤は、それに専念するために、カメラマン事務所を辞めることになった。2000（平成12）年11月のことである。

その後、近藤は地元京都のITベンチャー企業に足を運び、そこでプログラミングの方法を教わった。それとともに、人力検索サイトサービスに関する事業計画書を携えて、ベンチャーキャピタルに足を運び、出資を募った。結局、資金集めは成功せず、父親からの借金ではてなを立ち上げることになる。

2001（平成13）年7月、近藤はその2カ月前に結婚したばかりの令子夫人[2]とともに有限会社はてなを設立する。最初のオフィスは京都リサーチパーク（KRP）[3]のベンチャーインキュベーション施設に設けられ、機材は2台のパソコンだけであった。会社設立の4日前には、「人力検索はてな」がリリースされた。このサービスは有料制であり、質問するには1回最低60ポイント（60円）が必要で、満足のいく回答を寄せてくれた回答者には、質問者が任意のポイントを支払うことになり、それと同時に、1回の質問につき

---

[2] はてなの発展軌跡においては令子夫人が果たした役割も非常に大きかった。それについて詳しくは、岡田（2005b）を参照されたい。

[3] 京都リサーチパーク（KRP）は、1987年に大阪ガスの工場跡地を利用して設立された、研究開発やベンチャービジネスに対する支援を目的とする株式会社組織（大阪ガスグループ傘下）である。

20円がサイト運営者の取り分となるという仕組みである。翌月には近藤の高校時代からの友人であるエンジニアが加わり、3人体制となった。

　会社設立資金に関しては、先述のように、近藤の父親からの借金でまかなわれた。会社設立に当たって、近藤は、もし資本金が底をついてしまったら、事業に見切りをつけるつもりでいた。

「はてなを始める前に、終わりを決めていました。それは『元手の300万円がなくなったとき』。会社の継続を決めるのに、自分の想いだけを礎にどんどん借金重ねても未来はないし、得もしないだろうという考えがありました。借金を抱えるのはよくないという意識も持っていましたしね。……この金額は大学の授業料と大して変わらないんですよね。だから、大学で得たもの以上のものを得られればいいなという気持ちでした。そして、絶対に得られる自信があった」（GREE キャリア、2005）。

はてな設立の2001年7月ごろといえば、ネットバブル崩壊により世界経済が大きなダメージを受けていた時期であったが、近藤はそのタイミングをむしろ好機と見ていた。

「写真をやっていたころにネットベンチャーが上場して取り上げられたりしているのをみて、ちょっといかがわしい、あの雰囲気には自分は入っていけないと感じていました。しかし、昔からインターネットが好きで、これから社会を変えていくであろうものに自分も関わったら面白いことができるのではないかという思いがありました。しかし、それがもう終わったということになった。まだ何も変わってないし、まだそれほど使われていないのに、それが終わったということになった。これは逆にチャンスだと思いました」（筆者インタビュー）。

2.3 "産みの苦しみ"を乗り越えて

　はてなが全精力をかけて世に送り出した「人力検索はてな」であったが、実際には、登録ユーザー数が思うように伸びず、しばらく苦戦が続いた。有料制がネックになっていることは誰の目にも明らかであったが、かといって、サイトを無料化すれば、質問に対する回答のクォリティが損なわれる懸念があったため、有料制を維持するほかなかった。最初の半年間、スタッフ 3 名は無給状態で働き続けた。それでも資本金は目減りし、設立から半年を経たころには会社口座の残金が底をつきかけていた。

　倒産の危機に瀕したはてなは、自社サイトの開発・運営だけでなく、"苦肉の策"として受託開発をも合わせて行なうようになった。最初は簡単なアンケートフォームやホームページの作成といった数万円程度の小さな案件からはじめた。どのような仕事であっても迅速かつ確実にこなしたので、クライアントから好評を得て、継続的に注文が来るようになっていった。そのような受託開発を通して得られた利益は本業のサイトの開発費用に注ぎ込まれた。近藤によれば、サイトでだけ黒字が出るようになるのは 2004（平成 16）年以降のことであり、最初の 3 年間、はてなはビジネス上では受託開発業者であった。

　2002（平成 14）年 5 月にリリースされた「はてなアンテナ」（指定したウェブサイトを自動巡回し、更新情報を表示してくれる無料のアンテナサービス、「RSS の先駆」と称される）、そして、2003（平成 15）年 1 月にリリースされた「はてなダイアリー」（ウェブブラウザから簡単に更新できる無料日記ツール、「ブログの先駆」と称される）はユーザーの間で好評を得た。それら新サービスの人気により、「人力検索はてな」を含むサイト全体の登録ユーザー数は急増（10 万人突破）したものの、「はてなアンテナ」も「はてなダイアリー」も無料サービスであったため、サイトから得られる利益がなかなか伸びず、その運営費は依然として受託開発の収入でまかなわれていた。

　はてなが"産みの苦しみ"から脱することになるのは、2003（平成 15）

年に日本国内でのサービスが開始された Google のアドセンス（AdSense）[4] 広告から一定の収入が得られるようになったことを大きな契機としている。それによって、ようやくサイトの収益システムができあがり、はてなが東京進出を果たす 2004（平成 16）年 4 月ごろにはサイトだけでも黒字が出るようになっていた。

　そのようにはてなのサイト事業が好転しはじめたころ、皮肉なことに、何千万円規模の受託開発の依頼が近藤のもとに届いた。そこで大きな決断を迫られた近藤は、悩んだ末、その依頼を断ることに決めた。

「最初 5 万円だった案件が 50 万円、500 万円と大きくなり、最後は何千万円という大きな案件が来ました。しかし、何千万円の案件を 3 人のエンジニアでまわすのは無謀な話です。普通なら、そこで人を増やして対応するところでしょうが、受託開発の拡大のために人を増やしてはいけないという思いがありました。これをやりたくて会社を立ち上げたのではないと思いました。それで依頼を断りました。……今思えば、そのとき何のために会社をつくったのかということを大事にして良かったと思います」（筆者インタビュー）。

　そうして、近藤は自ら"退路"を断ち、自社サイトサービスの開発・運営に専念する覚悟を決めた。
　そのようにはてなのサイト事業が好転しはじめたころ、近藤は自らの置かれる環境に対して違和感を抱いていた。

4）　アドセンスとは、Google がウェブサイトの運営者に対して提供しているインターネット広告配信サービスのことである。ウェブサイトの内容に関連のあるウェブ広告を自動的に配信し、その広告がユーザーにクリックされた回数に応じて、ウェブサイトの運営者に広告収入を支払うという仕組みである。アドセンスについて詳しくは、次のウェブサイトを参照されたい。https://www.google.com/adsense/

「2003 年に出した『はてなダイアリー』はかなり話題になりましたが、KRP でそれを知っている人は思いのほか少なかったのです。それに、KRP の同業他社と話していて、ワクワクするようなこともほとんどありませんでした。ちょうどそのころに『はてなダイアリー』を取材に来られたのが現在の GREE 社長、当時は楽天に勤務されていた田中良和さんでした。それがはてなにとって東京からのはじめての取材で、2003（平成 15）年 4 月ごろのことです。田中さんと話して、こういう『話の分かる人』がたくさんいるところに出て行かないといけないと感じました」（筆者インタビュー）。

そのような京都で近藤が抱いていた違和感は、その後の東京進出の決断を後押しすることになる。

3 東京へ
3.1 東京進出の経緯

2004（平成 16）年 2 月、はてなは株式会社に改組され、同年 4 月、東京への進出を果たした。東京進出時のスタッフは近藤夫妻とエンジニア 2 名の計 4 名であった。新しいオフィスは渋谷区の住宅街に立地する NTT コミュニケーションズ鉢山ビル（ベンチャーインキュベーション施設）に設けられた。同年 10 月、当社の資本金は 2,000 万円に増資された[5]。

近藤が東京進出に踏み切ったのは、はてなが受託開発主体の企業からインターネットサービス主体の企業へとシフトしてゆく上で必要となる人材（特に IT 系エンジニア）の獲得、ならびに営業先（特に広告関連）の開拓といった面で東京のほうが京都よりも圧倒的に有利とみなされたからである。

---

[5] はてなのウェブサイト（http://www.hatena.ne.jp/）の会社案内欄によれば、その後、2005（平成 17）年 1 月に 2,250 万円へ、同年 4 月に 2,750 万円へ、2006（平成 18）年 2 月に 5,500 万円へ、そして、2007（平成 19）年 8 月に 5,600 万円へそれぞれ増資されている。

それだけでなく、先述のような京都で近藤が抱いていた違和感も東京進出の決断に少なからぬ影響を与えたにちがいない。近藤は、新天地東京に対して、京都では得られなかった「話の分かる人」、そして、ベンチャー企業経営者の役割モデルとの出会いを期待していたようで、「経営者としてこれから会社を大きくしていく上で、モデルにできるような人、相談できるような人に東京で会えたらいいという思いがありました」（筆者インタビュー）と述懐している。

3.2 東京での展開

　東京進出時点で4名であったはてなのスタッフ数はすぐに20名前後に増加した。東京進出後のはてなは新規の受託開発を行なわず、自社サイトの開発と運営に専念するようになった。それにより、はてなサイトのサービス項目は大幅に増加し、「はてなカウンター」（2004.4〜）、「はてなグループ」（2004.4〜）、「はてなフォトライフ」（2004.10〜）、「はてなブックマーク」（2005.2〜）、「はてなマップ」（2005.7〜）、「はてなグラフ」（2005.7〜）、「はてなリング」（2005.11〜）といった新規サービスが続々とリリースされた[6]。非上場企業であるので、財務状況は公表されていないが、それについて近藤は「業態を切り替えた後も、減収はしていません。売上はずっと伸びており、そこはうまく切り替えることができました。ずっと黒字を出しながらやってきました。もっと儲かる方法もあったかもしれませんが…」（筆者インタビュー）と述べている。

　2005（平成17）年の夏ごろから、はてなは頻繁にメディアで取り上げられるようになるが、特に注目を集めたのは、そのユニークな組織運営方法と情報開示方法であった。代表例を挙げると、はてなでは、日常業務の効率化

---

[6]　具体的内容については、はてなのウェブサイト（http://www.hatena.ne.jp/）を参照されたい。

を図るために、立ったままの会議[7]、ペアプログラミング[8]（2人1組になってプログラムの開発を行なう）、座席フリーアドレス制[9]（スタッフの座席を固定せず、毎朝好きな場所に座って仕事する）などの方法がとられた。また、斬新なサービスの開発につながる"非連続的"なアイデアの創出のための環境づくりの一環として、「開発合宿」[10]（5人程度の開発者がインターネット環境を備えた高原ホテルなどに3日間ほど缶詰になって短期集中型の開発を行なう）や「移動オフィス」（平日に普段のオフィスとは違う別の場所に集まって1日仕事をする）と呼ばれる方法がとられた。

　またその時期に注目を集めたのがはてなのユニークなサービスリリースと情報開示方法であった。はてなでは、50％の完成度で新規サービスをリリース[11]するという方法がとられた。また、ユーザーから寄せられた要望を基に

---

7) 立ったままの会議には、①話し合いが長引かない、②柔軟に参加・不参加を選択できるといった利点がある（近藤、2006、p.34-36）。

8) ペアプログラミングには、①ペアで作業を行なうため仕事以外の事は一切できない、②「とりあえず」なプログラムができにくく、プログラムの品質が上がる、③作業者間のノウハウが共有され、スキル向上につながるといった利点がある。要するに、他人の力を使って自分の弱い部分を補い合うというからくりである（近藤、2006、pp.40-43）。

9) 座席フリーアドレス制には、①コミュニケーションの相手が固定しない、②オフィスを美しく保てる（次の日に座る人のために片付ける必要があるから）、③毎朝「今日の仕事」を意識できるといった利点がある（近藤、2006、pp.43-46）。

10) 「開発合宿」をはじめた経緯について近藤は次のように述懐している。「最近でこそ『開発合宿』が流行っていますが、最初に言い出したころには、そういうものがなく、『いったい何をいっているんだ？』という反応でした。……東京のオフィスで新しいサービスをつくれるとはまったく思えませんでした。20人も社員がいるオフィスで社長をやっていると、いろんなことに神経がそがれ、サービスづくりに集中することができません。それで、何か新しいサービスを立ち上げる際には合宿に出て、そこで集中してやるということにしています。『はてなブックマーク』は最初の『開発合宿』でつくられたものです。5人のスタッフが伊豆のホテルに3日間こもって開発し、4日目にはリリースしました。"非連続的"なものをつくろうとする際には、これだけやっていればいいという環境、日常から切り離された環境でないとうまくいきません。ブックマークの開発がうまくいったので、それから『開発会議』を継続的にやるようになりました。……昔から自転車旅行や山登りをしてきた人間なので、1カ所にこもっているとうずうずしてきます。そのことが『開発合宿』という発想にも影響していると思います」（筆者インタビュー）。

11) そのような方法をとるのは、ひとつには、サービスはなるべく早くリリースした

した新規サービス開発のミーティングに関しては、その内容を録音し、MP3ファイルでインターネット上に公開（ポッドキャスティングにも対応）[12]するという方法がとられた。

そのようにはてながメディアの注目を集めていたころ、近藤はここでもやはり自らの置かれる環境に対して違和感を抱いていた。

「京都にいたときから名前を知っていた東京の人たちはすごい人ばかりで、彼らは『氷山の一角』だと思っていました。しかし、東京に行ってみてわかったのは、その人たちが特別面白いのであって、実際には、面白い人はそんなに多くないということでした。……東京のネットベンチャーの経営者にお会いして、こんなふうになりたいと思える人があまりいなかった。そもそもネットベンチャーの経営者には、エンジニア出身の人が少ない。自分でもプログラムが書けて、ものづくりをきちんとして、そこから世の中を変えていこうというような人が少ない。この人の近くにいたらもっと大きくなれるだろうなと思える人になかなか出会えませんでした」（筆者インタビュー）。

方が有利だからであり、いまひとつには、作る人間の想像力には限界があるからだ。近藤は、サービスには①最低限必要な機能、②そのサービスを特徴づける基本機能、③発展的機能の3段階の機能があり、③に関してはリリースしてから発展させても問題はないと見なしている（近藤、2006、p.92-99）。

12) 開発ミーティングの内容を公開するようになった経緯について近藤は次のように述懐している。「ミーティング内容の開示ということに関しては、特別なことをしようと思ってそうなったのではなく、なんとなく自然とそうなりました。『はてなダイアリー』をつくったとき、とりあえずサービスを出して、後から伸ばしていこうとしたものなので、ユーザーからの『ここは使えない』や『こういう機能を増やしたら面白い』といった要望に対して片端から対応しました。そして、新しい機能を増やしたら、当然、そのユーザーに教えてあげたくなるもので、そのようにやっているうちに、どんどん要望が来て、こたえることができた分には感謝の言葉も来るようになりました。ポリシーに合わないような要望が来ると却下せざるをえませんが、そんなときにも、ただ無碍に却下したりすると、いうことを聞いてもらえなかったとユーザーに思われるかもしれません。それではもったいないので、要望について社内で5分くらい議論をし、その内容を録音し公開することで、これだけのことを考えた上でやっているということを分かってもらおうと努めてきました」（筆者インタビュー）。

さらに、その時期の近藤は、はてなの生命線である開発現場の現状に対して焦燥感を抱いていた。

「京都にいたとき受託開発との掛け持ちであるにもかかわらず、わずか3人であれだけのことができました。それが東京に来て四六時中サービスづくりだけに専念でき、しかも、人数が20人になったということであれば、当然、京都にいたときに比べて何十倍もの新しいサービスを出せるだろうという目論見がありました。しかし、現実には爆発的な伸びになりませんでした。……東京進出後しばらく開発から遠のきました。大きくなった組織のマネージメント、メディアからの取材、プロモーションなどのために多くの時間をとられるようになりました。新しく入ってきた社員たちが思う存分に力を発揮できる環境をつくれれば、そこから次の大きな展開が生まれるであろうということを想定して、組織のマネージメントに積極的に取り組みましたが、それがなかなかうまくいきませんでした」（筆者インタビュー）。

そのような東京で近藤が抱いていた違和感や焦燥感は、その後のシリコンバレー進出の決断を後押しすることになる。

4　シリコンバレーへ
4.1　シリコンバレー進出の経緯

2006（平成18）年7月、近藤は令子夫人と開発スタッフ1名とともに東京を離れ、シリコンバレーに子会社のHatena Inc.を設立した[13]。新しいオフィスはスタンフォード大学やヒューレット・パッカードをはじめとする多

13）近藤がシリコンバレー進出に踏み切るに当たり、シリコンバレーで活躍するITコンサルタントにして、ベストセラー書『ウェブ進化論――本当の大変化はこれからはじまる』で知られる梅田望夫のサポートが大きかったようである。梅田は2005（平成17）年よりはてなの社外取締役を務めている。

くの世界的IT企業が所在するパロアルト市に設けられた。設立時の同社の資本金は10万USドルであった。

近藤がシリコンバレー進出に踏み切ったのは、自社サービスの"世界標準化"[14]を目指すに当たって、世界IT産業の最前線である当地に拠点を設け、そこで有能なエンジニアを雇い入れたり、有力IT企業（特にGoogle、Amazon）との関係強化に努めたりすることが必要と感じたからである。

それだけでなく、先述のような東京で近藤が抱いていた違和感や焦燥感もシリコンバレー進出の決断に少なからぬ影響を与えた。近藤は、新天地シリコンバレーに対して、東京では得られなかった環境、つまり、はてなのような"技術志向"型のネットベンチャーが快適にものづくりに打ち込めるような環境を期待していた。

「追いかけている技術や、やってることのレベル、面白いものを作る発想力は、敵わないという気はしなかった。……技術者を尊重し、育てていこうという風土とか文化、見る目が全然違う」（岡田、2006b）。

また、近藤は、はてな本体の開発現場からトップである自分が抜けることで、スタッフ個々に緊張感が生まれるのではないかと期待していた。

「組織で力を出さなくてはならない時期。仕組みなり心構えなり、成長なりが必要になる時期。……どんな分野でもついつい口を挟んでしまう悪い癖がぼくにはある。だから、抜ければみんな頭をひねるだろう。ぼくがい

---

14) 岡田（2006a）の中で近藤は、"世界標準化"したアメリカSixApart社のトラックバックとその後塵を拝する格好となった「はてなダイアリー」のキーワードリンクシステムの違いに触れ、次のように述べている。「考えていたことは実は一緒。どっちが劣っていたとか、どっちが早いとかは、なかった。……トラックバックを開発した米SixApartのベン・トロットさんは、仕様書が書けてPerlコミュニティーに発言できた。標準化への努力、能力がぜんぜん違った」。その悔しさをバネに、近藤は、自社サービスの"世界標準化"を真剣にめざすことになった。

るせいで発露していない才能なり能力なりが、皆の中でちょっとずつ出てくるはず」(岡田、2006b)。

4.2 シリコンバレーでの展開

シリコンバレー進出に際して、近藤は、2～3年を目途に、当地での拠点づくりに専念しようと考えていた。近藤は、元 Google 社員を社外取締役として受け入れ、弁護士とも契約し、会社としての体裁を整えていった。そして、「はてなスター」と「はてなメッセージ」という2つの新しいサービスを日本語版と英語版の両方でリリースした[15]。

そうしてシリコンバレーでの拠点づくりは順調に推移しかけたが、その間に東京のはてな本社で近藤不在のしわ寄せが出てしまった。渡米当初、近藤は、3カ月に一度くらいの頻度で帰国し、米国滞在時には Skype やチャットなどを駆使して頻繁に連絡を取り合えば、従来通りに社内コミュニケーションを維持できるだろうと予想していた。しかし、その予想は大きく外れた。

「日本と米国の間をネットだけで連携し、新しいサービスをヒットさせようというのは無理がありました。少なくとも現在の企業規模だと、サービス開発に関してはひとつの場所に集まって行わないと難しいようです」(筆者インタビュー)。

そのように社内コミュニケーションに齟齬が起きる中で、社員数名がはてなを去った。社員の離脱は2001(平成13)年のはてな設立以来はじめてのことであった。

そうした不測の事態となり、近藤は、そのまま米国に留まって夢を追い続けるか、それともいったん日本に戻ってはてな本体の立て直しを図るかの苦

---

15) 具体的内容については、はてなのウェブサイト(http://www.hatena.ne.jp/)を参照されたい。

渋の選択を迫られた。

「シリコンバレーに日本のはてなの社員を全部呼び寄せるということも考えました。しかし、現実的に考えて全員分のビザをとるなんてことはできるはずがない。社員の側にも米国なんかに行きたくないという人も多くいる。シリコンバレーに行ってしばらくしてから分かってきたのは"二者択一"だということです。日本の組織をとるか、米国でまったく新しい組織をつくるかのどちらかひとつをとるしかないと感じるようになりました。……実際、米国で自分が新しい組織をつくれるかというと、不確定な要素がたくさんありました。いろいろ考えて、今はいったん日本に帰り、組織をもう一度ひとつに結集させて、新しいサービスづくりに専念するほうがいいと判断しました」（筆者インタビュー）。

2008（平成20）年2月、近藤は帰国の途に着き、Hatena Inc. はいったん休眠状態となった。

5 再び京都へ
5.1 京都移転の経緯

近藤のシリコンバレー滞在中、はてなが入居するNTTコミュニケーションズ鉢山ビルが2008（平成20）年秋に取り壊しになることが決まった。本社オフィスをどこへ移そうか考えた近藤の脳裏に浮かんだのは、東京の別の所ではなく、創業の地、京都であった。

2008（平成20）年4月、はてなは本社を東京から京都へ移転させた。新しいオフィスは京都市中心部の目抜き通りに面したビルの上層階に設けられた。東京には営業・カスタマーサポート・インフラ事業スタッフだけが残り、中目黒に新しいオフィスが設けられた。京都には近藤夫妻をはじめ10数名のスタッフが移った。

一見すると、インターネットサービスのような時代の最先端を行く産業分

野の担い手が本社を"世界都市"東京から"地方都市"京都へ移転させることは理に適っていないように見受けられる。実際、その決定が発表された際、関係者の間では首をかしげる者が多かったという。しかし、そこにも近藤流の常識にとらわれない、それでいて合理的な状況判断があった。"技術志向"型のネットベンチャーを目指すという近藤にとって、東京という土地は、単に役割モデルが見当たらないだけでなく、そもそも"ものづくり"を行なう環境としてあまり魅力的ではないようだ。

「東京というところは、市場は大きいが、ガヤガヤしている。それに、いろんな規制をかけてくる官庁という存在がある。ビジネスをまわしていく分には良い環境かもしれませんが、ゆっくりものを考えて、ものづくりをするにはあまり良い環境とはいえません。また、"同調圧力"というか、周りと同じことをしなくてはいけないという無言の圧力があります。例えば、SNSが流行るとなると、みんながSNSを追いはじめる。そんなことは可能性のひとつでしかないと思っていても、毎日会う人会う人から『最近SNSが熱いよ』などといわれると、だんだんSNSしかないのかなという気にさせられてしまう（笑）。そんなところにいると、新しいことを考えられなくなってしまいます」（筆者インタビュー）。

そのような東京の現実を認識した上で、近藤はあえて東京から距離をとることに決めた。移転先として京都を選んだのは、当地への個人的な愛着[16]とともに、当地のものづくり環境に対する積極的な評価にもよっている。それについて近藤は次のような3つのアドバンテージを挙げている。

①適度な都市の規模：「京都は人が多すぎず少なすぎず、適度な規模の都市。

---

16) 岡田（2008）によれば、「なぜ京都？」という問いかけに対して、近藤の第一の答えは「京都が好きだから」というものであった。近藤は、2004（平成16）年の東京進出時から「いつかは京都に戻りたい」と考えていたという。

集中してものを考えたり、適度に人と会ってコミュニケーションしたりすることができる」。

②適度な東京からの距離：「東京と往復して日帰りで帰ってくることができる近さにありながら、文化的に距離がある」。

③長く残るものを見定める文化：「長い歴史があり、市民の間にまちに対する愛着がある。1000年を超える文化財などもあり、短期的な流行り廃りに流されず、長い年月を超えて残るものを見定める文化がある。そうした中で、本質的なもののとらえ方、ものづくりの仕方ができると思います」（以上、筆者インタビュー）。

そのような近藤の京都に対する積極的な評価は、近年における京都企業、任天堂の成功にも大きく裏打ちされたものであるようだ。

「京都のような田舎にいたら、新しいことをできないではないかと思われるかもしれませんが、そうではありません。例えば、去年、任天堂がWiiを出したときには、米国でも大騒ぎでした。Wiiは非常にユニークなもので、普通の発想では考えられないものです。そのようなものを落ち着いて考え、市場に出せたということは、もしかすると"地方のほうが世界に近い"のではないかと感じます。日本では世界市場で売れるものをつくっているのは地方のほうが多い。地方は不利というより、むしろ地方のほうが有利であるといえるかもしれません。だから、きっちりとものづくりをして、世界で通用するものを出そうとするなら、合理的に考えて、京都は非常に良い環境であると思います」（筆者インタビュー）。

5.2 将来展望

2008（平成20）年4月以降、はてなは、京都本社が開発を担い、東京オフィスが営業・カスタマーサポート・インフラ事業を担うという分業体制をとることになった。岡田（2008）によれば、現在の京都本社のスタッフ数は10

数人であるが、近藤は、今後2年間に地元京都の若い人材を積極的にリクルートし、その数を30～40人ぐらいにまで増やしたいと考えている。それによって、近藤は、自社サービスの量的拡大、質的向上を図ろうとしており、重森（2008）によれば、当座の目標として、はてなのコアユーザーである登録ユーザー数を300万人に、はてなにアクセスするユニークユーザー数を2,000万人にしたいという（なお、2008（平成20）年7月時点で登録ユーザー数は80万人程度、月間のユニークユーザー数は1,000万人程度である）。

また、近藤は、はてなのさらなる持続的発展を図る上で、株式公開という手段が必要となるなら、それも厭わない構えである。

「はてなを50年後、できれば100年後にも残っているような会社にしたい。今後、インターネットを利用する頻度や時間がどんどん増えていく中で、まだ何回か『もともとなかったものが気づけばみんな使っている』というような大きな転換が起こると思います。50年後に、あの仕組みを最初に考えたのは"はてな"なんだといわれるようにしたい。そのために、もしも上場という手段が必要であるのなら、つまり、何年かにわたって『3つ試してひとつしか成功しない』というような厳しい状況が続いても十分に会社を回していけるだけの人員と資金を確保することが必要であるのなら、それも厭いません」（筆者インタビュー）。

さらに、近藤は、はてなのさらなる持続的発展を図る上で、異業種企業との連携にも関心を持っている。

「これはということがあれば、異業種との提携の可能性も探っていきたいと考えています。シリコンバレーと違って、日本はハードウェア系の会社が強い。家電にせよ、車にせよ、ゲームにせよ、新しい取り組みがいろいろ行なわれているでしょうし、そういうところと何か一緒にできたら面白いと思っています」（筆者インタビュー）。

6 京都から世界へ

　本ケースでは、近藤淳也という若き技術起業家ならびにはてなという京都発ネットベンチャーの挑戦の軌跡を振り返った。近藤という人物のパーソナリティは幼少期より培われた移動志向ならびに脱常識志向という2つの面において際立っており、それらははてなの経営スタイルにも大きく反映されている。移動経験を通して近藤とはてなは多くの学習と内省の機会を得るとともに、目には見えない"常識"の呪縛を察知し、相対化し、取捨選択する能力を高めてきた。そうした脈絡の中でとらえれば、先般の京都移転という意思決定が意味するところも容易に理解することができるだろう。京都を離れる前の自分と京都に戻ってからの自分とを対比しながら近藤は次のように述べている。

　「京都にいたころは自信を持てなかった。自分たちのやっていることは世の中の水準から遅れているのではないか、お金儲けが下手で、相当の事業機会を無にしているのではないかと感じていました。外を知らないことから来る怖さがありました。それが一回りして京都へ帰って来ると、だいたいのことが分かりました。こういう部分は自信を持てるし、こういう部分は今後の課題であるということがしっかりと見える中で、京都で"地に足をつけて"自分たちのできることを精一杯やっていければと考えています」(筆者インタビュー)。

　近藤は、自社サービスの"世界標準化"に夢を馳せながら、自らが身を置くものづくり環境のあり方にも強いこだわりを示している。そのような夢とこだわりを持つ近藤が常識にとらわれない、それでいて合理的な状況判断のうえで選んだ土地が京都であった。近藤は、"世界に近い地方"である京都に対して、グローバル時代のものづくり拠点としての可能性を認め、それに強い期待を抱いている。

　先述のように、近藤は、京都のものづくり環境のアドバンテージとして、

適度な都市の規模や適度な東京からの距離という点とともに、「長く残るものを見定める文化」という点を挙げている。この第3点は、長い歴史を備えるだけでなく、多種多様な新旧産業が共存繁栄する京都ならではの地域性が特に顕著に表れたものであるといえよう。それについて近藤は自らの実体験を踏まえて次のように述べている。

「イメージ的な部分もありますが、実体験で、例えば、京大生が変わったことをやっていても、『おかしなことやってはるわ』といいながら放っておくみたいな雰囲気を京都の人から感じることがあります。……『インターネットベンチャーです』とかいっても、『どうせ5年後くらいにはなくなるんじゃないか』みたいな視点を感じることもありますし、そういう視点でものを見ている人たちに新しい産業を認識してもらうくらいまで大きくならなければいけないという点で、"地に足のついた"思考ができるようにも思います」（筆者インタビュー）。

そのように、近藤が指摘する京都の「長く残るものを見定める文化」は、新参者に対する厳しい"値踏み"と緩やかな"放任"の両方を程良く内包するものであり、そのような環境条件がベンチャーの担い手にとっていかに有意義なものであるかを近藤は自身の経験を通して認識している。そうした"値踏み（緊張）"と"放任（緩和）"のパラドキシカルな並立という京都の文化的特徴に対する指摘は、このまちに生きる人々にとってはさほど意外な印象を与えるものでもなかろうが、それが近藤のような"世界"を知る若い技術起業家によって高く評価されているところにやはり大きな意味があるだろう。

　近藤は、京都を拠点としたはてなの今後を展望するに当たって、「地に足のついた」というフレーズを繰り返し用いている。もちろん、それは、近藤が移動志向から定着志向、安定志向へ転換したことを表すものではない。むしろ、それは、京都から東京へ、さらにシリコンバレーへという暗中模索の

移動生活の中で獲得された「どこに行ってもやっていける」という自信の表れであり、さらにいえば、はてなをベンチャービジネスから次のステージへとステップアップさせたいという近藤の意思表示であるともみてとれる。

その近藤が積極的な理由を持って選んだ土地が京都であった。近藤によれば、外から見ると、京都のアドバンテージが良く見えるという。「例えば、スタンフォードの学生を夏のインターンで1カ月くらい呼ぶということになって、東京か京都かということになったとき、京都のほうがいいですという人がけっこういるだろうと思います。そういう魅力が京都にはあると思います」（筆者インタビュー）。この言葉は、産業界、行政、大学、地域社会が21世紀京都のものづくり環境の持続的発展に関するグランド・ヴィジョンを描こうとする際にひとつのヒントになるだろう。

はたしてはてなは21世紀の京都においてひとつの"トリガー"的役割を果たすことになるのだろうか、あるいは、単なるレアーケースに留まるのか。それを予測するのは時期尚早であるが、いずれにせよ、はてなというユニークなプレーヤーは、今後、世界における京都の経済的・文化的価値を測るモノサシ、そして、京都産業界ならではの文化的条件に対する「内部観察者（inside observer）」的パースペクティブを我々に提供してくれることだろう。

近藤とはてなの京都から世界へ向けた挑戦の第2ラウンドははじまったばかりである。

●本ケースの論点
論点1
はてなの創業から約7年間の軌跡においては、2年に1度くらいの頻度で重大転機があり、そのたびごとに近藤は経営者として大きな決断を迫られた。時系列に沿って整理すると、2004（平成16）年のサイト事業一本化（受託開発事業の放棄）の決断、同年の東京進出の決断、2006（平成18）年のシリコンバレー進出（シリコンバレー・東京間での分業体制構築）の決断、そして、2008（平成20）年の京都移転（京都・東京間での分業体制構築）の

決断と続いた。そうした重大転機における経営者としての近藤の判断は、必ずしも周囲の賛同を得た上でなされたものではなかったが、彼のいう"技術志向"型ベンチャーとしての発展可能性を追求するという点においては終始一貫してきたといえる。

では、はてなの数ある重大転機において近藤が行なった経営判断は、おそらくいくつかあったであろう選択肢の中で最も合理的な選択であったといえるだろうか。もしあなたが近藤と同じような立場にあって、過去のはてなと同じような重大転機に遭遇したら、それぞれの転機においてどのような経営判断を行なうことになるか。近藤が実際にとらなかった選択肢も含めて、あなた自身の経営判断を行ない、その理由を明らかにしてください。

論点2

今後、京都のものづくり環境がよりいっそう魅力あるものとなるなら、はてなのような"技術志向"型ベンチャーが新たに輩出されることになる可能性だけでなく、もともと京都とは縁もゆかりもない国内外の起業家や科学者、技術者がその良好な環境条件に引き寄せられて移転して来る可能性もあるだろう。京都ではこれまでにも行政主導の、あるいは産学公連携によるベンチャー支援の取り組みが精力的に行われてきたが、今後においては、海外も含めて他地域の活力ある起業家や科学者、技術者をいかに引き寄せるかということも地域の重要な政策課題のひとつとなるだろう。

では、それに関して、具体的にどのような取り組みがなされ得るだろうか。さまざまなプレーヤーによる様々な取り組みの可能性をシミュレートしてください。

【参考文献】

梅田望夫（2006）『ウェブ進化論―本当の大変化はこれからはじまる』ちくま新書。

近藤淳也（2006）『「へんな会社」のつくり方』翔泳社。

ドリームゲート（2008）「起業家インタビュー──株式会社はてな 代表取締役 近藤淳也」http://www.dreamgate.gr.jp/feature/inteview/bestlife/54/sp02.html, 2008.9.10

GREEキャリア（2005）「はてな社長 近藤淳也氏インタビュー」http://career.gree.jp/?mode=static&act=page&page=ext_interview_03kondoh01, 2008.9.10

岡田有花（2004）「自分の手でネットを"進化"させたい──『はてな』社長の夢」http://www.itmedia.co.jp/news/articles/0404/19/news013.html, 2008.9.10

（2005a）「『はてな』という変な会社」http://www.itmedia.co.jp/news/articles/0507/04/news036.html, 2008.9.10

（2005b）「社長夫人が見てきた『はてな』」http://www.itmedia.co.jp/news/articles/0508/17/news020.html, 2008.9.10

（2006a）「はてなが目指す『世界標準』」http://www.itmedia.co.jp/news/articles/0605/02/news039.html, 2008.9.10

（2006b）「はてな、アメリカへ」http://www.itmedia.co.jp/news/articles/0607/14/news031_3.html, 2008.9.10

（2008）「米国から京都へ──はてな近藤社長の真意は」http://www.itmedia.co.jp/news/articles/0802/20/news008.html, 2008.9.10

重森泰平（2008）「はてな流の拡大路線とは・近藤社長に聞く」http://it.nikkei.co.jp/internet/news/index.aspx?n=MMITzx000028072008&cp=1, 2008.9.10

付録　はてなの沿革

2001年7月	有限会社はてな設立、「人力検索サイトはてな」サービス開始。
2002年5月	「はてなアンテナ」サービス開始。
2003年1月	「はてなダイアリー」サービス開始。
2004年2月	株式会社はてなに改組。
2004年4月	東京都渋谷区に事業所を移転、「はてなカウンター」「はてなグループ」サービス開始。
2004年10月	資本金を20,000,000円に増資、「はてなフォトライフ」サービス開始。
2005年1月	資本金を22,500,000円に増資。
2005年2月	「はてなブックマーク」サービス開始。
2005年4月	資本金を27,500,000円に増資。
2005年7月	「はてなマップ」「はてなグラフ」サービス開始。
2005年11月	「はてなリング」サービス開始。
2006年2月	資本金を55,000,000円に増資。
2006年7月	アメリカ・シリコンバレーに子会社Hatena Ins.設立。
2007年7月	「はてなスター」「はてなメッセージ」サービス開始（日本語・英語）。
2007年8月	資本金を56,000,000円に増資。
2007年12月	「はてなハイク」「はてなワールド」サービス開始。
2008年4月	京都市中京区に本社を移転。

出所：株式会社はてなのウェブサイト（http://www.hatena.ne.jp/）の掲載内容をもとに筆者作成。

まとめ：京都企業と京都モデルの課題

西口泰夫・北　寿郎

　企業の基本的な課題は2つある。ひとつはいかに創業するか、もうひとつはいかに持続的成長を図るかである。京都の地域力がこの2つの課題に大きな影響を及ぼしてきたことは、本ケースブックで扱った8つの企業だけでなく、平安時代から現在までの1200年に渡る歴史の中に残る数々の京都企業の誕生と成長の物語にも垣間見られてきた。

　京都は平安遷都以来8世紀から19世紀（794～1869）にわたってわが国の政治、経済、文化の中心地であった。平安遷都と時を同じくして、新しい都の貨物物流を円滑にして市民生活の物質交流を盛んにするために官営市場が開かれた。これが商業の始まりであった。工業に関しては、時の朝廷が縫殿寮、織部司、修理職、営繕司、陶官職、漆部司の職司を置き、工芸・産業を保護しその勃興を促した。平安中期以降、台頭してきた貴族が競うように工匠等を保護したことにより、全国各地から才能や技能の持ち主が集まり、史上特筆される王朝文化の華が開いた。応仁の乱に端を発した戦乱により京の都も輝きを失った時代もあったが、豊臣秀吉が天下を統一し（1590年）、伏見城を築くと、京都における工芸はさらに発達し、いわゆる桃山文化の絢爛豪華な一時期を画した。豊臣氏の奨励もあり今日の西陣織の基盤が築かれた。江戸時代（1603～1867年）、政治、経済の中心は江戸、大坂に移るが、織物、染色、刺繍、蒔絵、陶磁器、銅器、漆器、面彫刻等の美術工芸を網羅した京の都の産業は、従前より発達を見た。中でも西陣機業は有職織物として宮中、幕府の手厚い保護を受け急速に発達した。

　明治維新までの1000年余を見ると、王城の地という歴史を背景に京都の産業はわが国の産業史上大きな役割を果たしてきた。特に呉服を始め織物、染物、陶磁器、酒など当時の主力産業において京都は圧倒的な権威を誇っていた。このような権威は、学問、芸術、宗教における京都の高い文化水準と伝統に裏づけられたのものであり、今日に至るまで京都の産業の特徴のひと

つとなっている。

　明治維新の文明開化が花開いた時期においても、京都は先端技術に最も敏感に反応した地であった。日本で最初の琵琶湖疎水を利用した水力発電所の建設や路面電車の敷設など、京都は日本の近代化をリードした。また、島津源蔵により島津製作所が設立され、教育用理化学器械製造の業を起こした。この教育用理化学器械こそが、その後の日本の理化学教育の発展に大いに貢献し、わが国の科学技術振興の基礎を形成するための隠れた存在となった。島津源蔵に率いられた島津製作所は、この後も我が国最初のX線写真の成功、電気自動車、ガスマトグラフィー等多くのハイテク機器の開発にも成功した。

　京都は都であったが故の地域力を活用することにより1200年余の永き間、日本のハイテク産業の中心であった。しかし、昭和初期以降ハイテク産業の中心は大阪、名古屋そして、東京を中心とする関東地域に移っていった。

　現在はどのような状況にあるのか。京都の産業は大きく3つに分類できる。まずは、1000年以上続いている伝統産業である。続いて中小規模な電気、機械加工産業、およびソフト関連産業が2つめのカテゴリーである。そして国内外からハイテク企業と称される京セラ、村田機械、村田製作所、オムロン、ローム、島津製作所、日本電産、ワコール、大日本スクリーン、堀場製作所、任天堂等という第3の企業群が存在している。これらの本ケースの中でも取り扱った大企業も含めてグローバル活動をしているハイテク企業が狭いエリアに集結しているために、京都はハイテク産業地域と称されることが多い。

　しかし、このような見方とは違う京都企業の姿を映し出すデータが存在している。図1は従業員4～9人の小規模企業の付加価値率の推移、図2は従業員が300人以上の大規模企業の付加価値率の推移に関し、全国、京都府および京都市の状況を比較したものである。小規模京都企業においては、調査期間を通じて全国レベルより付加価値率が高いことが判る。大規模京都企業も1980年代半ばまでのバブル期は全国レベルを大きく上回る付加価値率を実現していた。続くバブル崩壊後の約10年間は全国レベルに対し見劣り

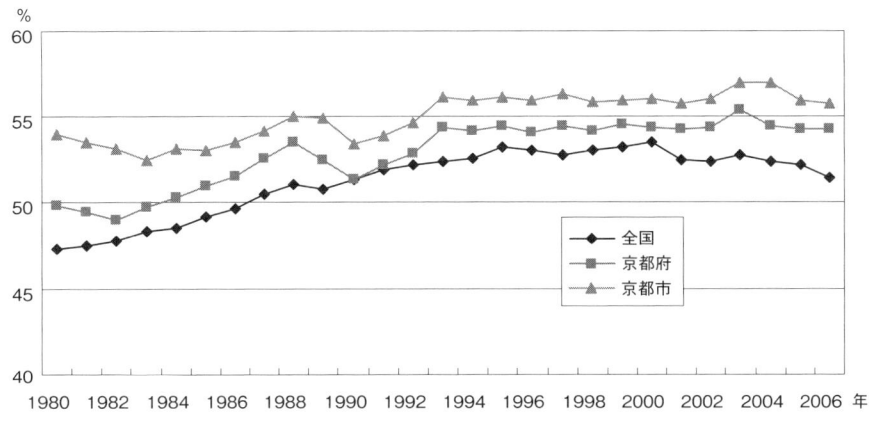

出所:『工業統計表(産業編)』(経済産業省)各年版。

図1　小規模(4〜9人)企業の付加価値率の推移

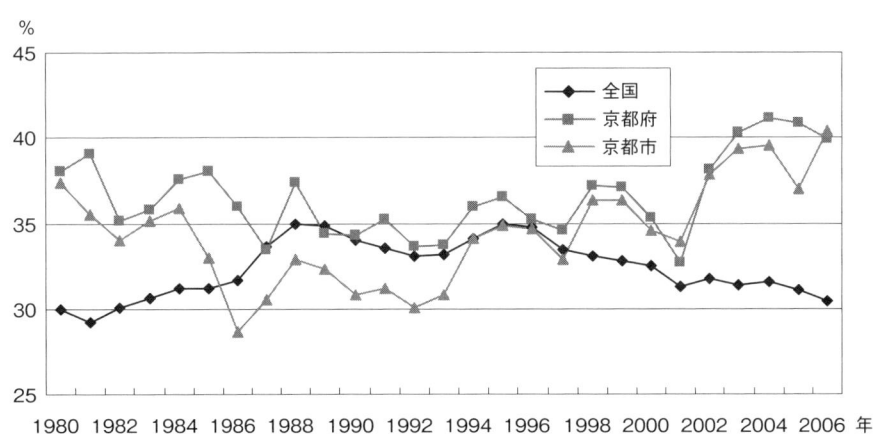

出所:『工業統計表(産業編)』(経済産業省)各年版。

図2　大規模(300人以上)企業の付加価値率の推移

する時期もあったが、およそ2000年以後は大きく全国レベルを上回る数値を維持している。これらから京都企業は総じて高付加価値経営体質にあるといえる。これも京都の地域力である。

しかし、1985（昭和60）年のプラザ合意から80年代後半から90年代のバブルとその崩壊を経たこの約30年間、京都企業のみならず日本を取り巻く環境は、よりグローバルな規模でさらに急速なスピードで変化を繰り返している。この環境変化はかつて経験したことがない激しい変化である。この変化は以下の3つの要因によってもたらされたと考えられる。

① 1985（昭和60）年のプラザ合意以降の為替レートの急激な円高基調。
② 1989（平成元）年のベルリン壁崩壊をきっかけとする世界一極化と、それによって加速された中国等共産主義国の資本主義経済圏への加速度的な参入。
③「産業化時代」から「情報化時代」へのパラダイムシフト。

円高は、1990年代、輸出比率の高かった京セラ、村田機械、村田製作所等の京都企業に大きな影響を及ぼした。これらの企業は対策として海外に生産拠点を拡大することにより為替の影響を弱めるとともに、労務費の低減を図った。これが結果的にグローバル市場での競争力につながり、その後、積極的な企業活動にもつながっている。これに対し国内市場を中心に企業活動を行なっていた企業は、当初、輸入原材料の原価削減という円高メリットを享受して順調な企業活動を行なうことが可能であった。しかし、円高は海外からの格安な製品の輸入を呼び込むことにもなる。この為替レートの基調が定着するにつれ国内市場はこれらの輸入品との価格競争が激しくなってきた。この競争を強いられている比較的規模の小さい京都企業を含む日本企業はその影響を強く受け、経営悪化の一要因となっている。

中国等共産主義国の資本主義経済圏への参入は、もっと複雑な形で京都企業に影響を及ぼしている。先述した輸出型企業は円高対策のための生産拠点

としてこれらの国を活用した。その結果中国は、今や世界の生産工場と呼ばれるまでに到った。しかし中国企業の多くは単に海外企業の生産工場に甘んじることなく、自社における開発力、販売力を強化し自社ブランドにての事業活動を積極的に拡大している。すでに、IBMからPC事業の経営権を買収したLenovo社は低価格な自社ブランドパソコンを中心に日本市場においても積極的な販売活動を展開している。この背景には円高を活用した中国企業の日本への高い輸出競争力がある。ハイテク関連以外の商品はさらにこの傾向に拍車がかかっている。現在日本市場では食料品を含め多くがメイド・イン・チャイナである。国内市場に依存する割合の大きい第1、第2のカテゴリーの京都企業は特にこの影響を強く受けている。

「産業化時代」から「情報化時代」へのパラダイムシフトの影響は、京都企業だけのものではなく日本企業全体に関わる問題である。「産業化時代」から「情報化時代」へのパラダイムシフトという大きな流れの中で、製品のアーキテクチャが日本企業の得意とする擦り合わせ型から米国や中国が得意とする組み合わせ型、いわゆるモジュール化にシフトしてきている。モジュール化の影響が最も顕著に現れてきているのが日本の主要産業のひとつである電気機器産業である。この産業は1980年代前半までは自動車産業と並んで日本の代表的産業として大いに貢献を続けていた。ある意味の成功体験を味わっていた産業である。摺り合わせ型の大型コンピュータから標準化されたインターフェースを持つCPUやHDD等のモジュールタイプの部品で構成されるパーソナルコンピュータ（PC）分野で日本メーカは欧米メーカの後塵を拝しただけでなく、これまで日本企業が得意としてきた技術分野にもモジュール化ののの大きなうねりが押し寄せてきている。これまでは摺り合わせ技術でしか実現できないといわれてきた先端的な電子製品でさえモジュール化の進展が顕著に現れてきている。例えば非常に高度な技術商品であるといわれるDVD製品の生産は最初から中国で開始されたという事実は、このことを如実に物語っている。モジュール化に遅れをとった日本の電気機器分野の大手10社は2001（平成13）年度、先の①、②の影響も加わり、営業利

区分 年次	事業所数			従業者数			製造品出荷額等			付加価値額		
		前年比(%)	平成17年=100	(人)	前年比(%)	平成17年=100	(億円)	前年比(%)	平成17年=100	(億円)	前年比(%)	平成17年=100
62年	10,545	96.4	172.2	214,949	98.4	136.7	51,687	101.7	106.1	20,578	100.8	98.9
63	10,864	103.0	177.5	217,586	101.2	138.4	55,962	108.3	114.9	23,068	112.1	110.9
元年	10,352	95.3	169.1	217,291	99.9	138.2	58,654	104.8	120.5	23,532	102.0	113.1
2	10,473	101.2	171.1	222,187	102.3	141.3	62,918	107.3	129.2	24,677	104.9	118.6
3	10,501	100.3	171.5	227,096	102.2	144.4	67,424	107.2	138.5	27,103	109.8	130.3
4	9,936	94.6	162.3	221,894	97.7	141.1	65,474	97.1	134.5	25,830	95.3	124.2
5	9,716	97.8	158.7	214,291	96.6	136.3	63,548	97.1	130.5	24,984	96.7	120.1
6	8,890	91.5	145.2	205,305	95.8	130.6	60,878	95.8	125.0	24,731	99.0	118.9
7	8,920	100.3	145.7	201,555	98.1	128.2	60,143	98.8	123.5	24,739	100.0	118.9
8	8,514	95.4	139.1	197,795	98.1	125.8	59,540	99.0	122.3	23,947	96.8	115.1
9	8,094	95.1	132.2	191,706	96.9	121.9	61,537	103.4	126.4	24,119	100.7	116.0
10	8,401	103.8	137.2	188,403	98.3	119.8	58,068	94.4	119.2	23,627	98.0	113.6
11	7,641	91.0	124.8	177,200	94.1	112.7	54,243	93.4	111.4	22,307	94.4	107.3
12	7,599	99.5	124.1	176,457	99.6	112.2	58,860	108.5	120.9	23,782	106.6	114.3
13	7,052	92.8	115.2	168,596	95.5	107.2	52,112	88.5	107.0	20,569	86.5	98.9
14	6,456	92.1	105.5	160,131	95.9	101.8	46,222	89.6	94.9	19,086	94.1	91.8
15	6,469	100.2	105.7	158,263	98.8	100.6	46,147	99.8	94.8	19,746	103.5	94.9
16	5,985	92.5	97.8	156,581	98.9	99.6	48,160	104.4	98.9	20,679	104.7	99.4
17	6,122	102.3	100.0	157,255	100.4	100.0	48,695	101.1	100.0	20,799	100.6	100.0
18	5,782	94.4	94.4	157,377	100.1	100.1	53,193	109.2	109.2	22,190	106.7	106.7

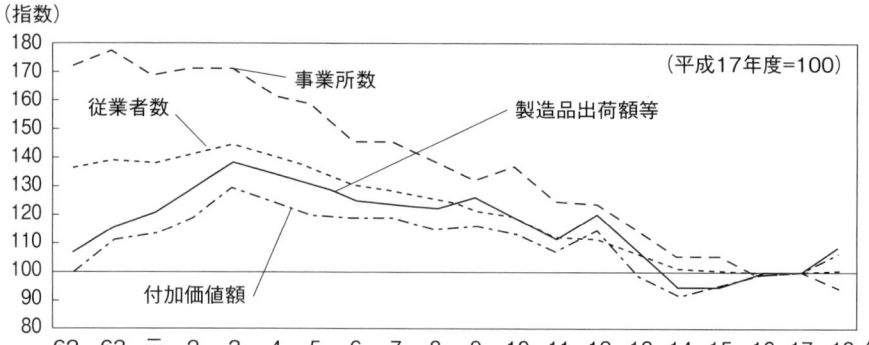

出所：平成18年 京都府の工業（京都府ウェブページ）。

図3　京都府の工業の移り変わり（従業者4人以上）

益の総合計は赤字になった。その後各社は存続を賭けその対策を行なっているが、その回復には力強さが見られない。またこれらに企業における、回復の企業間格差が現れてきている。

　これからの情報化時代が進むにつれ、ユーザが要求する商品やサービスはより一層高度になる。それは、ハードウェアやソフトウェア単体ではなく、それらの組み合わせに、さらに情報・コンテンツが付け加わった形で提供さ

れるであろう。日本企業の得意技である擦り合わせ型のハードウェア開発だけでは対応できそうもない。京都企業の中においてこのパラダイムシフトの中で、果敢に挑戦し世界的な成功を収めているのは任天堂一社である。その他の企業は、まだ進むべき道を見出しえていない。このような過去経験をしたことのないグローバル規模での急激な環境変化に対し京都企業が、どのような影響を受け、さらに今後どのような対応を行なうか、それが大きな課題である。

　京都企業はもうひとつ大きな課題を抱えている。いくつかの注目される企業が存在し、それらが京都型企業としてもてはやされている半面で、トータルな京都の地域力という観点から見ると憂慮すべきデータが存在している。図3に示した「京都府の工業の移り変わり」である。この図を見ると、この20年間における事業所数、従業員数、製造出荷額等、および付加価値額においてすべて減少の傾向が見られる。特に事業所数においては20年間で47%も減少している。また創業1973（昭和48）年の日本電産以降、売上数千億円規模の企業が現れてきていないという事実もある。将来の歴史家は、この20年間の京都における企業活動を1200年以上の永い京都の歴史の中で、産業の停滞あるいは衰退の時代と位置づけるかもしれない。

　この状況は、先述のグローバル規模での環境変化と関係がないとは言い切れない。もしそうであるならば、多くの京都企業は今後さらにこの環境の中での企業活動を強いられることに対する対応が必要である。1200年に渡る永き京都の歴史の中で、京都という地の地域力を活用して、それぞれ成長し成功体験を味わってきた京都企業において電気機器産業が陥った新たな環境変化に対する対応の遅れと同じ轍を踏まないようにしなければならない。そのヒントをこのケースブックを題材に考えていただければ幸いである。

謝辞

　本ケースブックを執筆するにあたり、株式会社 堀場製作所代表取締役会長兼社長 堀場厚氏、株式会社トーセ代表取締役社長 齋藤茂氏、株式会社はてな代表取締役社長 近藤淳也氏をはじめ、ケースで取り扱わせていただいた企業の方々には、インタビューやさまざまな情報の提供等、お忙しい中の時間を割いてご協力をいただいた。また、末永國紀同志社大学教授、石川健次郎同志社大学教授をはじめとするさまざまな方々に京都産業史や京都老舗企業に関する有益なコメントをいただいた。本書はこれらの方々のご協力によって生まれたものであり、編著者一同、心よりの謝意を表するものである。本ケースブックの内容に行き届かない点があるとすれば、それはすべて本書の編著者の責任であることを明記しておく。

　本ケースブックは、平成15年度21世紀COEプログラムとして採択された「技術・企業・国際競争力の総合研究」における研究成果の一部をまとめたものであり、本プログラムの拠点リーダーである技術・企業・国際競争力研究センター（ITEC）のセンター長 中田喜文同志社大学教授、ITEC ディレクター 三好博昭同志社大学教授、ならびに山口栄一同志社大学教授、D. Hugh WHITTAKER オークランド大学教授の指導と援助のもとで出版されたこと、またITECのジャック・パイエ氏、廣瀬めぐみ氏にはここに到るまでの間にさまざまなサポートをいただいたことを明記しておきたい。

　最後に、本ケースブックの出版に際し、全面的にサポートいただいた白桃書房の河井宏幸氏にお礼を申し上げる。

2009年3月

編著者一同

索引

事項

アルファベット

3DO ……………………………………… 148
AdSense …………………………………… 219
CSR ………………………………………… 8
M&A ………… 22, 32, 33, 34, 40, 96, 104, 188
MSX ……………………………………… 197
PC－FX …………………………………… 148
PS2 ………………………… 155, 158, 159, 160
PS3 …………………… 154, 158, 159, 160, 161
PSP ………… 37, 153, 154, 155, 156, 157, 159
Skype ……………………………………… 226
Wii ………… 37, 142, 154, 155, 159, 160, 161, 197, 199, 229
Winner takes all …………… 31, 37, 38, 155
Xbox ………………………… 152, 158, 160
Xbox36 …………… 154, 158, 159, 161, 197, 199

あ 行

アーケードゲーム ……………………… 131
アタリショック ……………………… 36, 136
アドセンス ……………………………… 219
アメーバ …………………………………… 6
アメーバ経営 ………………………… 26, 27, 43
いけず ………………………………… ii, 10
遺伝子組み換え ………………………… 91
遺伝子工学 …………………………… 92, 94
移動オフィス ………………………… 42, 222
イノベーション ………………………… 94

インターネット… vii, 41, 212, 213, 214, 216, 219, 222, 227, 230, 232
インディアナ大学 ……………………… 21
インベーダーゲーム …………………… 195
エデュテイメント ……………………… 157
縁の下の力持ち… 193, 194, 195, 207, 208, 209
近江商人 ……………………………… v, 7
大阪 ……………………………………… 7
オープン化 ……………………………… 28

か 行

海外事業 ………………………………… 24
海外市場 ………………………………… 25
回収期間法 ……………………………… 29
開発合宿 …………………………… 42, 222
開放性 …………………………… 19, 23, 25
家業 ………………………………… 3, 60
家訓 ………………………………… 3, 12
家名 ……………………………………… 3
枯れた技術 ……………………………… 33
管理会計 ………………………… iii, 25, 28
起業家 …………………………………… 10
希少性 …………………………………… 23
キャッシュ・フロー経営 ……………… 25
キャッシュフロー会計 ……………… 26, 30
京都型企業 …………………………… v, vi
京都企業 …………………………… iv, v, 10
京都商人 ……………………………… 5, 7
京都商法…… i, iii, 2, 4, 5, 6, 7, 14, 15, 22, 35
京都人 …………………………………… 12

索　引　**245**

京都人気質·················· 2
京都ブランド················· i
京都モデル······· iii, iv, 2, 10, 11, 12, 14, 31, 40, 41, 42, 43
京都リサーチパーク（KRP）········ 42, 216
許容原価管理················ 169, 185
クローズ経営················ 34
グローバルニッチ·············· 30
ゲーム＆ウォッチ······ 131, 132, 135, 139, 147, 152, 154
ゲームキューブ··············· 152, 160
ゲームボーイ······· 36, 135, 137, 138, 147, 150, 152, 154, 156, 157, 197
ゲームボーイアドバンス··········· 154, 156
原価計算基準················ 169
堅実経営·················· 39
コア・コンピタンス············· 18, 35
公儀第一·················· 3
合理主義·················· 15
コンデンサ················· 166

さ　行

サードパーティ··············· 135, 136, 137, 155
サイエンス・リンケージ··········· 118
座席フリーアドレス制············ 42, 222
サブストレート··············· 26
産業化時代················· 240, 241
三次元マトリックス組織······ 178, 179, 182, 183, 186, 187
時間当たり採算··············· 188
時間当たり採算表·············· 26
四季醸造······ 19, 23, 24, 62, 63, 65, 66, 67, 68, 69, 70, 71, 72, 73, 74, 77, 78, 81, 82
事業承継·················· 14
自己革新·················· 3
持続的成長················· 237

老舗···················· 3, 22
老舗企業·················· 16
自前主義··············· iii, 31, 32, 38
社内金利制度················ 169
社内資本金制度··············· 169
ジョイントベンチャ············· 96
商品経営·················· 174
商品別経営················· 174
情報化時代················· 240, 241
正味投資利益計算·············· 183
正味利益·················· 29
殖産興業·················· 9
シリコンバレー····· 224, 225, 226, 227, 230, 232, 233
自利他利·················· 8
新規事業·············· vi, 21, 101, 102, 104
人材養成·················· 3
人事管理·················· 4
人事制度·················· 3
垂直統合·················· 31
水平···················· 38
スーパーファミコン··· 36, 136, 137, 138, 141, 142, 146, 147, 149, 150, 158, 160, 197
隙間市場·················· 25
スタンフォード大学············· 212, 224
スピード経営················ 32, 34, 186
スピンイン················· 102, 103
スピンオフ··········· 16, 18, 35, 101, 102, 103
スペースインベーダー············ 131
正社員昇格会議··············· 205
成長と拡大················· 99
製品別経営················· 178
製品別損益計算··············· 182
舎密局·············· 9, 16, 17, 107, 114
世界標準化················· 42, 225, 231
セガサターン············ 143, 148, 149, 197
石門心学·················· 8

セラミックス ………………………… 166
先端企業 ……………………………… 5
相互扶助 …………………………… 4, 31
双面型 ………………………………… 102

た　行

多角化 …………………………… 59, 99, 103
立ったままの会議 ………………… 42, 222
タマゴッチ …………………………… 161
多様性 …………………………… 19, 23, 82
地域力 ………………………… 237, 238, 243
チャット ……………………………… 226
接ぎ木 …………………………… 97, 99, 103
電子部品 ………………………… 166, 168
伝統 …………………………………… 12
伝統産業 …………… i, iii, 6, 10, 14, 15, 238
都鄙問答 ……………………………… 8
ドラゴンクエスト …………………… 151
トラックバック ……………………… 225

な　行

ニンテンドー64 ………… 148, 149, 150, 151, 152, 200
ニンテンドーDS …… 37, 154, 155, 156, 157, 160, 161, 197,
ネットベンチャー …………… 213, 217, 228
ネットワーク外部依存性 …………… 141
ノーベル賞 …………………… 106, 118
のれん分け …………………………… 4

は　行

バーチャルリアリティ … 143, 144, 145, 146
バイ・アメリカン政策 ……………… 175
バイオ ………… 21, 23, 86, 91, 92, 95, 98, 100, 103, 104, 118
バイオ事業 ………… 21, 22, 79, 87, 96, 104
バイオビジネス ……………………… 21
買収 ………………………………… 176
排他主義 ……………………………… ii
場所別経営 ………………… 174, 178, 180
発酵工学 ………………………… 91, 92
パラダイムシフト …………………… 241
パロアルト …………………………… 225
標準化 ………………………………… 225
費用の三分法 ………………………… 169
ピン ……………………… ii, 6, 22, 23, 34
品種別損益管理 ……………………… 185
品種別損益計算 ……………………… 182
ファイナルファンタジー …… 142, 151, 155
ファブレス …………………… 37, 139, 140
ファミコン …… 36, 126, 127, 132, 133, 134, 135, 136, 137, 138, 139, 140, 141, 143, 146, 147, 150, 151, 197
ファミリーコンピュータ …………… 197
フィブロネクチン ……………… 21, 95, 96
不思議な石ころ ……………………… 166
分に応じた経営 …………………… 3, 16
部門別採算管理 ……………………… 26
部門別損益 …………………………… 182
部門別損益計算 ……………………… 182
プラザ合意 …………………………… 240
プレイステーション …… 141, 142, 143, 146, 148, 149, 151, 160, 197
プレイステーション2 ……………… 141
プレイステーション3 ……… 148, 197, 199
プレイステーション・ポータブル …… 153
プレイディア ………………………… 148
プロデューサ・システム …………… 35
プロフェッショナル・ユース …… 17, 110
分業 ………………………… iii, 31, 38
分家 ………………………………… 4

索　引　**247**

分散型組織 ……………………………… 26	無借金 ……………………………… 5, 10, 30
分社化 ……………………………… 99, 101, 103	無借金経営 ……………………………… 5, 30, 39
ペアプログラミング ……………………… 42, 222	モジュール化 ……………………………… 28
別家 ……………………………………… 4, 34, 35	ものづくり ……………………………………… iii
ベンチャー ……………………… 10, 11, 16, 28, 81	
ほったらかし ……………………………… ii, 10	や　行
本家 ……………………………………………… 4	
	融米造り …………… 19, 24, 74, 75, 77, 78, 82
ま　行	
	ら　行
マザーテクノロジー ……………………… 21, 91	
マザービジネス ……………… 23, 101, 103, 104	洛趣会 ………………………………………… 48
マトリックス経営 …… vi, 28, 166, 167, 168,	リードユーザー …… 17, 18, 40, 111, 114, 115
171, 178, 188	緑茶系飲料 ……………………………… 57, 58
マトリックス組織 ………………………… 178	
マトリックス損益計算制度 ……………… 188	わ　行
マリオ ……………………………………… 131	
マルチメディア ………… 143, 144, 145, 147	ワンマン体制 …………………………… 131, 132
身の丈 ……………………………… 12, 31, 42	

社　名

アルファベット

Amazon ……………………………………… 225	Lenovo ……………………………………… 241
GE ……………………………………………… 116	NEC ……………………… 139, 147, 148, 149, 163
GM ……………………………………………… 175	NTTコミュニケーションズ …… 220, 227
Google ………………… 212, 219, 225, 226	SixApart ……………………………………… 225
GREE ………………………………………… 220	Yahoo ………………………………………… 212
GSユアサ ……………………………………… 18	
IBM ……………………………………… 26, 241	あ　行
	アサヒ ……………………………………… 88, 89
	アスキー ……………………………………… 195

アタリ……………………… 133, 136, 141	タカラトミー…………………………… 201
伊藤園……………………………… 57, 59	ディズニー……………………………… 128
エニックス…………………………… 151	
尾池工業……………………………… 15	**な 行**
オムロン……………… 30, 32, 120, 188, 238	ナムコ………………………………… 137, 161
	ニチコン………………………………… 25, 30
か 行	日本電産………………… 30, 39, 40, 238, 243
カプコン………………………………… 192, 201	日本橋三越…………………………… 48, 49, 52
京セラ………………… 25, 30, 32, 120, 188, 238	日本ビクター………………………………… 148
キリン…………………………………… 88, 89	
キリンビバレッジ……………………… 57	**は 行**
コーエー……………………………… 192	阪神百貨店……………………………… 49
コナミ………………………………… 192	バンダイ…… 128, 135, 147, 148, 149, 161, 163
	バンダイナムコ………………………… 192, 201
さ 行	日立……………………………………… 33, 148
サッポロ……………………………… 88, 89	ヒューレット・パッカード……………… 224
サムコ………………………………… 40	福寿園………………………………… 57, 59
サントリー…………………………… 57	堀場製作所…………………… 25, 30, 32, 33, 238
三洋電機……………………………… 148	
シャープ……………………………… 132	**ま 行**
スクウェア……………………… 142, 149, 151	マイクロソフト…… 152, 154, 157, 158, 159, 160, 161, 195
スクウェア・エニックス…… 155, 192, 198, 201	松下………………… 147, 148, 149, 152, 163, 195
セガ……………… 133, 139, 143, 145, 147, 148, 149, 154, 163	村田機械………………………………… 120, 238
セガ・サミー……………………………… 192, 201	村田製作所……………………………… 32
そごう…………………………………… 57	
ソニー……… 36, 37, 126, 127, 137, 142, 143, 147, 148, 149, 151, 152, 153, 154, 155, 156, 157, 158, 159, 160, 161, 163, 195	**や 行**
	楽天…………………………………… 220
た 行	ローム……………………… 25, 30, 120, 188, 238
タイトー………………………………… 131	
大日本スクリーン………………… 15, 30, 238	**ら 行**
	ワコール……………………… 5, 25, 30, 238

人 名

石田梅岩……………………… 7, 8
石原裕次郎…………………… 21, 90
岩垣光定……………………… 3
栄西禅師……………………… 47
国頭義正……………………… i
ゴットフリート・ワグネル…… 107
13代円能斎鉄中……………… 47
田中耕一……………………… 118
福井春水……………………… 93
明恵上人……………………… 47
山階宮………………………… 46

■編著者紹介

北　寿郎（きた　としろう）【はじめに，第1章，第2章，第3章，第5章】
　1952年　愛知県生まれ
　学　歴：名古屋大学大学院工学研究科博士課程修了　工学博士（名古屋大学）
　現　職：同志社大学大学院ビジネス研究科教授
　前　職：NTTコミュニケーションズ株式会社
　主　著：*Recovering from Success : Innovation and Technology Management in Japan*, Oxford University Press，2006年（共著）
　論　文：「自動車電子制御のアーキテクチャに関する研究」『日本機械学会論文C編』第74巻第7号，2008年
　　　　　「Composition of Confrontation in An e-Japan System」『情報科学技術レターズ』情報処理学会，2005年

西口　泰夫（にしぐち　やすお）【第1章，第2章，まとめ】
　1943年　大阪府生まれ
　学　歴：大阪教育大学大学院修士課程修了
　現　職：同志社大学客員フェロー
　前　職：京セラ株式会社代表取締役会長兼CEO
　論　文：「電気機器産業における特許の利用状況と企業パフォーマンスの関係性についての実証研究」『ITEC Working Paper Series 07-27』December，同志社大学，2007年

■執筆者紹介（執筆順）

金子　篤志（かねこ　あつし）【第1章，第2章】
　1961年　山口県生まれ
　学　歴：慶應義塾大学文学部社会学専攻課程卒業
　現　職：株式会社三菱総合研究所　人間・生活研究本部　ラーニング・イノベーション研究グループ　副本部長兼グループリーダー　主席研究員
　主　著：『標準MOTガイド』日経BP社，2006年（共著）
　　　　　Recovering from Success : Innovation and Technology Management in Japan, Oxford University Press，2006年（共著）
　論　文："A Step Towards the Smart Campus: A Venture Project Based on Distance Learning by a Hybrid Video Conferencing System," *IEEE SME*, 2000.10.

河口　充勇（かわぐち　みつお）【第4章，第10章】
　1973年　奈良県生まれ
　学　歴：同志社大学大学院文学研究科博士後期課程社会学専攻　博士（社会学）同志社大学
　現　職：同志社大学高等研究教育機構 技術・企業・国際競争力研究センター特別研究員（PD）
　主　著：『新港城－現代香港の若年ミドルクラスの居住と移動に関する社会学的研究』（博士論文），同志社大学大学院文学研究科社会学専攻，2004年
　論　文：「『回遊』型移住に関する一考察－香港を事例として」『ソシオロジ』第48巻第3号，2004年
　　　　　「旧台湾総督府天然瓦斯研究所と新竹ガラス工業の形成」『化学史研究』第34巻第2号，2007年
　　　　　「産業高度化，グローバル化，地域再編－『アジアのシリコンバレー』台湾・新竹の経験」『フォーラム現代社会学』第7号，2008年

藤本　昌代（ふじもと　まさよ）【第4章】
- 1960年　京都府生まれ
- 学　歴：同志社大学大学院文学研究科博士後期課程社会学専攻　博士（社会学）同志社大学
- 現　職：同志社大学大学院社会学研究科社会学専攻准教授
- 主　著：『専門職の転職構造－組織準拠性と移動－』文眞堂，2005年
- 論　文：「研究者・技術者のキャリアパスと志向」日置弘一郎・川北眞史編著『日本型MOT』中央経済社，pp. 37-59，2004年
「転職者と初職継続者の職業達成の比較」藤本昌代・阿形健司編『働き方とキャリア形成』（科学研究費補助金 特別推進研究「現代日本階層システムの構造と変動に関する総合的研究」成果報告書），pp. 1-20, 2008年
"Employment Systems and Social Relativity from the Perspective of Pay and Benefits for Science and Technology Researchers and Engineers," *Japan Labor Review*, Vol. 5, No. 3, Summer, pp. 61-82, 2008年

芳賀　博英（はが　ひろひで）【第6章】
- 1954年　京都市生まれ
- 学　歴：同志社大学大学院工学研究科修士課程修了　工学博士（京都大学）
- 現　職：同志社大学大学院工研究科准教授
- 前　職：株式会社日立製作所
- 主　著：『人工知能』オーム社，2000年（共著）
『情報技術と経済文化』NTT出版，2002年（共著）
- 論　文："FReCon: A Fluid Remote Controller for a FReely Connected World in a Ubiquitous Environment," *Personal and Ubiquitous Computing*, Vol.7, No.3-4, 2003年（共著）
"Human Identification and Positioning System Based on the Combination of Motion Sensor and Video Camera," *Knowledge-Based Software Engineering*, 2008年（共著）

蔵　琢也（くら　たくや）【第7章】
- 1963年　富山県生まれ
- 学　歴：京都大学大学院博士課程修了　理学博士（京都大学）
- 現　職：早稲田大学意思決定研究所客員研究員
- 前　職：同志社大学ITEC研究員
- 主　著：『天皇の遺伝子』廣済堂出版，2006年
『進化経済学ハンドブック』共立出版，2006年（分担執筆）
- 論　文："Conditions for the Evolution of Soldier Sperm Classes," *Evolution*, 第54巻，2000年（共著）
「各種計量指標から見るゲーム機ハードの歴史」ITEC Research Paper Series, 第5巻，2005年

浅田　拓史（あさだ　ひろふみ）【第8章】
- 1982年　兵庫県生まれ
- 学　歴：京都大学大学院経済学研究科修士課程修了
- 現　職：日本学術振興会特別研究員，京都大学大学院経済学研究科博士後期課程
- 論　文：「村田製作所のマトリックス経営と管理会計－正味投資利益計算と割引回収期間法」『企業会計』Vol.59, No.1, pp. 150-159, 2007年（上總康行氏と共著）

中川　　優（なかがわ　まさる）【第8章】
　1962年　大阪府生まれ
　学　歴：神戸大学大学院経営学研究科博士後期課程単位取得　博士（経営学）神戸大学
　現　職：同志社大学商学部教授
　前　職：松山大学経営学部助教授
　主　著：『管理会計のグローバル化』森山書店，2004年
　論　文：「在外日系企業におけるコスト・マネジメント：在外日系企業における原価企画を中心に」『原価計算研究』第29巻第2号，2005年
　　　　　「コスト・マネジメントの新展開：在外日系企業におけるコスト・マネジメント」『経理研究』第48号，2005年
　　　　　"Non-Financial Performance Measures in Japanese Manufacturing Firms," in A.B. Abdel-Maksoud and M.G. Abdel-Kader(ed.), *Non-Financial Measurement and Management Practices in Manufacturing Firms: A Comparative International Analysis*, Studies in Managerial and Financial Accounting, Vol.17, JAI Press, Oxford, UK, pp. 147-164, 2007年（Abdel Maksoud, 浅田孝幸氏との共著）

中道　一心（なかみち　かずし）【第9章】
　1980年　大阪府生まれ
　学　歴：同志社大学大学院商学研究科修士課程修了
　現　職：高知大学人文学部社会経済学科専任講師
　前　職：同志社大学技術・企業・国際競争力研究センター特別研究員DC
　主　著：『東アジア優位産業の競争力－その要因と競争・分業構造－』ミネルヴァ書房，2008年（共著）
　論　文：「フレキシビリティの重層性と市場特性－デジタルカメラ産業におけるA社のケース」『同志社大学商学論集』第39巻第1号，2004年
　　　　　「産業特性からみた日本デジタルスチルカメラ産業の国際競争力」『産業学会研究年報』第21巻，2006年
　　　　　「『絵作りの能力』からみた日本デジタルスチルカメラ産業の国際競争力」『工業経営研究年報』第20巻，2006年

■ケースブック 京都モデル
──そのダイナミズムとイノベーション・マネジメント──

■発行日──2009年3月26日　初版発行　　　　　　〈検印省略〉

■編著者──北　寿郎・西口泰夫
■発行者──大矢栄一郎
■発行所──株式会社　白桃書房
　　　　　〒101-0021　東京都千代田区外神田5-1-15
　　　　　☎03-3836-4781　℻03-3836-9370　振替00100-4-20192
　　　　　http://www.hakutou.co.jp/

■印刷・製本──藤原印刷
© Toshiro Kita, Yasuo Nishiguchi 2009 Printed in Japan
ISBN 978-4-561-25507-9 C3034
JCLS <㈱日本著作出版権管理システム委託出版物>
本書の無断複写は著作権法上での例外を除き禁じられています。複写される場合は、
そのつど事前に、㈱日本著作出版権管理システム（電話03-3817-5670, FAX 03-
3815-8199, e-mail : info@jcls.co.jp）の許諾を得てください。
落丁本・乱丁本はおとりかえいたします。

三好博昭・谷下雅義【編著】
自動車の技術革新と経済厚生
企業戦略と公共政策の効果分析

同志社大学21世紀COEプログラム「技術・企業・国際競争力の総合研究」における4年に及ぶ研究プロジェクトの集大成。自動車の輝かしい技術的成果を生活者の経済厚生の向上に結びつける政策と，企業の戦略について論じる。

ISBN978-4-561-96113-0　C3033　A5判　192頁　本体3000円

株式会社
白桃書房

（表示価格には別途消費税がかかります）

坂下昭宣【著】
経営学への招待
［第3版］

経営学は幅広くて奥の深い，それでいてとても身近な学問である。企業の経営現象は，ある意味で現代社会そのものであるという視点に立って，これから経営学を学ぼうとする人々にわかりやすく解説した入門書の第3版。

ISBN978-4-561-15168-5　C3034　A5判　316頁　本体2600円

株式会社
白桃書房

（表示価格には別途消費税がかかります）

岩谷昌樹【著】
トピックスから捉える国際ビジネス

本書は，多国籍企業，ブランド，日米欧の世界市場，BRICs などのテーマについて，最新のケースに触れつつ分析している。有名な企業を例にとり，学生の興味を高める工夫がなされた，読んで楽しい国際ビジネスのテキスト。

ISBN978-4-561-25471-3　C3034　A5 判　256 頁　本体 2600 円

株式会社
白桃書房

（表示価格には別途消費税がかかります）